RITUAIS DE SOFRIMENTO

COLEÇÃO ESTADO de SÍTIO

coordenação Paulo Arantes

Até o último homem
Felipe Brito e
Pedro Rocha de Oliveira (orgs.)

Bem-vindo ao deserto do Real!
Slavoj Žižek

Brasil delivery
Leda Paulani

Cidades sitiadas
Stephen Graham

Cinismo e falência da crítica
Vladimir Safatle

Comum
Pierre Dardot e Christian Laval

As contradições do lulismo
André Singer e
Isabel Loureiro (orgs.)

Ditadura: o que resta da transição
Milton Pinheiro (org.)

A era da indeterminação
Francisco de Oliveira e
Cibele Rizek (orgs.)

A escola não é uma empresa
Christian Laval

Estado de exceção
Giorgio Agamben

Evidências do real
Susan Willis

Extinção
Paulo Arantes

Fluxos em cadeia
Rafael Godoi

Guerra e cinema
Paul Virilio

Hegemonia às avessas
Chico de Oliveira, Ruy Braga e
Cibele Rizek (orgs.)

A hipótese comunista
Alain Badiou

Mal-estar, sofrimento e sintoma
Christian Ingo Lenz Dunker

A nova razão do mundo
Pierre Dardot e Christian Laval

O novo tempo do mundo
Paulo Arantes

Opus Dei
Giorgio Agamben

Poder e desaparecimento
Pilar Calveiro

O poder global
José Luís Fiori

O que resta da ditadura
Edson Teles e
Vladimir Safatle (orgs.)

O que resta de Auschwitz
Giorgio Agamben

O reino e a glória
Giorgio Agamben

Rituais de sofrimento
Silvia Viana

Saídas de emergência
**Robert Cabanes, Isabel Georges,
Cibele Rizek** e **Vera S. Telles** (orgs.)

São Paulo
Alain Badiou

Tecnopolíticas da vigilância
**Fernando Bruno, Bruno Cardoso,
Marta Kanashiro, Luciana Guilhon**
e **Lucas Melgaço** (orgs.)

O uso dos corpos
Giorgio Agamben

Videologias
Maria Rita Kehl e **Eugênio Bucci**

COLEÇÃO
ESTADO de SÍTIO

SILVIA VIANA

RITUAIS DE SOFRIMENTO

Copyright © Boitempo Editorial, 2013
Copyright © Silvia Viana, 2013

Coordenação editorial
Ivana Jinkings

Editora-adjunta
Bibiana Leme

Assistência editorial
Livia Campos

Preparação
Vivian Matsushita

Revisão
Luana Vignon e Thaisa Burani

Capa
David Amiel
sobre imagens de máscaras do Rothenburg Germany
Torture Museum (foto de Nan Palmero)

Diagramação
Antonio Kehl

Coordenação de produção
Juliana Brandt

Assistência de produção
Livia Viganó

CIP-BRASIL. CATALOGAÇÃO-NA-FONTE
SINDICATO NACIONAL DOS EDITORES DE LIVROS, RJ

V668r
    Viana, Silvia, 1977-
      Rituais de sofrimento / Silvia Viana. - São Paulo : Boitempo, 2012. (Estado de sítio)

      ISBN 978-85-7559-309-7

      1. Televisão - Aspectos sociais. 2. Televisão - Programas - Aspectos sociais. 3. Comunicação de massa - Aspectos sociais. 4. Televisão - Aspectos psicológicos. I. Título. II. Série.

12-9095.   CDD: 302.232
                                                             CDU: 30:621.397

É vedada a reprodução de qualquer parte deste livro sem a expressa autorização da editora.

1ª edição: janeiro de 2013;
3ª reimpressão: fevereiro de 2025

BOITEMPO
Jinkings Editores Associados Ltda.
Rua Pereira Leite, 373
05442-000 São Paulo SP
Tel.: (11) 3875-7250 / 3875-7285
editor@boitempoeditorial.com.br | boitempoeditorial.com.br
blogdaboitempo.com.br | youtube.com/tvboitempo

No dia 25 de julho de 2010, o programa *Pânico na TV* levou ao ar uma brincadeira realizada ao vivo com seus próprios humoristas. Logo que chegaram ao Aeroporto Internacional de Guarulhos vindos da África do Sul, onde cobriram a Copa das Confederações da Fifa, foram recebidos pela produção que lhes ofereceu uma merecida carona, já que a equipe estava exausta da viagem e, segundo o próprio programa, havia trabalhado sem descanso e em péssimas condições. Em vez de irem para casa, conforme o prometido, passaram horas rodando sem destino por São Paulo, até que foram deixados no Aeroporto de Congonhas. Lá chegando, um colega humorista os recebeu afirmando que se tratava de uma brincadeira, e o cansaço do passeio seria apenas o início, pois em seguida eles deveriam se encaminhar ao estúdio para enfrentar uma lutadora profissional de vale-tudo. Já muito irritado, um técnico da equipe desabafou: "Eu sou câmera, eu não tenho que tá participando desse negócio aí [...] tô cansado, porra, são quarenta dias, doze horas, comendo mal...". Todos os outros protestaram e, transtornados, se recusaram a participar: "É uma falta de respeito isso com o cara que tá trabalhando, quero ir embora, quero ir para minha casa". O produtor do programa interveio e, com um celular em riste, ameaçou: "Tem uma ordem que é do Emílio e do Alan [diretores] pra todo mundo entrar no carro agora e ir todo mundo pra lá". Não obstante o ódio generalizado, eles retornaram ao carro. O humorista encarregado da piada tentou inúmeras vezes fazer os outros rirem até que, já constrangido, falou em tom de brincadeira: "Não fica bravo comigo, tô aqui trabalhando, cumprindo ordens". O outro respondeu: "Brincar... a gente até compartilha com vocês, só que a gente tá sem comer, sem dormir, entendeu? É desumano isso, pra caramba". O operador de câmera, irado, completou: "Eu tenho uma puta consideração com você, mas como você consegue ver graça nisso, ver seus amigos de trabalho se fodendo [...] uma situação que não tem graça [...] O cara lá em casa vai olhar para mim e achar engraçado 'ha, ha, o *cameraman* tá fodido'". Quando chegaram ao estúdio, aquele que ainda tentava piadas, mas cujo olhar traduzia tristeza, disse com seriedade: "Vem, por favor, eu também tô cansado, desculpa aí".

Capítulo 1: Como essa coisa pôde ser televisionada sem a menor vergonha?

Capítulo 2: O que sustenta a ameaça dos diretores?

Capítulo 3: Por que a equipe voltou ao carro?

Capítulo 4: Como o humorista suportou "ver seus amigos de trabalho se fodendo"?

Capítulo 5: Por que a piada continuou?

SUMÁRIO

1. Show de horror 9
   Jogo cruel 10
   Mais corda 17
   Realidade surreal 28

2. Das regras 41
   Lei 41
   Exceções 75

3. Dos jogadores 93
   Meritocracia sem mérito 93
   Corpos abstratos 107
   Almas concretas 120

4. Das provas 131
   Dos infernos 131
   Confessionário 141
   Hipertensão 150
   Solitários 157

5. Pede pra sair 161

Posfácio – Breve história da realidade: sofrimento,
cultura e dominação, *Pedro Rocha de Oliveira* 173
   O fim da finalidade 173
   A vida, ou coisa parecida 178
   Luta de Kapos 182

Bibliografia 187

Agradecimentos 191

1
SHOW DE HORROR

Se alguma amazona frágil e tísica fosse impelida meses sem interrupção em círculos ao redor do picadeiro sobre o cavalo oscilante diante de um público infatigável pelo diretor de circo impiedoso de chicote na mão, sibilando em cima do cavalo, atirando beijos, equilibrando-se na cintura, e se esse espetáculo prosseguisse pelo futuro que se vai abrindo à frente sempre cinzento sob o bramido incessante da orquestra e dos ventiladores, acompanhado pelo aplauso que se esvai e outra vez se avoluma das mãos que na verdade são martelos a vapor – talvez então um jovem espectador da galeria descesse às pressas a longa escada através de todas as filas, se arrojasse no picadeiro e bradasse o "Basta!" em meio às fanfarras da orquestra sempre pronta a se ajustar às situações.

Mas uma vez que não é assim, uma bela dama em branco e vermelho entra voando por entre as cortinas que os orgulhosos criados de libré abrem diante dela; o diretor, buscando abnegadamente os seus olhos, respira voltado para ela numa postura de animal fiel; ergue-a cauteloso sobre o alazão como se fosse a neta amada acima de tudo que parte para uma viagem perigosa; não consegue se decidir a dar o sinal com o chicote; afinal dominando-se ele o dá com um estalo; corre de boca aberta ao lado do cavalo; segue com olhar agudo os saltos da amazona; mal pode entender sua destreza; procura adverti-la com exclamações em inglês; furioso, exorta os palafreneiros que seguram os arcos à atenção mais minuciosa; as mãos levantadas, implora à orquestra para que faça silêncio antes do grande salto mortal; finalmente alça a pequena do cavalo trêmulo, beija-a nas duas faces e não considera suficiente nenhuma homenagem do público; enquanto ela própria, sustentada por ele, na ponta dos pés, envolta pela poeira, de braços estendidos, a cabecinha inclinada para trás, quer partilhar sua felicidade com o circo inteiro – uma vez que é assim o espectador da galeria apoia o rosto sobre o parapeito e, afundando na marcha final como num sonho pesado, chora sem o saber.

Franz Kafka[1]

---

[1] "Na galeria", em *Um médico rural* (trad. Modesto Carone, São Paulo, Companhia das Letras, 1999), p. 22-3.

Jogo cruel

Se quatro participantes de um programa de TV, após sete horas de jejum e privação de sono, fossem atirados em uma minúscula garagem, ocupada em grande parte de seu espaço por um carro novo que, apesar de sua disposição sedutora, não pudesse ser utilizado para descanso, e se tivessem de se manter em pé, sem poder dormir, comer, ir ao banheiro ou sequer aumentar o tom de voz, enquanto as condições ambientais fossem brusca e impiedosamente alteradas do extremo frio ao calor sufocante, da garoa à chuva intensa, da brisa gelada à ventania, da escuridão total à luz que ordena aos olhos outra escuridão, e essa cena dolorida se estendesse por horas, noite, madrugada, manhã, até a exaustão do último, talvez então um jovem telespectador... fosse convidado a ordenar a mudança climática a ser aplicada, bem como sua intensidade, através da internet – e o fizesse. E se mais de 5 milhões de votos tivessem sido computados? Assim é.

Assim foi uma das chamadas "provas do líder" do programa *Big Brother Brasil* veiculado em 2010 pela Rede Globo. E nenhum daqueles participantes estava enganado a respeito de sua situação. Ainda antes do início da provação, mas já após a minuciosa explicação das regras, uma das moças, entre o disfarce do medo e o apelo a um carrasco invisível, não resistiu ao cacoete propagandístico: "Meu, mas que prova bem pensada!". Apontando o deslocado da afirmação, outro participante ironizou: "Muito... Foi o cara do *Jogos mortais* que fez a prova. Sensacional!"[2]. Comparação precisa, a começar por ser essa a franquia de filmes de terror mais bem-sucedida até hoje, assim como o *Big Brother* na categoria programa de TV, subcategoria *reality show*. Ambos alcançaram as graças do público nesta primeira década de século e ambos são mais que sintomáticos do mundo que os vomitou.

Mesmo estando em sua sétima produção, a série de filmes *Jogos mortais*[3] não apresenta grandes variações no roteiro, reafirmando assim a regra do gênero. O indefectível *serial killer*, suas vítimas, a abundância de sangue e outros restos corporais, no entanto, estão reagrupados em uma nova relação

---

[2] Disponível em: <http://www.youtube.com/watch?v=sQ9iWV1HfwY&feature=related>. Acesso em 10 ago. 2010.

[3] *Jogos mortais (Saw)*, dir. James Wan, 2004. *Jogos mortais 2-4 (Saw II-IV)*, dir. Darren Lynn Bousman, 2005, 2006, 2007. *Jogos mortais 5 (Saw V)*, dir. David Hackl, 2008. *Jogos mortais 6-7 (Saw VI-VII)*, dir. Kevin Greutert, 2009, 2010.

de estripação. Enquanto Jason[4] ou Freddy Krueger[5] caçavam os incautos como animais, visando ao abate, Jigsaw – nome que designa a um só tempo um tipo de serra elétrica e uma espécie de quebra-cabeça – os mantém confinados, observando-os através de câmeras. A vigilância tem por objetivo bem mais que uma salvaguarda contra possíveis tentativas de fuga. Como um cientista, o vilão se interessa pelas reações das cobaias às armadilhas por ele montadas. Então entra em cena a "criatividade" dos roteiristas. Um exemplo aleatório: uma mulher desperta em um quarto tendo em sua cabeça um aparelho que, se não desativado a tempo, se abrirá, rompendo sua mandíbula e, literalmente, vergando seu crânio ao avesso; ao seu lado encontra-se um homem desmaiado. Jigsaw então lança o desafio através de um monitor de TV: com um bisturi ela deve abrir o ventre de seu companheiro de clausura e lá procurar a chave que desarma o aparelho[6]. Em uma cena semelhante, já em outro filme da franquia, o rapaz deve encontrar a chave de uma máscara que está aberta sobre seu peito e cujo aspecto é semelhante ao da máquina de tortura medieval conhecida como dama de ferro. Assim como na cena anterior, ele tem um tempo determinado para achar essa chave e se libertar. Nesse caso, porém, a busca deve ser feita em sua própria cabeça, através da órbita ocular[7].

Da caçada ao jogo há alguns deslocamentos dignos de nota. Em primeiro lugar, ocorre uma dilatação temporal entre a captura e o assassinato, hiato no qual o perseguidor observa suas presas e com elas interage a distância. A mediação temporal e espacial só é possível devido às tecnologias – de comunicação, de vigilância, além, é claro, das armadilhas – utilizadas no desafio, mas não é a elas que se deve seu sentido; ou seja, não se trata apenas de uma forma mais elaborada de matar. A questão é que, ao contrário de seus precursores, Jigsaw não almeja a morte de suas vítimas: ele quer que sobrevivam. Mais que isso, que sobrevivam a qualquer preço. Pode-se supor, como alguns críticos o fazem, que sua crueldade seria, então, mais sofisticada, pois o sofrimento do jogo seria prolongado por toda a vida

---

[4] Personagem do filme *Sexta-feira 13* (*Friday the 13th*), dir. Sean S. Cunningham, 1980. Foram produzidos doze filmes dessa franquia, entre 1980 e 2009.

[5] Personagem do filme *A hora do pesadelo* (*A Nightmare on Elm Street*), dir. Wes Craven, 1984. Desde 1984 foram produzidos nove filmes; o último, uma refilmagem do primeiro, foi rodado em 2010.

[6] *Jogos mortais*, cit.

[7] *Jogos mortais 2*, cit.

através do trauma de sua solução. Não é o caso. A diferença entre esse filme e os precedentes não é de grau. Enquanto os carniceiros toscos dão livre vazão a seus instintos – característica que compartilham com outro ícone do gênero, Hannibal Lecter, esse refinado amante dos prazeres da carne[8] –, Jigsaw age como um dedicado professor. Eis sua lição: "a maioria das pessoas é tão pouco grata por estar viva"[9], elas se deixam levar pela comodidade, passividade e mediocridade; desperdiçam a vida com prazeres fúteis, como dinheiro, sexo e drogas; estão anestesiadas, "mortas por dentro"[10], "sonâmbulas"[11]; são fracas e conformistas. Suas aulas visam a despertar nelas a capacidade de sentir a intensidade da vida propiciada apenas em face da morte. Para nosso filósofo, a presentificação da morte possibilita aos autocomplacentes a retomada do que constitui a essência e o sentido da vida: a urgência da autopreservação[12]. Assim, ele retira seus escolhidos do que considera uma catatonia hedonista e os devolve à realidade. Não é à toa que entre suas vítimas encontrem-se os licenciosos-padrão: drogados, prostitutas, criminosos, adúlteros, pedófilos, agiotas etc. Deslocando o senso comum, segundo o qual a proximidade da morte leva à compreensão da necessidade de gozar a vida, os jogos mortais ensinam que o inestimável valor da vida reside na batalha pela sobrevivência. A lição foi corretamente apreendida pela moça supracitada, aquela da "armadilha de urso invertida"[13]. Como única a passar no teste, ela compreende a aula prática daquele que a partir de então se torna seu mestre, livra-se dos entorpecentes e passa a

---

[8] Personagem do filme *O silêncio dos inocentes* (*Silence of the Lambs*), dir. Jonathan Demme, 1991.

[9] "Most people are so ungrateful to be alive…", em *Jogos mortais*, cit. Todas as referências às falas das personagens, bem como dos participantes de *reality shows* estrangeiros, estarão aqui em tradução livre feita por mim. As citações em idioma original serão mantidas nas notas de rodapé, pois são marcas de uma linguagem corroída pela truculência.

[10] "Dead on the inside", em *Jogos mortais 3*, cit.

[11] "Sleepwalking", em *Jogos mortais 2*, cit.

[12] Diz Jigsaw, em um equivocado diagnóstico de época: "Veja, detetive, a teoria de Darwin da evolução e sobrevivência do mais apto, baseada em sua pequena viagem às ilhas Galápagos, já não se aplica neste planeta. Temos uma raça humana que não possui o ímpeto ou a vontade de sobreviver". ("You see, Detective, Darwin's theory of evolution and survival of the fittest, based on his little trip to the Galápagos, no longer applies on this planet. We have a human race that doesn't have the edge or the will to survive", em *Jogos mortais 2*, cit.).

[13] "Reverse bear trap", em *Jogos mortais*, cit.

auxiliá-lo na execução das provas. O triunfo de Jigsaw, portanto, não está nem no sofrimento imediato nem em seu prolongamento traumático. Trata-se da anulação, através do choque, da própria possibilidade de choque. Cansado das fraquezas humanas, o vilão deseja gerar sobreviventes, forjar fortes. Jigsaw não vê nas pessoas pedaços de carne a serem revolvidos ou degustados; ele as coloca diante do dilema maior: "Viva ou morra. Faça sua escolha"[14]. Cabe ressaltar que o nosso mestre em nenhum momento suja as mãos. Em suas próprias palavras: "Eu nunca matei ninguém em minha vida. A decisão é deles"[15]. Daí a principal mediação dos homicídios não ser o aparato técnico, mas a relação dos cativos entre eles próprios e suas reações às provas impostas. A fim de sobreviver, a pessoa deve infligir um sofrimento extremo em outros ou em si mesma. A superação do desafio não depende de sua habilidade para se livrar da armadilha – a chave do "enigma" é oferecida já no primeiro instante e é de fácil alcance; resulta da capacidade de se libertar dos constrangimentos psíquicos gerados pela dor e pela compaixão. O inimigo passa a ser seu próprio juízo. Eis, enfim, o elemento mais perturbador da série, destoante do ingênuo *body count*[16] que o precede, e que faz de Jigsaw o grande herói da vilania: no jogo mortal, o carrasco passa a existir na vítima.

Desse modo, a comparação feita pelo participante do outro jogo de sucesso com esse é, para dizer o mínimo, notável. Mais que indicar o sofrimento ao qual estava submetido naquela sessão televisionada de tortura, ele expôs o mecanismo de dominação nada simples, embora brutal, levado a cabo pelo programa. A clareza do rapaz, no entanto, não chega a ser a revelação de um princípio violento oculto, pois o próprio programa faz questão de afirmá-lo constantemente, seja mediante o tom jocoso do apresentador ("Quando eu sair, Fernanda, você vai à despensa para pegar os uniformes pra guerra, ou melhor, para a experiência, quer dizer, para a prova"[17]) e do site da emissora

---

[14] "Live or die. Make your choice", em *Jogos mortais*, cit.

[15] "I never murdered anyone in my life. The decisions are up to them", em *Jogos mortais 2*, cit.

[16] Literalmente, a expressão significa "contagem de corpos" e é usada para designar o número de mortos após um massacre.

[17] O apresentador Pedro Bial, fingindo o fingimento de atos falhos, antes do início da prova supracitada. Disponível em: <http://www.youtube.com/watch?v=MTrSBYL AfbQ&feature=related>. Acesso em 10 nov. 2010.

("Quer ver a galera ~~sofrer~~ participar da prova? Acompanhe pela transmissão ao vivo no vídeo abaixo!"[18]), seja na seriedade professoral do diretor do circo

> *Big Brother* não é cultura, não é um programa que propõe debates. É um jogo cruel, em que o público decide quem sai. Ele dá o poder de o cara que está em casa ir matando pessoas, cortando cabeças. Não é um jogo de quem ganha. Para o cara de casa, é um jogo de quem você elimina.[19]

Esse saber generalizado, no entanto, não impede que uns se submetam e outros castiguem, nem que aqueles que se submetem também castiguem. Pelo contrário, a participação é a pedra fundamental do espetáculo. Mais que a aceitação passiva desse princípio nem um pouco subjacente, o programa conquista o engajamento ativo, frequentemente maníaco, nessa engrenagem de fazer sofrer. Os participantes devem selecionar semanalmente alguns pescoços a serem encaminhados ao cadafalso, e a dedicação febril à escolha apenas perde em intensidade para a dedicação a levar o escolhido a perder a cabeça. Já a audiência vota: eventualmente elege formas variadas de sofrimento e humilhação; religiosamente elege um vencedor em negativo. E vota muito: na última eliminação da décima edição do programa, por exemplo, foram computados quase 155 milhões de votos via ligação telefônica, SMS e internet (recorde mundial!). Isso não significa contudo, que foi esse o número de pessoas a decapitar alguém; afinal, o telespectador pode "votar quantas vezes quiser". Sendo assim, tal contagem indica não apenas que muitos votam, mas que muitos votam muitas vezes, perseveram na tarefa que lhes foi confiada. Há, no entanto, um número menor que atesta com maior eloquência a dedicação do público à eliminação: R$ 0,31 mais os devidos impostos era o preço pago até dois anos atrás pela votação via telefone – lucro líquido e certo: o grande vencedor do jogo agradece.

Para além dos inúmeros recordes acumulados pelo programa, é digno de atenção o espírito que, ao longo dos três meses anuais, toma o público. Surgem, abruptos, espaços monomaníacos, reais ou virtuais. A disputa toma as cidades como um espectro: sem saber como, sabemos nomes e acontecidos,

---

[18] A frase está grafada dessa forma no site. Também ela falseia o fingimento de um ato falho. Disponível em: <http://oglobo.globo.com/cultura/bigblog/posts/2010/03/18/chuva-vento-frio-calor-interatividade-na-prova-de-resistencia-275858.asp>. Acesso em 18 jul. 2010.

[19] José Bonifácio Brasil de Oliveira, o Boninho, entrevistado por Andréa Michael, em "'*Big Brother* não é cultura, é um jogo cruel', diz Boninho", *Folha de S.Paulo*, 21 mar. 2010.

o programa toma o ar e sufoca. É onipresente na emissora-mãe e nas concorrentes, em disputa pela raspa do tacho do Ibope; está em todas as mídias e em todas as conversas; suscita contendas nos ônibus e táxis. Mas é na internet que o comprometimento do público toma corpo: sites, grupos de debate, blogs, salas de bate-papo, tuitagens, comunidades virtuais, postagens em todos os espaços de relacionamento e campanhas inflamadas para a eliminação de fulano ou beltrano proliferam e deixam o rastro do dinheiro, trabalho e tempo oferecidos gratuitamente ao show de horror. Em tais espaços, que pela própria dimensão já inspiram pesquisas acadêmicas, é unânime o desejo do embate feroz entre os aprisionados[20]. Neles, impera o princípio muito bem formulado pelo organizador da rinha: importa muito mais a queda que a salvação.

Se seguirmos a trilha dessa e de outras declarações igualmente sórdidas de Boninho; se prestarmos atenção à analogia feita pelo rapaz na garagem; se observarmos o apetite dos telespectadores e dos participantes para as eliminações; se assistirmos a cada uma das provas e outras provações sob a perspectiva do sofrimento que declaradamente buscam gerar; se, enfim, levarmos a sério o próprio nome do programa a partir de sua origem literária, poderemos chegar à conclusão de que se tratam, todos os que tomam parte no jogo, de perversos. É isso o que o apresentador Pedro Bial quis dizer quando, mais uma vez em tom irônico, incitou o público a mudar as condições climáticas da garagem: "Quem vai nos ajudar a determinar quando essas mudanças vão suceder serão os internautas, em sua *infinita bondade*". Sem dúvida, essa é uma das principais mensagens do *Big Brother*, bem como da grande maioria dos chamados *reality shows*. De fato, ninguém parece ver problema algum nesse festival de aprisionamento, exclusão e tortura. E se tomarmos por espécime exemplar esse Boninho, em sua mais que duvidosa sanidade

---

[20] Ver Bruno Campanella, "A comunidade de fãs do BBB: um estudo etnográfico", no Colóquio Internacional Televisão e Realidade, apresentado na Universidade Federal da Bahia entre 21 a 24 de outubro 2008. Disponível em: <http://www.tverealidade.facom.ufba.br/coloquio%20textos/Bruno%20Campanella.pdf>. Acesso em 2 abr. 2010. No programa *BBB na Berlinda*, apresentado por Mauricio Stycer e transmitido semanalmente pelo portal UOL ao longo dos três meses de disputa, é realizada uma pequena enquete com as tais "pessoas na rua". No dia 26 de outubro de 2011, a questão foi "O que você quer ver no programa?", e as respostas obtidas foram "disputas mais rigorosas", "brigas mais violentas", "guerra sempre", "bomba atômica". Disponível em: <http://tvuol.uol.com.br/#view/id=bbb-na-berlinda-com-michel-turtchin-e-marcelo-arantes-04021C346CD8A10327/mediaId=9046648/date=2011-01-26&&list/type=tags/tags=346630/edFilter=all/>. Acesso em 11 fev. 2011.

moral, teremos de dar o braço a torcer[21]. A generalização, entretanto, é um equívoco. Em entrevista, o apresentador de um *reality show* semelhante afirmou que todos os dias após o expediente, no qual acompanha e põe em prática o martírio dos participantes, volta para casa e chora[22].

A humanidade que se apresenta por trás da máscara criminosa, essa contraprova da hipótese férrea dos *realities*, alivia os demônios e depõe contra a própria humanidade. Pois essa crueldade não é necessariamente prazerosa, não resulta da ira e não é um estado permanente – após o expediente, os então ex-gladiadores estão livres para se exibirem nas revistas como amigos. "Era só um jogo", dizem. Nossos personagens não habitam nem o inferno das paixões demoníacas nem o glaciar da psicopatia, que testa no sangue alheio sua própria incapacidade de sentir. Porém é essa constatação, que pode gerar alívio em um mundo no qual a faculdade do choque está moribunda, o que mais deveria escandalizar: mais que o mal em si, a crueldade realizada ordinariamente por pessoas ordinárias. O mal levado a cabo no horário de expediente não é questão nova: batizada por Hannah Arendt[23], certifica o

---

[21] Além do baile de desfaçatez em entrevistas e no Twitter, o diretor global protagonizou, junto com outros elementos de nossa elite, um vídeo amador divulgado na internet em 2007. É a filmagem de uma festa em um luxuoso apartamento em Ipanema, na qual os convidados dão depoimentos sobre o hábito de atirar ovos e outras coisas pela janela, tendo como intuito atingir os pedestres. No vídeo, a *socialite* Narcisa Tamborindeguy chega a demonstrar a peripécia: "Eu taco tudo, eu taco almofada, eu taco ovo... Eu adoro acertar, mas é difícil, né? [...] Adoro jogar balde de água [gargalhada]. Eu adoro, gente, sabe, quando eu fico muito louca? Aí eu jogo almofada, eu jogo roupa. Eu jogo tudo o que eu não gosto, sabe, eu quero me livrar. [...] O que eu mais amo é jogar rosas. [...] Elas catam, elas já sabem que é da Narcisa. [...] Uma fase civilizada. [...] [diante da janela, com um ovo na mão] Olha um ovinho. A gente não consegue tacar naquela bunda, né? Aquilo é homem ou mulher, Juliana? *Jeter les œufs pour la fenêtre, mon Dieu* [Jogar os ovos pela janela, meu Deus]". Alguns depoimentos depois, é a vez de Boninho: "Já taquei muito ovo pela janela". "E já acertou?", "Lógico que acertei, muita vagabunda em São Paulo, naquela... Jogava muito ovo, ovo estragado, bom. Receita: bota éter dentro do ovo, espera uns três dias e, ó [estala um beijo entre os dedos], fica beleza". O vídeo, *Ovos em Ipanema*, volta e meia é retirado do portal YouTube e depois reaparece. Disponível em: <http://www.youtube.com/watch?v=MqkpTkWpYqs>. Acesso em 17 nov. 2010.

[22] Brito Júnior, ex-jornalista e atual apresentador do programa *A Fazenda*, em entrevista ao programa *Hoje em Dia*, da Rede Record. Disponível em: <http://www.youtube.com/watch?v=Ho2nWhUIFao&feature=related>. Acesso em 9 jun. 2010.

[23] Hannah Arendt, *Eishmann em Jerusalém: um relato sobre a banalidade do mal* (São Paulo, Companhia das Letras, 1999).

nascimento de uma desumanidade desprovida de aura – seja ela religiosa, estética, heroica, guerreira, aventureira, política ou pecaminosa. Longe de reduzir a importância do fenômeno, sua persistência é um problema em si, cuja urgência aumenta em função exponencial ao afastamento cronológico de seu nascimento. Pois a ação do tempo linear sobre a *banalidade do mal* não a altera exteriormente, na forma do desgaste ou da decantação, mas atua na própria matéria da qual é feita, mudando seu aspecto e endurecendo seu núcleo. Eis, portanto, ainda uma vez, e até que um tempo outro possa agir sobre essa matéria, nossa questão: como é possível que pessoas comuns não apenas tolerem um sofrimento extraordinário, ainda que vão, como se engajem em sua realização?

Mais corda

I

A dificuldade de se escrever a respeito da ideologia hoje é que para o juízo bastaria a descrição, mas essa já não o (co)move. Se uma pessoa se mostra crítica ou mesmo condoída diante do sofrimento que se avoluma nesse tipo de programa de TV, a ela caberá a pecha de idiota (ou invejosa!). A dominação se mostra a céu aberto em dia claro, sem que se renuncie à sua prática. Todo discurso a respeito de justiça, liberdade, igualdade e até mesmo bondade é descartado com virilidade em nome de uma dura realidade. Quando o diretor do *Big Brother* afirma com todas as letras que o programa não é cultura nem visa ao debate, ele mesmo realiza uma crítica cabal à ideologia de sua empresa, "Cultura, a gente vê por aqui"[24], bem como ao esquálido palavrório de origem do programa, segundo o qual haveria um interesse sociológico ou psicológico na interação dos voluntários[25]. Se a Rede Globo levasse a sério os valores que volta e meia proclama, o diretor seria, no mínimo, repreendido. Evidentemente não é isso que ocorre. E não

---

[24] *Slogan* veiculado pela Rede Globo. A cultura é um entre outros valores vazios que "encontramos por lá": cidadania, solidariedade, direitos, educação, preservação ambiental etc.

[25] "O *Big Brother*, para a minha equipe de seleção, não é um jogo de experiência científica, é só um jogo. Não nos afeta, não nos chama a atenção a hora em que o cara fica acuado ou fica psicologicamente afetado por alguma coisa e pode virar um monstro. Não estamos preocupados com conceitos psicológicos", em "'*Big Brother* não é cultura, é um jogo cruel', diz Boninho", cit.

ocorre porque a cultura, como esfera de libertação das relações materiais, já há muito é tida como um ideal abstrato que não corresponde à realidade. Quando Theodor Adorno e Max Horkheimer cunharam o termo "indústria cultural"[26], não apresentaram nenhuma novidade que os produtores já não afirmassem eles mesmos: a cultura é uma coleção de mercadorias. A novidade não estava no fato, mas em sua triunfal aceitação. Pois ainda que a cultura burguesa já estivesse submetida às relações de troca, sua ilusão de autonomia continha, ao mesmo tempo, a verdade da possibilidade de sua realização. Mais que isso, o fracasso dessa promessa prestava seu testemunho contra a permanência da dominação mercantil nas relações humanas. A indústria cultural, ao assumir de bom grado o fato, relegou ao esquecimento o testemunho, a acusação, a negação, o asco e o ódio diante da heteronomia da vida econômica compreendidos na ideologia de cultura. Hoje, a maneira pela qual um músico exibe orgulhoso seu disco de ouro, como prova do valor de sua criação, é sinal de que a indústria cultural, essa sim, cumpriu sua promessa: transformar em mineração o que outrora era chamado espírito.

Se nos recordarmos que o choque dos frankfurtianos ante o cinismo dos produtores culturais tornou-se conceito na década de 1940, não será surpresa o fato de que a afirmação do Boninho é mais eficiente como justificativa do lixo produzido pela Rede Globo do que seu próprio *slogan* oficial – uma hipócrita e provavelmente desnecessária barganha com a lei de concessão pública das emissoras de TV. Afinal, desde a primeira metade do século passado "as abstrações são justamente o que aprendemos a identificar como propaganda. A linguagem que apela apenas à verdade desperta somente a impaciência de chegar logo ao objetivo comercial que ela na realidade persegue"[27]. Comparado ao novo *slogan* de uma concorrente – "MTV: a galinha dos ovos de ouro"[28] – aquele da emissora-rainha soa *démodé*. Porém, apesar de já estarmos acostumados há algumas gerações com o descaramento da indústria cultural e apesar de esse descaramento parecer um poço sem fundo, não é a longevidade que lhe determina a força. Quando uma empresa de mídia

---

[26] Theodor W. Adorno e Max Horkheimer, *Dialética do esclarecimento* (Rio de Janeiro, Jorge Zahar, 1985).

[27] Ibidem, p. 121-2.

[28] Esse *slogan*, veiculado pela MTV em 2010, faz referência ao valor mercantil de seus apresentadores, que volta e meia são contratados por emissoras concorrentes com salários vultosos.

declara que sua finalidade última é a cultura, a educação ou a informação, não é difícil apresentar o interesse particular oculto; afinal, trata-se de uma empresa capitalista que, como tal, tem por finalidade o lucro, todo o resto é meio, é resto. É essa mesma crítica ideológica que o cínico realiza, mas isso não o leva a qualquer mudança em sua prática. Muito pelo contrário, a justificativa da ação está em proclamar a falsidade do ideal abstrato que, por não corresponder à realidade, não é algo a ser corrompido. Segundo Slavoj Žižek: "O cínico vive da discordância entre os princípios proclamados e a prática – toda a sua 'sabedoria' consiste em legitimar a distância entre eles"[29]. Trata-se de uma práxis às avessas: a enunciação da verdade anula a possibilidade da ação contrária à falsidade. Desse modo, o cínico enxerga através do manto ideológico e permanece pautando-se por ele sem que isso se configure uma contradição performativa, pois a própria contradição é sua justificativa. Ainda que nem produtores nem telespectadores acreditem que o que é veiculado seja cultura ou qualquer outra coisa que mereça o olhar, permanecem todos produzindo e consumindo TV, como se aquilo oferecesse algum alívio ao imenso pregão que rege a vida. Por isso Žižek define o cinismo como uma "negação da negação pervertida"[30]. Em um mesmo movimento nega-se o princípio abstrato falso, e a negação é negada pela conduta que segue se guiando pelo princípio negado[31].

II

A cada edição o *Big Brother Brasil* impõe a seus participantes situações mais árduas. O diretor do programa explica por que isso ocorre:

> Da mesma forma que esses caras se preparam para participar, a gente aprende a surpreendê-los. De um programa para o outro, percebemos que eles estão mais espertos e, então, nos preparamos para ficar mais espertos ainda. É meio que um jogo de gato e rato o tempo todo.[32]

Há uma relação direta entre o que se conhece a respeito do programa e o grau das dificuldades a serem transpostas. Por exemplo: os confinados sabem

---

[29] Slavoj Žižek, *Eles não sabem o que fazem: o sublime objeto da ideologia* (Rio de Janeiro, Jorge Zahar Editora, 1992), p. 60.

[30] Idem.

[31] Silvia Viana, *Dom de iludir* (Dissertação de Mestrado em Sociologia, São Paulo, FFLCH/USP, 2005).

[32] "'*Big Brother* não é cultura, é um jogo cruel', diz Boninho", cit.

que a maioria das provas para a conquista da "liderança" é "de resistência"; então preparam-se, como esportistas, "física e psicologicamente". Já que o terror funciona mediante o susto, a direção trata de criar ardis para que os níveis de atordoamento e sofrimento se mantenham elevados. Foi o que aconteceu algumas horas antes da tortura da garagem: o programa simulou uma "prova do líder" na qual as pessoas deveriam ficar em pé, segurando pedaços de corda que as ligavam umas às outras, sem tocar no círculo desenhado no chão, até que o último a sair... não ganhasse nada[33].

Assim, quanto mais esperto se tornar o participante, mais cruel será a prova à qual será submetido e mais estúpido o seu voluntariado. E isso não segundo um julgamento benthaminiano: o desprazer se torna maior que a recompensa; há, portanto, um erro de cálculo por parte dos aprisionados. Segundo esse raciocínio, a presunção da esperteza seria falsa. Eles, de fato, não sabem o que fazem: ou estão enganados quanto à recompensa ou estão enganados quanto ao sofrimento necessário para conquistá-la. Mas eles são sim a nata da astúcia, o próprio gato da brincadeira o admite. Se algum dia a justificação utilitário-hedonista fez algum sentido é porque tinha como pressuposto a aparência da equivalência. Nos programas em que as pessoas fazem o papel de si mesmas essa aparência se dissipa. Elas podem até receber um cachê – como os antiquados trabalhadores da representação cênica – por cada dia de aprisionamento vigiado[34], o que já daria à emissora aquele algo mais do qual Marx falava. Porém, ao serem elas mesmas, não realizam menos trabalho que um ator contratado; pelo contrário, absolutamente tudo que fazem, da cama ao chuveiro, se converte em trabalho. Absolutamente tudo que são, das idiossincrasias às neuroses, converte-se em lucro para a emissora. E a forma de pagamento a essa outra forma de trabalho, que é a substância manifesta dos *realities*, realiza-se apenas no prêmio final. Logo, entre todos os participantes, apenas um terá recompensado seu trabalho de ser vigiado. Ainda assim, não custa questionar, é possível estabelecer uma grandeza para esse trabalho? Um, dois milhões de reais pagam por aquilo que um sujeito é? A desavergonhada resposta positiva a essa questão, dada pela própria existência do espetáculo da realidade, traz à luz aquilo que o ideal de justiça burguês

---

[33] Disponível em: <http://correio24horas.globo.com/noticias/noticia.asp?codigo=54364&mdl=29>. Acesso em 10 jun. 2010.

[34] Isso não é uma certeza, pois o contrato ilegal assinado pelos participantes desses programas é algo como um segredo de Estado.

outrora mascarara: por trás da equivalência está a subsunção. O simples fato de apenas um entre quinze receber o seu quinhão já deixa bastante claro que não estamos mais no reino da justiça, e nem pretendemos estar. Essa apropriação imediata não apenas é conhecida, é ela que faz desse jogo aquilo que ele é: um jogo de aniquilação. E de tudo isso os espertos estão carecas de saber, por isso são tão espertos. Sabem quanto terão de penar se quiserem lograr êxito; mais que isso, sabem perfeitamente bem que as chances de essa pena ser em vão são bastante superiores àquelas de não o ser. Sabem também que, por isso mesmo, não podem titubear diante dos outros, ou serão passados para trás. Se nossa questão se pautasse pelo grau de esclarecimento apresentado pelos protagonistas de *reality shows*, o problema estaria desde já resolvido. A racionalidade instrumental reina entre esses que, ao fim e ao cabo, só querem mesmo receber o peso de seu caráter em ouro.

Se os aprisionados são assim tão esclarecidos, onde se encontra sua estupidez? Do ponto de vista do diretor, os participantes podem fazer o papel de otários quando confrontados com suas armadilhas[35]. A burrice seria, então, apenas contingente, parte do jogo de gato e rato no qual o titereiro busca se colocar sempre um passo à frente, criando elementos surpresa que realmente surpreendam. Porém, mesmo nas mais que frequentes exceções às regras do programa é possível que se subestime a sapiência dos participantes. Eles entenderam imediatamente que aquela palhaçada pré-"prova do líder" não era a palhaçada válida: "Certeza que isso não é a prova ainda"; "Eles falaram que quem sair não pode comer. Então é porque vai ter outra coisa de noite"[36]. Ao mesmo tempo que mantinham essa conversa, permaneciam em pé, formando uma roda, segurando cada qual a sua cordinha, por mais de uma hora, esperando as desistências que não vieram, como um bando de imbecis. A cena é fantasmática, como se os corpos não pertencessem àqueles que ponderavam. Não se trata, portanto, de uma situação fluida, na qual a consciência e o engano são intercambiáveis de acordo com as circunstâncias. Gato e rato habitam harmoniosa e simultaneamente um mesmo sujeito.

---

[35] "O que me incomoda é quando não conseguimos provocar esses caras e eles conseguem ficar 'armados'. Mas geralmente a gente consegue desmontá-los", José Bonifácio Brasil de Oliveira em "'*Big Brother* não é cultura, é um jogo cruel', diz Boninho", cit.

[36] Disponível em: <http://contigo.abril.com.br/blog/bbb/tag/prova-do-lider/page/2/>. Acesso em 10 jun. 2010.

III

Há uma cena no filme *Cidade dos sonhos*, de David Lynch[37], que me fascina. Rita e Betty, as personagens principais, vão a um lugar que por fora se assemelha a uma boate e por dentro é um teatro antigo, chamado Clube Silencio. Quando entram, há um homem no palco, parece esperá-las; tem a aparência de um mágico e anuncia repetidas vezes: "No hay banda, there is no band, il n'y a pas d'orquestra. This is a tape recording. No hay banda and yet we hear the band [...] it's an ilusion"[38]. Ele o demonstra: enquanto soa um trompete, entra um homem tocando o instrumento; o músico abre os braços, afastando o instrumento de sua boca, e o som permanece. O número termina com uma nuvem de fumaça por trás da qual o ilusionista desaparece. É anunciada uma segunda apresentação: a "Chorona de Los Angeles". Com uma maquiagem carregada e borrada e uma miçanga em formato de lágrima colada na face, Rebekah Del Rio começa a cantar. A música é de uma tristeza imensa, proporcional à beleza do canto e à entrega da cantora. As protagonistas se emocionam e choram, eu choro. De súbito a cantora desmaia, mas seu canto permanece. A insistente explicação anterior, em três idiomas e com direito a demonstração, é impotente.

Mais que expor o truque, esse show de mágica de cabeça para baixo apresenta o princípio da ilusão. Nisso difere daquelas apresentações de desmistificadores profissionais que volta e meia fazem sucesso na TV. O mais conhecido entre eles, Mister M, cujos números começaram a ser veiculados no Brasil pelo programa de variedades *Fantástico*, da Rede Globo, em 1999, realiza a mágica para em seguida mostrar o funcionamento do aparato que torna a ilusão possível. Trata-se de um show paradoxal, pois o anti-ilusionista não apenas se apresenta com o codinome misterioso típico dos ilusionistas, como usa uma máscara. Ele afirma que o segredo de sua identidade se deve à necessidade de se proteger da ira daqueles que trai com suas revelações. É esse fator externo ao show que o sustenta. Se retirássemos da apresentação o nome, a máscara e sua primeira parte, teríamos apenas uma pessoa mostrando inúmeras variações de fundos falsos e jogos de espelhos, coisa que qualquer *kit* infantil de mágica traz em seu manual. A popularidade do quadro se deve justamente à manutenção do mistério, que

---

[37] *Cidade dos sonhos* (*Mulholland Drive*), dir. David Lynch, Estados Unidos, 2001.

[38] "Não há banda. Esta é uma gravação. Não há banda e, não obstante, ouvimos a banda [...] é uma ilusão."

não está na técnica, mas na *mise-en-scène* que a envolve – que, nesse caso, conta até mesmo com uma perigosa confraria de mágicos (!). A propaganda do desencantamento é falsa: embora Mister M revele o segredo, sob a máscara ele ainda é um portador de segredo, a máscara é o esteio objetivo que mantém a ilusão[39]. A graça do espetáculo de mágica está inscrita na reação mais comum ao coelho que se materializa na cartola: "Não acredito!". E só dizemos isso naquele mesmo instante em que o coelho aparece, ou seja, quando, de fato, acreditamos. A graça está nesse curto-circuito entre o que sabemos de antemão ser um logro e seu efeito real de realidade. Por isso Mister M, ao contrário do que afirma e do que temem seus críticos, não mostra nada que já não estivesse no primeiro show de Houdini. Já no Clube Silencio a mágica está de cabeça para baixo porque a lógica de desmistificação é invertida. Primeiro é revelado o truque e depois é exposto o verdadeiro segredo: a resistência do encantamento à revelação. Assim como o espanto está na máscara do ilusionista e não em nossa credulidade, o codinome de Rebekah e sua lágrima falsa choram por nós antes mesmo que derrubemos nossa primeira lágrima real. E o canto que se descola de seu suporte, essa mentira em *playback*, assume mais realidade que o corpo da cantora, que, desfalecido, é arrastado do palco como uma sombra da voz sobreviva.

Não é à toa que Marx lança mão de metáforas sobrenaturais para a compreensão do que é a mercadoria. Ela é um grandioso espetáculo de mágica corriqueiro. Ainda que fruto de trabalho humano, parece saída de uma cartola, materializa-se nas vitrines como ente natural, dotado de consciência e vida próprias. Como afirma Marx, ela nos atira piscadelas amorosas; como martelam as propagandas, ela sorri, seduz, deseja, conquista, merece ser conquistada, sonha[40]. O truque é simples, porém único. Assim como

---

[39] Tanto é assim que, em 2007, o mágico prometeu retirar sua máscara no programa *Tudo é Possível*, da Rede Record. O comentário da apresentadora Eliana, acompanhado por uma grave música de suspense, é muito mais místico que qualquer mistério de prestidigitador: "Estar revelando [sic] o seu rosto, a sua verdadeira identidade, é estar aberto a ameaças. Isso talvez o preocupe, já que ele revelou aqui que é um pai de família. Mesmo assim ele disse que vai tirar a máscara". Disponível em: <http://www.youtube.com/watch?v=lngUzwY874Y>. Acesso em 22 dez. 2010.

[40] As coisas são tão humanas que até de fetichismo já sofrem, como os carros da propaganda da Petrobras, veiculada em 2010. Um cachorro na vitrine olha para uma moça (*close* nos olhos caninos) desejando ser comprado; a moça vê um homem charmoso (*close* no olhar da moça) e deseja comprá-lo (ou ser comprada, não dá para ter certeza, pois aqui faltou o vidro que separa a rua da loja); o homem passa diante

os escapistas que reaparecem do outro lado do palco, a mercadoria tem um duplo; ao contrário deles, ela é seu próprio duplo. Como valor de uso, ela é um corpo singular, é matéria, resultado de trabalho concreto; como valor de troca, é uma grandeza, é *quantum* de tempo de trabalho social cristalizado, uma medida de equivalência. Ela é substância indiferenciada de trabalho humano encarnada; em sua singularidade está inscrita a singularidade de qualquer outra mercadoria; ela é, portanto, uma abstração[41]. Eis a grandiosidade inigualável desse ilusionismo: a mercadoria dispensa cordas ou espelhos para levitar sobre seu próprio corpo, pois possui o poder da metamorfose e da ubiquidade em si mesma. Mas é à sua materialidade que se deve a ilusão de sua autonomia, pois a medida do trabalho, que é propriedade social e de física não tem "nem um átomo"[42], assume a forma de uma coisa. Desse modo, as mercadorias surgem repentinamente diante de nossos olhos sem que possamos nos dar conta das relações sociais que as engendram, exatamente como quando vemos o às de espadas ser retirado do maço e não percebemos a mão ágil do prestidigitador. A mão ficou parada, foi a carta que se moveu:

> O misterioso da forma mercadoria consiste, portanto, simplesmente no fato de que ela reflete aos homens as características sociais de seu próprio trabalho como características objetivas dos próprios produtos de trabalho, como propriedades naturais sociais dessas coisas e, por isso, também reflete a relação social dos produtores com o trabalho total como uma relação social existente fora deles, entre objetos.[43]

Como abstração, a mercadoria é corpo que se ergue depois de serrado ao meio; como matéria, é música que perdura sem banda.

O mais extraordinário desse espetáculo é justamente o fato de ser corriqueiro. Para Marx, não há susto porque a mercadoria aparece aos homens como natural, e assim é entendida por eles. A aparência corresponde à consciência – no caso, à falsa consciência. A compreensão invertida da

---

de uma vitrine em cujo interior está um carro de luxo (*close* no olhar do homem) e deseja comprá-lo; o carro, por fim, mira um posto de gasolina da Petrobras (*close* no farol dianteiro) e uma voz em *off* anuncia: "Gasolina Petrobras, o sonho de consumo de todo carro".

[41] Karl Marx, *O capital*, Livro I (São Paulo, Boitempo, 2013).
[42] Idem.
[43] Ibidem, p. 71.

realidade é resultado direto da forma objetiva que assume o produto do trabalho humano como mercadoria. A força dessa aparência é patente na "mão invisível" de Adam Smith; nela, esse bailado de coisas inanimadas é tão trivial quanto o fato de que tudo que sobe deve descer, estranhá-la seria o mesmo que estranhar a lei da gravidade. O engraçado da metáfora de Smith é que ela mesma faz soar como princípio mágico o resultado de uma pretensa constatação científica: o golpe de mão seria uma lei universal que age sem a necessidade de um ilusionista – às vezes, apesar dele. O pensamento abstrato reflete a abstração real contida nas mercadorias: "A inversão mediante a qual o que é sensível e concreto conta apenas como uma forma fenomênica do que é abstrato e universal, ao contrário do verdadeiro estado de coisas, em que o abstrato e o universal importam apenas como propriedade do concreto, essa inversão é característica da expressão do valor"[44]. É esse espelhamento entre o pensamento abstrato, característico da cultura burguesa em suas diversas manifestações, e a forma-mercadoria que a crítica ideológica marxiana pretende quebrar. O problema é: mostrar que esse pensamento é falso por desconsiderar as relações reais que o sustentam é o suficiente para quebrar o encanto? Não é por Marx ser otimista quanto ao andamento da história que devemos desconsiderar a ligação umbilical que para ele há entre crítica e revolução, entre o pensamento e a prática:

> O reflexo religioso do mundo real somente pode desaparecer quando as circunstâncias cotidianas, da vida prática, representarem para os homens relações transparentes e racionais entre si e com a natureza. A figura do processo social da vida, isto é, do processo da produção material, apenas se desprenderá do seu místico véu nebuloso quando, como produto de homens livremente socializados, ela ficar sob seu controle consciente e planejado.[45]

Para Marx, assim como há uma reflexão do estado falso, a verdade se reflete na superação do modo de produção capitalista. O levantar da cortina que esconde o truque e o fim do espetáculo não se separam. No esquema da crítica ideológica clássica, um personagem como Mister M seria impensável, assim como uma sociedade cuja compulsão por aniquilar valores que se pretendem universais só não é mais intensa que a compulsão pela manutenção prática da falsidade. A revelação e a permanência do falso real

---

[44] Idem.
[45] Ibidem, p. 76.

se amalgamaram historicamente, no momento em que a história não dobrou a esquina, sob o nazismo. Os valores burgueses foram para os ares sem sua realização; em seu lugar restou dominação sem argumentação.

A principal força que mantém essa dominação não é, portanto, a falsa consciência, ou o que Slavoj Žižek chama de "sintoma". Na noção sintomal de ideologia, a ilusão se coloca claramente no saber: quando usamos o dinheiro, pensamos lidar com uma riqueza imediata quando, de fato, lidamos com a cristalização de trabalho humano vivo. No entanto, há um "erro" que opera no próprio real; a forma-mercadoria é esse "erro": mesmo que saibamos que o trabalho é a origem desse mundo de coisas, na ação da troca agimos *como se* estivéssemos lidando com forças da natureza. Sob o capitalismo vivemos em um mundo objetivamente encantado, por isso a ação independe do esclarecimento que tenhamos a seu respeito. A isso Žižek denomina "fantasia ideológica", uma espécie de grau zero da ideologia:

> O que as pessoas desconsideram, o que desconhecem, não é a realidade, mas a ilusão que estrutura sua realidade, sua atividade social. Eles sabem muito bem como as coisas realmente são, mas continuam a agir como se não soubessem. A ilusão, portanto, é dupla: consiste em passar por cima da ilusão que estrutura nossa relação real e efetiva com a realidade.[46]

A fantasia é o momento objetivo da crença ideológica, anterior à sua captura por parte dos sujeitos; ela funciona como o curto-circuito da mágica, está nas vitrines das lojas tanto quanto na máscara do ilusionista e na lágrima de miçanga.

IV

Quando Boninho afirma, a respeito dos participantes: "Eu os encaro como peças de um produto, de um jogo"[47], isso não significa que ele é um daqueles personagens esfomeados de desenho animado que olham para o parceiro e enxergam um sanduíche; fosse esse o caso, estaria sofrendo de delírios alucinatórios. Entretanto, em sua relação com os participantes ele age como se fossem coisas (a serem devoradas); em sua prática, ele é um alucinado. Não vivemos, portanto, em uma sociedade pós-ideológica tal como

---

[46] Slavoj Žižek, "Como Marx inventou o sintoma?", em Slavoj Žižek (org.), *Um mapa da ideologia* (Rio de Janeiro, Contraponto, 1996), p. 316.

[47] "'*Big Brother* não é cultura, é um jogo cruel', diz Boninho", cit.

uma leitura apressada do cinismo poderia fazer crer. A fantasia ideológica se organiza como uma "crença exteriorizada", um ritual do qual participamos independentemente de quão irracional seja, independentemente das racionalizações que eventualmente criamos para justificar nossa participação. Tomemos como exemplo aqueles inúmeros casamentos contemporâneos de certa classe média esclarecida. Neles, as mudanças no ritual são inúmeras, da cor do vestido à organização da cerimônia, das músicas à locação, da ausência do sacerdote à sua substituição por amigos inspirados. Já vi um noivo rir diante do padre e outros tantos dizerem que só trocaram alianças "pela família"; há ainda aqueles que fumam maconha para entrar na nave da igreja e os caras de pau (ainda mais que o "normal") que dizem só querer os presentes. Aos conservadores preocupados em ser esse um ritual em desuso, os progressistas de minha geração podem propiciar certo alívio. A despeito de tudo que condenam, da religião à família patriarcal, da monogamia à tradição, tiveram sua cerimônia. Todo distanciamento subjetivo diante da prática – a ironia esperta, a terceirização da crença, os deslocamentos criativos, a crítica ao pé do juiz de paz etc. – longe de enfraquecer o ritual, reforça-o. Pois não é a cerimônia que perde seu sentido – ao fim e ao cabo ainda é um casamento –, é a crítica que se torna débil. Essa crítica, no entanto, cumpre um novo papel, o avesso daquele pensado por Marx: trata-se de um reforço à maior ilusão de nossa sociedade, a ilusão segundo a qual por aqui ninguém mais é bobo.

O cínico aperta o nó da ilusão, nó que está em seu próprio pescoço. Naquela falsa prova do *Big Brother* os participantes seguem um ritual mais poderoso que sua consciência, pois o círculo e os pedaços de corda que seguravam formavam a prova da liderança mesmo que todos soubessem que não era nada daquilo. Por isso é possível afirmar que os voluntários não são burros, mas seu voluntariado sim: é em sua prática que se encontra o logro, não obstante seu saber a esse respeito. Assistir a um *reality show* é testemunhar um apanhado de rituais absurdos, ditos e sabidos, realizados como se fossem a coisa mais natural do mundo. Esses rituais acreditam em nome dos sujeitos, mas acreditam em quê? É a forma e o sentido dessa fantasia que o presente trabalho pretende analisar, pois ela é a mediação através da qual o cínico se encaminha à forca e carrega outros com ele. Forca que, nesse caso, está a meio caminho da metáfora e da literalidade. Isso porque não lidamos aqui com um ritual como outro qualquer, não se trata de uma festa ou do consumo, ambos cerimoniais oferecidos aos deuses do prazer. Trata-se de algo mais perturbador, pois o que se vê nos *reality shows* é a proliferação de rituais de sofrimento.

Realidade surreal

I

Não obstante o sofrimento levado a cabo pelo *Big Brother Brasil* não ser em nada subjacente e em nenhum momento negado por seus produtores – pelo contrário, a crueldade funciona inúmeras vezes como propaganda –, permanece o debate em torno de um de seus discursos de origem, segundo o qual o programa visa a propiciar ao espectador-*voyeur* a oportunidade de invadir a intimidade dos voluntários-exibicionistas imersos em um mundo de delícias[48]. O ponto de vista que privilegia o caráter erótico do programa tem lá sua razão de ser: a piscina sinuosa, os lençóis, almofadas e espelhos espalhados por todos os cantos, os corpos esculpidos em borracha, as danças hipersexualizadas, as vestimentas minimalistas e a piscadela do robozinho-logomarca[49] são como a antecâmara de um filme pornográfico. Mas esse programa tem lá sua história – se é que podemos denominar assim o desenvolvimento de um produto a partir de pesquisas de mercado –, e ao longo dos mais de dez anos em que vem sendo veiculado é notável o

---

[48] Assim como seu objeto, a pesquisa acadêmica a respeito de *reality shows* no Brasil é incipiente. Grande parte dessa produção adota a perspectiva do voyeurismo: "O *Big Brother* é o jogo acirrado entre voyeurismo e exibicionismo midiáticos. De fato, o maior atrativo do programa é exatamente esse. [...] A ideia é vigiar, bisbilhotar, acompanhar a vida alheia sem trégua", Debora Cristine Rocha, "Reality TV e reality show: ficção e realidade na televisão", *Revista Associação Nacional dos Programas de Pós-Graduação em Comunicação*, Brasília, v. XII, n. 3, set.-dez. 2009, p. 8. Outros exemplos dessa abordagem se encontram em Vanessa Brasil Campos Rodríguez, "A face oculta, sinistra e fascinante do espetáculo do real", apresentado no citado Colóquio Internacional Televisão e Realidade da UFBA; Douglas Caputo de Castro e Guilherme Jorge de Rezende, "Do voyeurismo à visibilidade: os *reality shows* na TV brasileira", apresentado no XXIX Congresso Brasileiro de Ciências da Comunicação, Universidade de Brasília, set. 2006; Deomara Cristina Damasceno Garcia, Antoniella Santos Vieira e Cristiane Carneiro Pires, "A explosão do fenômeno: *reality show*", disponível em: <http://www.bocc.ubi.pt/pag/garcia-deomara-reality-show.pdf>, acesso em 18 dez. 2012.

[49] "É preciso compactuar com a piscadinha da vinheta e assistir ao programa. Quando o público compactua, torna-se cúmplice da invasão de privacidade proposta pelas câmeras, torna-se voyeur. Ao piscar, a vinheta seduz: 'Vamos dar uma espiadinha?'", Débora Cristine Rocha, "BBB 8, a montagem do *Big Brother* na TV brasileira", em Colóquio Internacional Televisão e Realidade, cit.

aumento de importância do dito "jogo" em detrimento dos encontros e desencontros sexuais. Ainda que os participantes volta e meia se encontrem sob o edredom cenográfico, não mais o fazem de maneira "ingênua", pois cada beijo é cuidadosamente ponderado diante das câmeras por seus protagonistas e pelos demais participantes: "Eles só 'ficaram' por estratégia de jogo"; "Será que vão pensar mal de mim lá fora?"; "Vão votar em nós porque juntos estamos mais fortes" etc. Também a arquitetura e a decoração do espaço aos poucos passaram a privilegiar o desconforto (com cores e padrões atordoantes em móveis e paredes) e a disputa (com a construção de muros ou quartos com graus variados de comodidade, visando à cizânia entre os participantes). Até mesmo as tão características cenas de bundas ociosas à beira da piscina são deixadas de lado pela edição ao mais sutil sinal de tramoia, manipulação ou paranoia. Todos os elementos do programa orbitam o núcleo da competição feroz, especialmente os afetos. Na edição de 2010, uma das participantes, por ter vencido uma prova, pôde receber como prêmio uma carta de familiares em que se lia:

> Lembre-se do seu sonho e se doe a essa oportunidade: você conseguiu isso na melhor época da sua vida – solteira e começando sua profissão. Esquece o mundo aqui fora [...] viva intensamente essa oportunidade surreal e não se esqueça que você é solteira e mostre o diabinho que tem dentro de você.[50]

A carta refletia o comentário generalizado dos telespectadores internautas, bem como algumas observações maldosas do apresentador: a moça demonstrava muitas saudades do namorado e, por isso, não estaria se "entregando" ao programa, mostrava-se alheia à disputa, muito "passiva", correndo o risco de ser eliminada. Assim, com a delicadeza de um hipopótamo, os parentes incitaram a jovem a submeter sua sexualidade à competição; afinal, mais importante que o romance é a "oportunidade". Em um primeiro momento, a moça verteu lágrimas preocupadas – talvez nem tanto com o suposto término de seu relacionamento que a família anunciava quanto com sua imagem: "Vou ser a chorona do BBB"[51] –, mas a mensagem foi prontamente

---

[50] Disponível em: <http://extra.globo.com/tv-e-lazer/bbb/bbb-10-lider-fernanda-recebe-carta-da-familia-le-que-esta-solteira-377889.html>. Acesso em 2 fev. 2011.

[51] Disponível em: <http://bbb.globo.com/BBB10/Noticias/0,,MUL1516342-17402,00-FERNANDA+RELE+CARTA+DA+FAMILIA+PARA+MICHEL+E+A NAMARA+QUE+CHORAM.html>. Acesso em 2 fev. 2011.

compreendida: "É uma dica explícita"[52], afirmou. Na festa seguinte ela não titubeou e, digamos assim, incorporou a "diabinha" evocada por sua família. A artificialidade da *performance* foi tão evidente que inspirou um de seus concorrentes a apelidá-la de "*caps lock*", em referência à palavra "solteira", que, na carta, fora redigida em maiúsculas[53]. Para os espertos, meia palavra basta, quando em destaque a compreensão é imediata: o apego afetivo atrapalha o sucesso. Mais que uma demonstração de libertinagem, ela ofereceu uma prova de seu compromisso com o "jogo". Daí a artificialidade indisfarçada não ter prejudicado a participante: ao contrário dos prognósticos anteriores ao drama epistolar, ela foi finalista[54].

O imperativo da carta é o mesmo desse programa em particular e dos *reality shows* em geral: lute e vença a qualquer custo, ainda que para isso você precise (fingir) gozar. Mesmo em outra subcategoria do gênero, os "*realities* de transformação", cujo tema a princípio não é o "jogo", mas a mudança "radical" de algum aspecto da vida do participante, o foco (mais ou menos explícito) é invariavelmente a correria necessária para que não se perca o trem desgovernado da concorrência. No *Esquadrão da moda*, exibido pelo SBT, amigos e familiares armam uma arapuca para que seu conhecido seja entregue nas mãos de dois especialistas em moda. Esses, após ministrarem algumas sessões de humilhação, acabam por "mudar radicalmente o visual" do "malvestido". Não obstante a pessoa receber uma generosa soma em dinheiro para ser gasta em roupas, na maioria das vezes a maratona consu-

---

[52] Disponível em: <http://bbb.globo.com/BBB10/Noticias/0,,MUL1516341-17402,00-FERNANDA+MOSTRA+CARTA+PARA+SERGIO+E+UMA+DICA+EXPLICITA.html>. Acesso em 2 fev. 2011.

[53] O tal "*caps lock*" foi tomado pelo apresentador como mais um elemento da novilíngua do programa, passando a designar o engajamento na batalha pelo prêmio. Na última prova de resistência dessa edição, Pedro Bial congratulou a vencedora: "Apertou o '*caps lock*' e conquistou uma liderança maiúscula". Disponível em: <http://extra.globo.com/tv-e-lazer/bbb/bbb-10-bial-confirma-lideranca-de-fernanda-para-acabar-com-as-duvidas-376523.html>. Acesso em 3 fev. 2011. Em outra ocasião, o apresentador fez um "elogio" a todos: "Tá todo mundo '*caps lock*' aí, bacana... Paredão duplo *é a alma do negócio*". Disponível em: <http://www.youtube.com/watch?v=2GIfTVjLDyg&feature=related>. Acesso em 3 fev. 2011. Grifo meu.

[54] Segundo o diretor do programa: "Fernanda só deu a grande virada porque a gente, deliberadamente, deu a carta da família para ela". Disponível em: <http://entretenimento.br.msn.com/famosos/noticias-artigo.aspx?cp-documentid=23777720>. Acesso em 6 fev. 2011.

mista aparece como suplício. Seja porque a pessoa não gosta do "esporte", seja porque deve negar tudo que até então lhe parecia apropriado vestir, o fato é que o consumo aqui não aparece relacionado ao prazer. O próprio formato do programa reforça o sofrimento, por exemplo ao reservar uma segunda rodada de compras na qual as primeiras escolhas da vítima são ridicularizadas pelo casal *fashionista* – isso independentemente de a pessoa ter seguido ou não as regras que lhe foram ensinadas.

Longe da colorida diversão do consumo, o que está em jogo aqui é o inferno do mundo do trabalho contemporâneo. Em primeiro lugar, porque o próprio ato de consumir é constantemente posto como um trabalho pelos especialistas; mais que isso, a estrutura do programa faz com que seja penoso, pois a pessoa é obrigada a gastar todo o dinheiro em apenas dois dias. Ela deve ser produtiva ou, em termos mais correntes, deve ser eficiente. Em segundo lugar, a dádiva não são as roupas em si, mas o *upgrade* necessário para uma melhor colocação no mercado, ou para a mais modesta garantia de que não haja rebaixamento. Esta, a justificativa da intervenção, é repetida à exaustão, daí a ocupação do selecionado estar sempre em primeiro plano no momento em que é convencido a participar. Se a vítima é professora, dizem que não será levada a sério por seus alunos a não ser que melhore sua aparência. Se ela afirma que tem dois empregos e busca conforto no vestir porque está sempre cansada, a resposta da especialista é: "Mas você sabe que o mercado é competitivo e você sabe que *para se manter* você precisa se dedicar, e sua imagem é uma dedicação que você tem de ter"[55]. Se é uma dona de casa, "talvez esteja desempregada porque se veste mal", e uma voz em *off* complementa: "Claro, estar bem-vestida é o mínimo pedido em uma entrevista de emprego"[56].

Mesmo programas conhecidos nos Estados Unidos como *reality X*, que supostamente têm como tema o erotismo ou mesmo a pornografia, são elaborados tendo em vista a disputa entre participantes[57]. E se essa regra é clara

---

[55] Programa exibido no dia 31 mar. 2010. Grifo meu.
[56] Programa exibido no dia 24 ago. 2010.
[57] No *reality show* norte-americano *A Shot at Love*, transmitido pela MTV brasileira em 2008, a ex-coelhinha da *Playboy* Tila Tequila submete 32 pretendentes (homens e mulheres) a provas eróticas; os que não passam são eliminados, e o último ganha a moça. Já o canal a cabo Multishow exibe atualmente outro *reality show* norte-americano, *Search for a Pornstar*, no qual os candidatos competem entre si mediante provas/sexo, tendo em vista sua inserção no mercado pornográfico. Nosso equivalente nacional, *Jogo da Sedução*, foi transmitido em 2006 pelo Grupo Bandeirantes. Nele, seis moças

nos sucessos mercadológicos, nas derrotas se torna ainda mais transparente. Apesar de a 11ª edição do *Big Brother Brasil* ter apresentado a maior taxa de bolinagem, exibicionismo, embriaguez, troca-troca e formação de casais, sendo considerado por uma das participantes "o BBB da putaria"[58], foi a edição com o menor índice de audiência. A leitura do fracasso é unânime e aparentemente contradiz o furor sexual dos participantes: "O BBB está morno"[59]. Aparentemente, pois a temperatura deve ser aferida com outro termômetro: "Tá todo mundo muito na paz, ninguém quer brigar, nos outros eu via mais competição... Todo mundo se esquivando... Muito defensivismo, todo mundo querendo fazer amizade com todo mundo para [sic] não querer levar voto"[60]. De acordo com esse parâmetro, o exibicionismo pode ser visto com reprovação:

> Tô achando as situações mornas demais e ao mesmo tempo apelativas demais. [...] O pessoal fica trocando de roupa... Tudo bem, quer mostrar, mostra, mas as meninas têm de tomar cuidado, elas perdem a chance de sair na *Playboy*, já mostrou tudo, caramba!.[61]

O imperativo retorna invertido e igual: lute e vença a qualquer custo, ainda que para isso você precise (fingir) não gozar. O mote do espetáculo da realidade e seu maior apelo junto aos telespectadores é a concorrência,

---

confinadas em um *spa* aprendem a "arte da sedução" com seus *coachs* e, juntos, buscam passar a perna nos demais. Após dois meses, o voto do telespectador agraciou a "mais sedutora" com 100 mil reais, além de um ensaio fotográfico em uma revista masculina – passo decisivo na carreira da profissão de "gostosa".

[58] Disponível em: <http://diversao.terra.com.br/tv/bbb11/noticias/0,,OI4914516-EI17525,00-BBB+Janaina+diz+que+esse+e+o+BBB+mais+ousado.html>. Acesso em 25 fev. 2011.

[59] Entrevista de Mauricio Stycer com Michel Turtchin, participante da décima edição, no programa *BBB na Berlinda* do dia 26 jan. 2011. Disponível em: <http://tvuol.uol.com.br/#view/id=bbb-na-berlinda-com-michel-turtchin-e-marcelo-arantes-04021C346CD8A10327/mediaId=9046648/date=2011-01-26&&list/type=tags/tags=346630/edFilter=all/>. Acesso em 14 fev. 2011.

[60] Entrevista de Mauricio Stycer com Rodrigo Fernandes, blogueiro maníaco-especialista em *Big Brother*, no programa *BBB na Berlinda* do dia 9 fev. 2011. Disponível em: <http://tvuol.uol.com.br/#view/id=bbb-na-berlinda-com-jean-massumi-e-rodrigo-fernandes-04021A376ED4991327/mediaId=9135774/date=2011-02-09&&list/type=tags/tags=346630/edFilter=all/>. Acesso em 14 fev. 2011.

[61] Entrevista de Mauricio Stycer com Jean Massumi, participante da terceira edição, no programa *BBB na Berlinda* do dia 9 fev. 2011.

não o voyeurismo. Portanto, aquilo a que assistimos não é algo obsceno, isto é, fora da cena simbólica; o que se vê é essa mesma cena: um pega pra capar. É esse o fundamento que atrai o nosso olhar, pois é o fundamento de nossa reprodução social. Os programas têm a mesma forma que a vida produtiva sob o neoliberalismo: sua organização é a da empresa capitalista contemporânea, sua estrutura é de gestão de trabalho flexível; a voz de comando que ecoa de ambos os lados da tela é uma só e há um mesmo padrão de respostas, de ambos os lados da tela.

II

Não afirmo com isso que esses programas são uma representação adequada, ou mesmo fiel, do mundo do trabalho contemporâneo, afirmo que ambos levam a cabo os mesmos rituais. Daí a importância de levar o termo "realidade", que dá nome ao gênero, mais seriamente do que costumam fazer aqueles que o analisam. O argumento mais comum em críticas de *reality shows* é aquele que aponta a falsidade contida em sua promessa de realismo: "Como *reality TV* e *reality show*, ela [a TV] simula o mundo vivido no mundo midiático e, se tudo der certo, a simulação conseguirá persuadi-lo de que entre ambos não há diferença"[62]. Reafirmando: por aqui, ninguém mais é besta, participantes e telespectadores não se cansam de discutir a influência da edição na competição do *Big Brother Brasil*. Segundo um participante da décima edição: "O BBB é bom por causa da edição [...] é a edição que faz a história"[63]. Outro participante, esse do programa exibido em 2003, afirma: "Você pode até ser um santo lá dentro, até fazendo milagre, se nego te coloca dois pares de chifrinho e um rabo com ponta, já era"[64]. Como bons filhos do pós-modernismo, ninguém acredita que haja a possibilidade de objetividade, especialmente em se tratando de televisão. Nem mesmo a produção se empenha em ocultar a narrativa que elabora em torno dos participantes. Para a criação de sua historieta, o programa conta com a já famosa edição, com direito a *flash-backs*, costurando tramas e tramoias, *close-ups*, que intensificam o sentimento que se busca transmitir,

---

[62] Débora Cristine Rocha, "*Reality TV* e *reality show*: ficção e realidade na televisão", cit.

[63] Entrevista de Mauricio Stycer com Michel Turtchin no programa *BBB na Berlinda*, exibido em 26 jan. 2011.

[64] Entrevista de Mauricio Stycer com Jean Massumi no programa *BBB na Berlinda*, exibido em 9 fev. 2011.

e trilha sonora adequada ao que se busca extrair de cada situação. Além de todos os efeitos especiais, ainda é exibida semanalmente uma animação que não apenas direciona os acontecimentos, como transforma as tais "pessoas de carne e osso" em personagens-tipo da indústria cultural, com destaque para heróis e vilões, com direito a chifres e auréolas. E, como se não bastassem os desenhos, na décima edição foi montado um curta-metragem romanceado a partir das cenas do confinamento. Mais que um deboche das novelas mexicanas – e também, como não poderia deixar de ser, dos participantes –, o melodrama *Corazón en cacos*[65] é uma autoironia de um espetáculo da realidade. Portanto, não é certo o empenho do show em nos "persuadir" de sua realidade. Ainda assim, "tudo dá certo". E funciona porque, acreditando em seu realismo ou não, agimos como se aquilo fosse real: eles disputam, nós selecionamos...

A crítica ideológica clássica falha ao desconsiderar o que Adorno e Horkheimer notaram já em meados do século passado: "a ideologia e a realidade correm uma para a outra"[66]. Não que o espetáculo não seja uma ficção, mas essa ilusão é a mesma que dá suporte à nossa realidade – ou, em termos adornianos, nosso real falsificado. Em uma entrevista, a editora-chefe do *Big Brother Brasil* não apenas confirmou a montagem das narrativas como explicitou seu processo de fabricação:

> Obviamente tem os que *rendem* mais do que os outros, mas a gente procura sempre atender a todos. [...] Um personagem que não fala muito, ao menos um pouquinho ele vai aparecer, para o telespectador não esquecer que ele está na casa. [...] Às vezes até vamos buscar algum "acontecimento" [daquele a quem ela chama "apagado"], porque nem vem para mim, *de tão nada que ele é*. Tem momentos em que eu termino um programa e pergunto: "Nossa, cadê fulano, que não apareceu?". Aí eu vou buscar uma cena dele sentado no canto do jardim, para mostrar que, enquanto os outros estavam conversando, ele estava isolado. Mas é claro que umas pessoas *rendem* mais do que as outras, mas, se as pessoas não *rendem*, a gente não pode fazer nada.[67]

---

[65] Disponível em: <http://bbb.globo.com/BBB10/Noticias/0,,MUL1542226-17402,00-CORAZON+EN+CACOS+UMA+HISTORIA+DE+AMOR+E+INTRIGA.html>. Acesso em 6 fev. 2011.

[66] Theodor W. Adorno e Max Horkheimer, *Temas básicos da sociologia* (São Paulo, Cultrix, 1973), p. 203.

[67] Ilana Feldman, "A fabricação do BBB: entrevista com Fernanda Scalzo", *Revista Trópico*. Disponível em: <http://pphp.uol.com.br/tropico/html>. Acesso em 20 jun. 2010. Grifo meu.

Deve-se notar que ela nega a efetivação de sua pretensão à neutralidade (outra que não é boba), mas se há privilégios na exposição a causa é objetiva, é culpa daqueles que não sabem aparecer. Em nenhum momento a editora-chefe tenta nos enganar a respeito do realismo do show, o logro brota de sua sinceridade. Ele está no fato inapelável, diante do qual "a gente não pode fazer nada", de que aqueles que não falam ou se isolam ou não agem são um "nada". E o Ibope não a deixa mentir; se há algo que gera angústia na audiência é um *reality show* no qual as pessoas parecem "samambaias"[68]. Essa imensa mentira real é apenas uma entre as tantas que proliferam em um mundo "proativo", um mundo no qual timidez, silêncio e introspecção são burrice ou doença[69], pois "não rendem". Apontar essa mentira, entretanto, não significa afirmar que tímidos podem sim ser produtivos; essa falsa recusa apenas corrobora o fato de que gente é para render – eis a fantasia de ambas as realidades. *Reality shows* não simulam o mundo vivido, eles o repõem. Pois efeitos especiais também costuram nosso cotidiano e também aí agimos como se fossem reais: nós disputamos, eles selecionam...

III

Também por isso as análises que tomam um caminho diverso e pensam os *reality shows* como um acesso direto ao Real não se sustentam. No texto "A face oculta, sinistra e fascinante do espetáculo do real"[70], Rodríguez

---

[68] "Os fãs até mesmo desenvolveram um mantra que era constantemente repetido na comunidade: 'Eliminem as samambaias primeiro!'. Samambaia é o apelido dado aos participantes percebidos como passivos, por não se exporem dentro da casa, ou mesmo por evitarem expressar opiniões que podem ser vistas como polêmicas. Um grupo de participantes sem personalidade é o pior pesadelo para um fã de BBB", Bruno Campanella, "A comunidade de fãs do BBB: um estudo etnográfico", Colóquio Internacional Televisão e Realidade, cit., p. 11. Notar que também nessa formulação "silêncio" é igual a "falta de personalidade".

[69] Um amigo meu contou que, certo dia, passou diante de uma igreja e notou uma pequena placa disposta na porta lateral. Nela constavam os horários dos grupos de ajuda a viciados: "Alcoólicos anônimos", "Narcóticos anônimos", "Introvertidos anônimos" e... "Mulheres que amam demais anônimas". Não acreditei e procurei na internet. É verdade, há ainda amor em demasia!

[70] Vanessa Brasil Campos Rodríguez, "A face oculta, sinistra e fascinante do espetáculo do real", cit. O mesmo argumento pode ser encontrado no texto de Marion Minerbo, "*Big Brother Brasil*, a gladiatura pós-moderna", *Psicologia USP*, São Paulo, v. XVIII, n. 1, mar. 2007.

afirma que esses programas abrem a possibilidade de darmos vazão à nossa pulsão escópica ao exibir, sem mediações, sexo, corpo e morte. Tendo por base a psicanálise lacaniana, a autora distingue o Real da realidade, essa última entretecida por "discursos e signos". Por isso ela se vale do termo "espetáculo do real" em vez de "espetáculo da realidade":

> No espetáculo do real o aspecto radical da imagem invade a tela e não deixa nenhum espaço para a representação. A matéria dos corpos em seus momentos extremos aparece arrasando todo o espaço.[71]

"O gozo do olhar" ocorre quando "algo rompe o invólucro, a pele" e deparamos com a carne "em sua extrema singularidade"[72]. De fato, o corpo é objeto de devassa na programação da TV contemporânea, seja na imagem-estupro da dançarina de funk, seja na imagem-necropsia de cadáveres reais ou fictícios[73]. Uma das coisas mais estapafúrdias a que já assisti é um programa erótico-educativo norte-americano chamado *Sexo para meninas do século XXI*, que no Brasil foi exibido pelo canal pago GNT em 2007. Parte da didática consistia na instalação de uma microcâmera em um pênis, que era então introduzido em um canal vaginal[74]. A cena pode ser muito engraçada, mas está longe de ser um acesso instantâneo ao Real. Assim como o corpo exposto do nudista está mais carregado de símbolos do que aquele coberto pelo maiô, aquela vagina estava recoberta pela linguagem pseudocientífica da narradora, pela assepsia do aparelho e da própria imagem, mas sobretudo pelas cenas "externas" que foram intercaladas. Nelas, um casal jovem e de aparência atlética pratica um sexo suave e seco sobre lençóis de cetim. Não é porque um corpo aparece como carne que estamos livres das representações que o envolvem, e sua exibição *ad nauseam* não nos arrasta "ao mais pretérito de nós mesmos, ao tempo de nossa primitiva

---

[71] Ibidem, p. 6.
[72] Ibidem, p. 9.
[73] Na série americana *CSI: investigação criminal*, exibido atualmente pela Rede Record, a câmera acompanha os dedos do legista até a medula. Já no seriado *Dr. House*, transmitido pela mesma emissora, que acompanha o dia a dia de um médico soberano, não basta a descoberta da doença, é necessária a visualização do corpo em colapso mediante uma animação realista em 3D.
[74] Para não dizerem que é invenção minha: <http://www1.folha.uol.com.br/folha/ilustrada/ult90u322690.shtml>. Acesso em 9 fev. 2011.

caminhada como *homo sapiens*"[75]. O corpo-carne já é em si uma ficção e só existe em uma sociedade na qual tudo está subsumido à lei da troca. A carne perscrutada, plastificada, revolvida, torturada, exercitada, em suma trabalhada, transforma-se em equivalente. O que pode haver de singular na procissão de seios siliconados? Eles são louvados em centímetros cúbicos! O que há de singular nos cadáveres, ostentados em todos os telejornais, sendo escoados das favelas por carrinhos de mão? A ruptura do "invólucro" faz saltar ao olhar uma carne abstrata, intercambiável, contabilizável. A fantasia que envolve essa massa corpórea humana é justamente a de ser massa indiferenciada e nada mais. Quando a dançarina, já menos vendável, justifica sua participação em um filme pornográfico nos seguintes termos: "precisava do dinheiro" ou "isso é um trabalho como outro qualquer", ela expõe bem mais do que seu clitóris e outra coisa que o Real: ela repõe a fantasmagoria que escora uma sociedade-açougue.

IV

O espetáculo da realidade surgiu em 1973, nos Estados Unidos, com a série *An American Family* [Uma família americana] que acompanhou (e gerou) as desgraças de uma família americana "típica" em seu cotidiano "típico". Mas foi apenas no início da década de 1990, com o programa *The Real World* [O mundo real], produzido pela MTV norte-americana, que o gênero se firmou como tal. E se firmou, paradoxalmente, quando as "pessoas reais" vivendo "sem roteiro" foram postas em uma situação extraordinária; nela, jovens que não se conheciam habitaram uma mesma casa por vários meses. Essa característica, que distingue os *realities* de outras produções audiovisuais e a partir da qual são gerados seus diversos temas, parece passar despercebida nos debates a respeito de seu realismo, que acabam por repor grande parte das questões que envolvem os documentários. E, no entanto, é a produção de situações, muito mais que a produção das imagens, que determina a relação entre tal espetáculo e o mundo que o rodeia[76]. Para mim, a melhor definição do show de realidade coube ao vencedor do *Big Brother* de 2009: "O BBB é um jogo social

---

[75] Vanessa Brasil Campos Rodríguez, "A face oculta, sinistra e fascinante do espetáculo do real", cit., p. 2.

[76] Tanto é assim que o principal subproduto dos programas mais populares e lucrativos é a exibição ao vivo e ininterrupta do espaço da ação. Nesse formato, não há o

dentro de uma realidade condicionada"[77]. A formulação é precisa por ser imprecisa: ela pode definir qualquer outro espaço social, visto que hoje todas as relações são postas como um grande jogo, imagem que, por si só, já as condiciona. Ao mesmo tempo, essa definição captura a singularidade do objeto: o fato de gerar uma vivência apartada, seja espacialmente, seja do cotidiano daqueles que se voluntariam. Em *realities* como o *Big Brother* tal característica é central e justificada, pois eles se colocam (entre outras coisas) como experimentos sociais nos quais o isolamento das cobaias é imprescindível. Além dos muros e do distanciamento geográfico, os participantes não têm acesso a telefones, correspondência, televisores ou outras mídias, a não ser quando permitido. Já em *reality shows* de outra natureza o isolamento não é tão central ou necessário, ainda que seja regra. Nos programas de transformação, como o *Esquadrão da moda* ou o *10 anos + jovem*[78], o participante poderia muito bem pernoitar em casa ou ter a companhia de um amigo, mas deve passar pelo processo sozinho em um hotel. A exibição prematura dessa outra cobaia poria a perder a surpresa final (ou amenizaria o martírio?). Se há um tipo de *reality show* que dispensaria o isolamento é aquele ao qual eu denomino "processo seletivo". As profissões são muitas – executivo, cantor, modelo, dançarino e até cabeleireiro[79] – e o formato é o mesmo: pessoas mostram suas habilidades e são dispensadas uma a uma por especialistas da área ou pelo público, até o último. Em todos os casos, os participantes devem coabitar ao longo da competição. Por fim, há programas que não isolam o protagonista, mas seu cotidiano. É o caso daqueles nos quais um *personal* qualquer coisa vai à casa do sujeito para dar-lhe uma consultoria qualquer – arrumação da casa, alimentação, adestramento de filhos e até

---

ordenamento narrativo, mas a condição dos participantes é a mesma. No Brasil, o *Big Brother* e *A Fazenda* vendem imagens em tempo real mediante *pay-per-view*.

[77] Max Porto, em entrevista a Mauricio Stycer no programa *BBB na Berlinda* exibido em 19 jan. 2011. Disponível em: <http://televisao.uol.com.br/ultimas-noticias/multi/2011/01/19/04029A306ACC890327.jhtm>. Acesso em: 15 fev. 2011.

[78] Também transmitido pelo SBT, tem formato muito semelhante ao *Esquadrão da Moda*, mas a metamorfose é mais "profunda", passando por recauchutagem bucal, prescrição de dieta, *peeling* etc.

[79] Executivo (*O Aprendiz*, Record), cantor (*Ídolos*, Record), modelo (*America's Next Top Model*, Sony), dançarino (*Se Ela Dança Eu Danço*, SBT), cabeleireiro (*Por um Fio*, GNT).

otimização do relacionamento com o cônjuge[80]. Ou daqueles em que pessoas são, literalmente, trocadas, para assumirem seu "papel" usual em outro contexto. No mais famoso deles, *Troca de família*[81], duas famílias com "estilos de vida" diversos fazem intercâmbio de mães para, ao fim, receberem uma quantia em dinheiro a ser gasta de acordo com o desejo da substituta. O deslocamento artificial da vivência estabelece a ambiguidade desse espetáculo. Como um experimento, ele é realidade inserida em tubo de ensaio: ao mesmo tempo que a duplica, põe-se à parte. As situações ali desenvolvidas funcionam como o exemplar em seu duplo sentido: são uma parte equivalente do todo e modelo.

Apesar da multiplicidade de experimentos forjados pelo espetáculo da realidade, sua questão é única: quanta humilhação e dor as pessoas são capazes de suportar ou infligir? Mesmo em programas a princípio menos cruéis, ela se repete: o que você seria capaz de fazer por dinheiro, fama, *improvement, empowerment*[82], enfim, para ser um vencedor?[83] Por isso o método do teste também é invariável, e poderia ser nomeado calvário. Esse é o elemento exemplar, a realidade cruel que se põe à prova tendo em vista ser reafirmada, e que é corroborada ao ser posta à prova. Pois, ao contrário do experimento de Milgram, aqui as cobaias sabem que o são e agem de acordo[84]. O show da realidade é um teste tautológico no qual a hipótese

---

[80] Organização doméstica (*Chega de Bagunça*, Discovery Home and Health), alimentação (*Você é o que Você Come*, GNT), adestramento de filhos (*Supernanny*, SBT), otimização do relacionamento com o cônjuge (*Recém-Casados, Recém-Brigados*, Discovery Home and Health).

[81] Transmitido atualmente pela Rede Record.

[82] Termos da linguagem empresarial que significam, na ordem em que aparecem, aperfeiçoamento e empoderamento.

[83] A concepção do show como um teste moral é explicitada em "Vida real", música de abertura do *Big Brother Brother*, composta e interpretada pelo grupo RPM: "[...] Se você soubesse quem você é/ Até onde vai a sua fé/ O que você faria?/ Pagaria pra ver?/ Se pudesse escolher/ Entre o bem e o mal, ser ou não ser?/ Se querer é poder/ Tem que ir até o final/ Se quiser vencer [...]".

[84] Na experiência levada a cabo por Milgram, as pessoas não se sabiam cobaias, mas a maioria agiu de acordo. Em março de 2010, o canal France 2 transmitiu o documentário *Jusqu'où va la télé?* [Até onde vai a TV?], no qual a experiência foi reproduzida em um cenário de *game show*. Do total, 83% dos participantes aceitaram puxar a alavanca que eletrocutaria seu concorrente (no caso, um ator), obedecendo aos brados da plateia e da apresentadora: "Punição!". O objetivo do documentário era

é igualmente pressuposto. Como já vimos, trata-se de demonstrar que a natureza humana é vil. A questão a ser feita é: se somos seres ignóbeis, que limites morais se pretende testar? Se todas as lágrimas são de crocodilo, por que a insistência em fazê-las fluírem? E a resposta é: pelo experimento em si. Como realidade controlada, o show justifica simultaneamente sua própria existência e a subsistência da realidade que recoloca, pois não realiza nada que já não exista, mas nessa mesma realização apresenta o que existe como outra coisa: afinal, "era só o jogo". Refletida na manipulação mal disfarçada das situações reais, nossa realidade aparece como pura contingência e necessidade inelutável.

No picadeiro kafkiano, a violência perpetrada está no condicional: *o que aconteceria se...* Como um laboratório de crueldade, o novo formato da indústria cultural possibilita a um só tempo sua manutenção e presentificação: o que *acontece se...* A brutalidade que escapa aos olhos em um mundo de falsa conciliação pode, desse modo, retomar o palco. O espetáculo da realidade efetua uma síntese pavorosa do que o espectador da galeria intuía, a permanência do trabalho heterônomo sob o capitalismo, com aquilo a que seus sentidos o obrigavam: o entretenimento. E isso não por obra e graça da criatividade dos produtores de TV, mas porque as relações de produção adquiriram nova forma após o colapso do consenso keynesiano. Se quisermos compreender a proliferação, a aceitação e, principalmente, a colaboração ativa nesses rituais de sofrimento, devemos indagar essa nova forma, esteja ela no picadeiro ou na galeria.

---

mostrar como as pessoas são capazes de agir contra seus próprios princípios quando participam de programas de TV; a crítica se voltava especificamente aos *reality shows*. Ao sociologizar aquilo que esses programas tomam por natureza, o documentário também acaba por apartar a situação produzida do mundo que a rodeia: o problema passa a ser a TV. A contextualização da questão nega a crueldade como natureza, mas perde de vista a crueldade como segunda natureza. Ela não se extinguiria caso o espetáculo de realidade fosse proibido (como não se extinguiu com a derrota do nazismo). Além disso: é possível levar a sério um teste sobre a desumanidade de que as pessoas são capazes fazendo delas cobaias? Enquanto houver testes, a hipótese da crueldade será confirmada, pois a maior prova da desumanidade é a própria existência do experimento. O experimento só existe onde o pensamento se tornou impotente.

2
DAS REGRAS

— Resta como resultado, então — disse K. — que tudo é obscuro e insolúvel, a não ser minha expulsão.

Franz Kafka[1]

Sentimos que as seleções estão chegando. Selecja: a palavra híbrida, latina e polonesa, ouve-se uma, duas, muitas vezes, no meio de falas estrangeiras. No começo não se percebe, logo ela chama a nossa atenção; por fim, torna-se pesadelo.

Primo Levi[2]

Lei

I

A lei do *Big Brother* é a eliminação. Mais que um jogo no qual um vence, trata-se de um jogo no qual todo o resto perde, daí os maiores índices de audiência ocorrerem sempre nos dias de "paredão". Nesses dias, dois, três ou até quatro participantes são levados à votação do público, e aquele que obtiver maior percentagem deixa o programa. O termo, que remete às execuções por fuzilamento em Cuba, foi empregado por um participante da primeira edição do programa global no lugar do original "dia de eliminação". A expressão aderiu com tanta força ao princípio ao qual remete que até em programas concorrentes é difícil fixar outra; nesses, volta e meia

---

[1] Do livro *O castelo* (trad. Modesto Carone, São Paulo, Companhia das Letras, 2000), p. 115.
[2] Do livro *É isto um homem?* (trad. Luigi Del Re, Rio de Janeiro, Rocco, 1988), p. 126.

ocorre uma apropriação involuntária[3]. Deslocada e repetida à exaustão, a palavra-chave do *Big Brother* perdeu seu teor histórico e político; em seu lugar, surgiu um buraco negro de significação, ao mesmo tempo difuso e mortificante. A expressão indica a principal regra do programa, a situação dos participantes com relação à disputa, o dia em que ocorre a eliminação e o cenário construído nesse dia, no qual uma arquibancada é montada do lado de fora da casa para que as torcidas recebam ao vivo o eliminado. A palavra designa estatuto, circunstância, tempo e espaço. Transformada em adjetivo, a expressão grassa tanto quanto o substantivo sem substância: "emparedado", termo que lembra mais os contos de Allan Poe do que a revolução cubana, tornou-se igualmente polivalente, mas para além da objetividade do "jogo" aponta para um estado de espírito, que pode ir da melancolia à fúria. Por fim, o termo é empregado como verbo: nesse caso o uso é categórico, pois "emparedar" é um imperativo, e isso mesmo no infinitivo.

O filólogo Victor Klemperer foi uma exceção. Foi um dos poucos judeus alemães a permanecerem em Dresden ao longo do regime nazista. Também foi uma exceção por ter sobrevivido a Dresden. Sua sorte se deveu à sua assimilação e, principalmente, ao heroísmo da esposa alemã, que não o abandonou e o apoiou enquanto esteve exilado em seu próprio lar. Essa situação paradoxal possibilitou outra exceção notável: ele esteve muito próximo de uma língua morta-viva, mas afastado o suficiente para não ser tomado por ela e assim poder registrá-la como a deturpação que era[4]. Para Klemperer, a forma de falar que passou a ser adotada na Alemanha durante o Terceiro Reich, a chamada Lingua Tertii Imperii (LTI), é como um vírus, infecta partidários e opositores, carrascos e vítimas indiscriminadamente. Como um narcótico, ela dispensa e barra o pensamento. Como veneno, paralisa e mata a linguagem despercebidamente. Mas o envenenamento silencioso só é possível mediante o berro, a repetição e o uso multiplicado de termos que, em si, já gritam. Banalizadas, essas palavras ganham em virulência o que perdem em expressividade e intensidade. A LTI não as cria, mas apropria-se delas de modo a torná-las autônomas, externas ao exercício reflexivo que é a linguagem. Apesar de frágeis ao menor toque do pensamento, elas se

---

[3] A expressão também aparece em legendas de *reality shows* norte-americanos transmitidos no Brasil, tais como *Hell's Kitchen* (Travel and Living Chanel – TLC) e *Top Chef* (Sony).

[4] Victor Klemperer, *LTI: a linguagem do Terceiro Reich* (Rio de Janeiro, Contraponto, 2009).

tornam duras e impermeáveis, tornam-se coisas intocáveis e que não tocam os sujeitos.

Klemperer registrou a transformação de toda uma língua em propaganda. Talvez a maioria dos termos da LTI tenha caído em desuso, mas essa antilinguagem sobreviveu, inane e poderosa[5]. Para Slavoj Žižek, é justamente dessa fraqueza que emana sua eficácia. Por não se ligar a nada e poder se ligar a tudo, a palavra-*slogan* remete sem mediação ao significante puro. Através dela, fitamos o olhar da Medusa: a arbitrariedade sobre a qual se funda a ordem social. No vácuo das palavras engessadas e barateadas está posta a tautologia da resposta paterna aos porquês das crianças: "porque sim", responde, melhor dizendo, respondia, outrora o pai. Outrora, pois a língua-propaganda expõe diretamente o núcleo absurdo da reprodução social – "Coca-Cola é isso aí"[6], responde agora nossa LTI –, ela dispensa a relação ambígua da autoridade por representação. Sua prescrição não é como a do rei, que em sua própria figura representava a sociedade e, assim, justificava a dominação. Também não se organiza como justificação de tipo racional que, através da argumentação e coerência, busca representar a sociedade. A LTI subjuga sem procuração, ela confronta as pessoas como a Lei que dispensa as demais leis; em outros termos, "ela funciona como supereu"[7]. Como uma pergunta retórica, essa linguagem interpela o sujeito ao

---

[5] Se há um escândalo gerado pela teoria crítica, ele está na percepção dessa permanência da ideologia dos assim chamados regimes totalitários nas democracias do pós-guerra. Os frankfurtianos identificaram a mesma virulência notada por Klemperer tanto nos "bons e baratos" dos comerciais e na "*personality*" atribuída à estrela de cinema como no oco "progresso" da propaganda política. Em sua forma, a ideologia dos derrotados venceu a guerra, ainda que o termo "*Führer*" tenha se tornado tabu. "As próprias designações se tornam impenetráveis, elas adquirem uma contundência, uma força de adesão e de repulsão que as assimila a seu extremo oposto, às fórmulas de encantamento mágico. [...] A repetição cega e rapidamente difundida de palavras designadas liga a publicidade à palavra de ordem totalitária. Theodor W. Adorno e Max Horkheimer, *Dialética do esclarecimento*, cit., p. 172-3. Sobre progresso, consultar: Theodor W. Adorno, "Progresso", em *Palavras e sinais* (Rio de Janeiro, Vozes, 1995). A linguagem infecciosa descrita por Klemperer venceu e ainda reina soberana e sem-vergonha, como atesta a menina dos olhos da publicidade contemporânea, o chamado "marketing viral".

[6] A empresa é mestre em "significantes sem significado", além desse *slogan* criado em 1982, ouvimos sem escutar o fatal "Sempre Coca-Cola", de 1993, e o traumático "Essa é a real", de 2003.

[7] Slavoj Žižek, *Eles não sabem o que fazem*, cit., p. 31.

mesmo tempo que recusa qualquer relação com seu pensamento[8]. Essa relação de total exterioridade é algo que Klemperer percebeu e ao mesmo tempo recusou. Em fevereiro de 1945, em meio ao caos dos bombardeios, Klemperer fugiu com sua esposa de Dresden, quando então pôde tirar sua "prova dos nove": por todos os lados, e não apenas em seu limitado espaço de exílio, a língua alemã tornara-se LTI. Ele também deparou com o estranho fenômeno que outras testemunhas apontaram: a tranquilidade com a qual os até então fanáticos seguidores de Hitler recusavam sua fé: "Agora, todos rejeitavam o Terceiro Reich." Apesar disso, Klemperer não deixou de acreditar no comprometimento subjetivo dos alemães com o nazismo: "Elas [as profissões de fé em Hitler] vinham do coração, de corações devotos, não eram somente da boca para fora"[9]. Talvez por ter sido não apenas tocado mas gravemente ferido por aquelas palavras, ele tenha deixado de lado sua própria descoberta: que a LTI funcionou tão bem precisamente por ser usada "mecanicamente"[10], por não estar no coração de ninguém. É por isso que mesmo quando o colapso do regime estava gravado em um céu em chamas, quando "até uma criança percebia"[11], era possível encontrar um ou outro que ainda repetia o chavão: "Em Hitler eu acredito!"[12]. Eram essas palavras em que acreditavam, antes e independentemente dos sujeitos ou de seus próprios olhos.

Assim funciona o "paredão". Mais que designar uma regra do programa, nele transparece sua Lei. Por isso não é difícil para os eliminados, ainda no palco montado do lado de fora da casa, tomarem um distanciamento

---

[8] O abuso de perguntas retóricas em propagandas comerciais não é fortuito. A interrogação aponta para uma falta que solicita a presença do outro, ainda que esse seja o próprio sujeito da pergunta, cindido na operação do pensamento. A pergunta retórica sequestra a solicitação contida na interrogação e transforma a falta em chantagem. Por isso, após a pergunta retórica, o *slogan* fica à vontade para o uso do imperativo: "Quer emagrecer? Use...", "Quer ser um vencedor? Participe...". Ao contrário da exclamação, a interrogação é uma abertura para o que pode ou não ser construído, portanto, para o que ainda não é – e talvez por isso sua forma gráfica seja sinuosa, ao contrário da rigidez enfática do traço com o ponto em baixo. A pergunta retórica não apenas pressupõe uma resposta como transforma em impossibilidade tudo que não seja ratificação. A pergunta retórica forja o óbvio. Assim como anula o interlocutor, a pergunta retórica se desvencilha daquele que a elabora, pois ela é a voz do Outro.

[9] Victor Klemperer, *LTI: a linguagem do Terceiro Reich*, cit., p. 185.

[10] Ibidem, p. 55.

[11] Ibidem, p. 185.

[12] Ibidem, p. 184.

maduro do que acabara de lhes ocorrer. No instante em que deixam, fuzilados, o "paredão", toda a fúria ou a mágoa demonstrada no período em que estiveram "emparedados" desaparece. A maioria afirma que "aprendeu muito", que aquilo foi uma "experiência única", que não guarda rancor etc. Mesmo aqueles que demonstram trazer o ressentimento com sua mala imediatamente racionalizam a derrota: "eu não joguei direito", "o povo preferiu assim", "ele jogou melhor". Tais reações são geralmente tidas por hipócritas pelos telespectadores; seriam apenas mais um cálculo para angariar simpatia, já que o cálculo anterior se mostrara equivocado. A leitura oposta, que é a mesma, é a de que lágrimas e escândalos dentro da casa não passavam de cálculo para angariar piedade, atenção ou seja lá o que for. Pouco importa, pois se nem sempre a intenção corresponde ao gesto, este invariavelmente responde à Lei. Seja mediante a paixão, o cálculo ou a paixão calculada, diante do "paredão" todos agem como se estivessem com uma arma apontada para a testa como se estivessem diante do Fim.

II

No programa similar *A Fazenda*, o termo utilizado para o ritual de expulsão é "roça". Apesar de indicar a dimensão de rebaixamento daqueles que deixam a "sede da fazenda" a caminho de uma possível eliminação, o nome não se popularizou. Isso porque a derrota não admite meios-tons, ela é absoluta, equivale à extinção. Segundo um participante da décima edição, "O paredão é que nem a morte"[13], e estar no paredão é estar "jurado de morte"[14]. Em se tratando de fantasia ideológica, é o exagero que apresenta a efetividade; nesse caso, o exagero ficou aquém do fantasma do paredão. Pois a saída da casa é, ao mesmo tempo, a passagem para outra realidade e para realidade nenhuma. Trata-se de uma morte, mas de uma morte sem transcendência, pois do lado de lá do paredão está a aniquilação simbólica, o esquecimento. Esse é apontado por outro termo que interpela na mesma proporção em que se espraia: "ex-BBB" é uma categoria que abarca um grupo específico de sujeitos e simplifica uma situação complexa. A expressão não os define pelo que são,

---

[13] Disponível em: <http://diversao.terra.com.br/tv/bbb10/noticias/0,,OI4297527-EI14684,00.html>. Acesso em 2 mar. 2011.

[14] Disponível em: <http://180graus.com/bbb10---big-brother-brasil/to-jurado-de-morte-diz-dourado-apos-ser-indicado-ao-paredao-300252.html>. Acesso em 3 mar. 2011.

foram ou prometem ser, mas por aquilo que foram e deixaram de ser. Mas ao contrário dos ex-cônjuges, aquilo que não mais são, por definição, não era mesmo para permanecer. Trata-se de pessoas que entraram provisoriamente no espetáculo, um mundo eterno – não por existir desde sempre, mas por abolir tudo que possa haver de substancialmente novo e que, por isso mesmo, transforma notoriedade em mumificação e a isso chama fama. "Ex-BBBs" são os temporários da fama. Evidentemente isso não os distingue da maioria esmagadora dos ditos famosos, que surgem e evaporam cotidianamente. Mas a ritualização de sua eliminação e, principalmente, seu batismo *post-mortem* positivam e dão forma ao esquecimento fabricado pela indústria cultural. Aqueles que participaram do *Big Brother Brasil* permanecem em uma espécie de limbo sustentado pela designação. Como espectros, eles não desaparecem de fato: são presença obrigatória em programas de baixo prestígio mercadológico, nos quais comentam as novas edições do aclamado *reality show* – e isso até que "ex-BBBs" mais "frescos" assumam o posto –, e no carnaval do ano posterior ao de sua participação; às vezes se materializam em algum acontecimento de pouca repercussão e nenhuma importância, para os quais as manchetes invariavelmente reservam um "lembra dele?"[15]. Em todos os casos, não há a menor preocupação com a pseudoindividualização do estrelato à qual se referem Adorno e Horkheimer[16]. Pelo contrário, eles participam como categoria vazia, sua aparição é ao mesmo tempo uma ausência. Isso fica ainda mais evidente em uma brincadeira recorrente na TV e na internet, uma espécie de *quiz* no qual os telespectadores são abordados para tentar se lembrar de fulano ou beltrano, "ex-BBB". A recordação daqueles indivíduos mostrados nas fotos ou evocados pelo nome é secundária; fundamental é a lembrança permanente de seu esquecimento[17].

---

[15] "Lembra dela? Ex-BBB Michelle faz ensaio fotográfico"; "Lembra dos ex-BBB Thyrso e Emilio? Foram curtir samba no Salgueiro!"; "Lembra dela? Ex-BBB Solange reaparece no Rio"; "Lembra do ex-BBB Alberto Cowboy, o vilão do BBB7? Lança CD sertanejo"; "Ex-BBB Michel – lembra dele? – ataca de DJ"; "Ex-BBB Agostinho (lembra dele?) se veste de mulher em peça de teatro"; "Lembra da ex-BBB Pink?! Pois ela é candidata" etc. No site de buscas Google, basta digitar a frase "lembra ex-BBB" para obter nada menos que 791 mil resultados (última visita: 12 dez. 2012).

[16] Theodor W. Adorno e Max Horkheimer, "A indústria cultural", em *Dialética do esclarecimento*, cit.

[17] Em uma entrevista, Fernando Bacalow, participante da sétima edição, formulou este paradoxo: "Foi uma fase muito marcante da minha vida. [...] Você renasce como uma

Mais que a memória viva do esquecimento ao qual são relegados, os "ex-BBBs" encarnam uma piada vaga. O termo nunca é usado na forma neutra de uma classificação, ele é uma pecha – e assim é reconhecido por aqueles que a carregam[18]. Mesmo os que lograram passar de temporários para contratados (uns três ou quatro entre os mais de 160 que até 2012 estiveram no programa) alegam ter sofrido "preconceito" por sua condição de "ex-BBB"[19]. Alguns argumentam que isso se deve à sua hiperexposição no programa. Contudo, aquele que se expõe por mais tempo se mantém imune à chacota. O "vencedor da edição X do BBB" não é um "ex-BBB"; ele tem nome e imagem. Assim como os demais, tende a ser esquecido, mas a pergunta que o retirou do brilho dos holofotes foi diferente: "Quem você quer que vença?" em vez de "Quem você quer eliminar?". O fato de não ter saído via "paredão" é o suficiente para que não leve consigo a nódoa dos demais. O vencedor, sim, aparece em sua pseudoindividualidade. Não

---

fênix, das cinzas. Você passa a ser outra coisa na época em que você está na crista da onda. Você trabalha bastante, ganha-se bastante dinheiro. Porém, parece que todo o seu conteúdo, tudo o que você viveu até então é esquecido... que eu estudei, que fiz faculdade, que isso, que aquilo. Todo mundo se esquece e se lembra de você só como um ex-participante de um *reality show*. Esquece que você é um ser humano, que você é de carne e osso. [...] Sou novo ainda, tenho 28 anos e não quero ser lembrado pelo resto da minha vida pelo [é interrompido pelo entrevistador]". Se eu pudesse completar a frase, diria: "não quero ser lembrado pelo resto da minha vida pelo meu esquecimento". Entrevista concedida a Mauricio Stycer no programa *BBB na Berlinda*, exibido em 16 fev. 2011. Disponível em: <http://televisao.uol.com.br/bbb/bbb11/ultimas-noticias/2011/02/16/o-bbb-perdeu-a-mao-diz-fernando-justin-bacalow-no-bbb-na-berlinda.htm>. Acesso em 6 mar. 2011.

[18] "Se soubesse que sofreria preconceito, não teria entrado no *reality*", afirmou um participante da edição de 2008, que diz ter sido excluído da sociedade de uma empresa por ser "ex-BBB". Disponível em: <http://www.titinet.com.br/news/ex-bbb-fernando-mesquita-fala-sobre-preconceito-ex-participantes-do-reality-33954.html>. Acesso em 17 jun. 2012. Outro participante afirmou: "Sei que vou ser um ex-BBB pelo resto da vida. Mas não sou só isso", após ter cancelada uma entrevista a respeito de seu livro, que nada tem a ver com o programa. Disponível em: <http://blogs.abril.com.br/antenaparabolica/2011/01/radio-cancela-entrevista-ao-saber-que-michel-ex-bbb.html#>. Acesso em 17 jun. 2012. Outra participante afirmou sem rodeios: "Ser ex-BBB é uma merda. Existe muito preconceito. [...] Menosprezam muito um ex-BBB". Disponível em: <www.olhardireto.com.br/noticias/exibir.asp?edt=36&id=>. Acesso em 6 mar. 2011.

[19] "Ex-BBB diz que sofreu preconceito de atores", disponível em: <http://www.dnonline.com.br/ver_noticia/29582/>. Acesso em 6 mar. 2011.

obstante ser, assim como os outros, um elemento anualmente substituído, ele é posto como único: carrega um título, mas não é carregado por uma categoria. Disso resulta o estranho paradoxo dos participantes do *Big Brother*. Enquanto os perdedores são condenados, mediante a designação, à permanência insubstancial, o vencedor carece da palavra que faz subsistir por ser inculcada. Que fique claro: nenhum indivíduo será lembrado, mas o esquecimento do vencedor pode ser esquecido. Já o "ex-BBB" se torna fetiche. Da aura industrializada que envolve o estrelato, passamos a uma aura negativa, que em sua transparência mostra mais que o aparato que a fabricou: alardeia o aparato que a dispensa. O "ex-BBB" substituiu o desenvolvimentista "mito Silvio Santos". Por isso aqueles três ou quatro gatos pingados que conseguiram sua carteira assinada no espetáculo não aparecem como modelo, mas precisamente como aquilo que são: uma exceção à regra, e a regra é o "paredão", o descarte, a aniquilação.

III

A eliminação é o núcleo em torno do qual se organizam nossas representações. "Paredão" e "ex-BBB" são equivalentes espetaculares da palavra-chave da política na atualidade: "exclusão". Usado a torto, à direita e à esquerda como uma descrição de conjuntura, o termo aponta para o fenômeno da crescente desnecessidade de mão de obra após a revolução microeletrônica e a "reestruturação produtiva" levada a cabo pelo toyotismo. A situação é hoje mais que conhecida, faz parte do senso comum, e isso graças à providencial ajuda da LTI neoliberal (enxugamento, flexibilização, concorrência, ajustes, eficiência, desregulamentação, privatização, cortes e um longo etc.). Mas não apenas a ela: as demissões em massa, a transferência das indústrias para regiões nas quais o trabalho tem preço de banana e as leis trabalhistas idem, a rarefação da carteira assinada, o surgimento das fábricas-robô, em suma, os chamados processos de "desindustrialização" e "desaparecimento da classe operária" – também eles espetaculares – deixaram bastante evidente que não há mais espaço para todos. A exclusão é uma decorrência lógica dessa narrativa factual e está manifesta na pobreza crescente, que já não é mais exclusividade dos países periféricos. Tudo isso fruto de um processo que os "marxistas distraídos"[20] já há algum tempo – tempo demais – têm a "coragem antipo-

---

[20] Paulo Eduardo Arantes, "O pensamento único e o marxista distraído", em *Zero à esquerda* (São Paulo, Conrad, 2004).

pulista" de assumir necessário e irreversível[21]. Mas se o processo é necessário, a eliminação não é arbitrária. Os excluídos são aqueles que não puderam se "reciclar" e perderam o bonde da revolução produtiva em curso. Temos então a miragem, apontada por Paulo Arantes[22], de uma sociedade dual, na qual os trabalhadores da informação estão dentro e os outros, atrelados a formas arcaicas de trabalho repetitivo e "material", são inúteis. Do ponto de vista da nova organização capitalista, somos todos potencialmente lixo, porém, enquanto alguns podem se reciclar, o resto é orgânico.

Disso decorrem as duas formas-raiz de reprisar a mesma cosmogonia. Há os apologistas, para os quais a dualidade do mercado de trabalho acirra a competição e por isso dinamiza a economia[23], e há aqueles que choram sobre o leite derramado e que, do mesmo modo, assumem a lei da gravidade que o levou ao chão. A exigência da "inclusão dos excluídos" – assuma ela a forma cultural do reconhecimento ou socioeconômica, na demanda por

---

[21] A narrativa, chamemo-la de "saga da inempregabilidade" em homenagem a um dos distraídos, é organizada da seguinte forma: "A revolução organizacional e tecnológica acirrou a concorrência entre as empresas; essas precisam tornar-se mais produtivas se não quiserem desaparecer. Para isso incrementam a tecnologia e o trabalho informacional, terceirizam setores menos lucrativos, dispensam mão de obra cujo trabalho repetitivo pode ser substituído por robôs, lançam mão de formas de contrato de trabalho menos onerosas (como o trabalho temporário) e submetem sua produção à valorização financeira. Restam ao Estado dois problemas: dar suporte à competitividade de suas empresas para que o país não seja engolido pela concorrência mundial e evitar que os excluídos se tornem excessivos demais. Há uma resposta para ambos os problemas: desregulamentação. Por um lado a desregulamentação financeira, que aumenta o fluxo de capitais, por outro, a desregulamentação do trabalho para atrair mais capital e, com isso, aumentar a oferta de empregos. Junto às privatizações, que igualmente dinamizam a economia, as desregulamentações diminuem a ingerência e o peso do Estado no mercado. O problema da competitividade está resolvido; o dos excluídos, apenas parcialmente. Daí a necessidade de intervenções pontuais, tais como a requalificação da mão de obra, solução que pode contar com a participação da sociedade civil na forma do terceiro setor, por exemplo". The End.

[22] Paulo Eduardo Arantes, "Brasilianização do mundo", em *Zero à esquerda*, cit.

[23] Essa é a principal diferença entre a ideologia liberal e a neoliberal: enquanto para o liberalismo o livre mercado leva à igualdade, para os neoliberais a desigualdade aprimora os mecanismos de mercado e, portanto, não deve (nem pode) ser alterada. O liberalismo promete; os neoliberais ratificam e ameaçam. Para a compreensão do cinismo na antiteoria neoliberal, ver Leda Paulani, *Modernidade e discurso econômico* (São Paulo, Boitempo, 2005). Para a compreensão mais imediata, ver Friedrich Hayek, *O caminho da servidão* (Rio de Janeiro, Instituto Liberal, 1990).

mais trabalho – resume o paradoxo político no qual se encontram os que não se conformam com algo inevitável, "estrutural". Eis o ponto central da espantosa virada ideológica do capitalismo neoliberal: a inexistência de vida para além do mercado impele até seus opositores declarados a aceitá-lo e, mais que isso, a lutarem por sua ampliação. O horizonte de superação do modo de produção brutal a que estamos submetidos desaparece graças à própria exposição sem rodeios de sua brutalidade aniquiladora. Mesmo a esperança reformista, que ao longo dos "anos dourados"[24] buscara mitigar as desigualdades geradas nas relações de produção, cede lugar a seu inverso. A batalha pela inclusão, o grito desesperado por trabalho, é, ao fim e ao cabo, uma mobilização por mais exploração, pois da perspectiva do descarte é preferível ter qualquer trabalho a trabalho nenhum. Objetar a existência de estágios subpagos ou até não remunerados, por exemplo, significa recusar a "oportunidade de inclusão" do jovem no mercado de trabalho; por isso governos e ONGs não se acanham em estimular e até subsidiar essa forma de exploração literalmente desmedida[25]. Do mesmo modo, estabelecer um piso salarial para o trabalho de diarista deixa de ser uma questão de direito e passa a ser um risco, "pois tem lugares que diaristas ganham dez reais e isso é o que as pessoas podem pagar", afirmou o diretor da ONG Doméstica Legal, a respeito do projeto do Governo Federal em andamento em 2012 para a regulamentação da atividade, e continuou: "O projeto vai *elitizar a categoria* e gerar demissões. E hoje o mercado já tem a prática de que até dois dias não se assina carteira. Queremos que isso seja mantido"[26]. Quando a melhora no padrão de vida dos que têm emprego significa uma ameaça aos demais e a eles mesmos, os direitos

---

[24] Eric Hobsbawm, *Era dos extremos: o breve século XX: 1914-1991* (São Paulo, Companhia das Letras, 1995).

[25] A "Cartilha esclarecedora sobre a nova lei do estágio não remunerado" (Lei Federal n. 11.788, de 25/09/2008), que assimila o trabalho gratuito à educação, está disponível em: <http://mte.gov.br/politicas_juventude/cartilha_lei_estagio.pdf>. Acesso em 9 dez. 2012.
O programa Jovem Cidadão: Meu Primeiro Emprego, do Governo do Estado de São Paulo, que oferece subsídios às empresas que angariarem força de trabalho a preços módicos, encontra-se descrito no site: <http://www.meuprimeirotrabalho.sp.gov.br/conhecaoprograma.htm>. Acesso em 17 jun. 2012.

[26] "Regulamentação de diarista causa polêmica no Senado", disponível em: <http://www.correioforense.com.br/noticia/idnoticia/48957/titulo/Regulamentacao_de_diarista_causa_polemica_no_Senado.html>. Acesso em 22 mar. 2011. Grifo meu.

sociais tornam-se um privilégio absurdo, e a manutenção da desgraça não é outra coisa que um imperativo da razão.

Temos assim a geração de um novo consenso, porém de um consenso que não assume a face da conciliação. Esta foi possível ao longo das décadas que sucederam à Segunda Guerra Mundial graças à planificação econômica, à proliferação de bens de consumo e à mediação estatal no conflito entre classes; a administração da tensão social substituiu sua superação, e o capitalismo pôde subsistir através de "uma falta de liberdade confortável, suave, razoável e democrática"[27]. O novo consenso é completamente diferente dessa assimilação que se pretendeu reconciliação. Em primeiro lugar, porque seu princípio não é o acordo, não se negocia com uma fatalidade, tampouco é possível se opor a ela. De um controle perpetuado em um mundo de homens, através da política encerrada pelo Estado intervencionista, passamos a uma dominação engendrada pelo mundo das coisas físicas, das leis naturais do mercado. Assim, enquanto no Estado de bem-estar social a crítica parecia "socialmente inútil" por acarretar "desvantagens econômicas e políticas tangíveis"[28], hoje ela parece socialmente inviável por levar à eliminação, também ela palpável, mas irremediável. O novo consenso é negativo, trata-se de uma concordância que se arrasta pela impossibilidade de oposição, e não por sua aparente frivolidade. Em segundo lugar, porque a falsa conciliação só fez sentido por ter sido pintada sobre um quadro de interesses antagônicos interligados por um mesmo objeto: a riqueza a qual todos têm direito por ser fruto da produção na qual todos tomam parte. A desnecessidade econômica de grande parte da população desfaz o liame em torno do qual a pacificação do bem-estar fora articulada. A sociedade não se vê mais dividida por interesses; sob essa óptica, nem sequer faz sentido falar em sociedade, pois o que se enxerga é a divisão entre os que dela fazem parte e os que deixam de fazer. Assim como não se negocia com o acaso, não pode existir pacto de um único ator. Visto que o capital pode perfeita-

---

[27] Herbert Marcuse, *A ideologia da sociedade industrial: o homem unidimensional* (Rio de Janeiro, Jorge Zahar, 1982), p. 23. Não custa lembrar que essa falsa conciliação só se efetivou nos países centrais do capitalismo avançado, não independentemente dos demais, mas à sua custa. Nos países periféricos em geral e no Brasil em particular, esse modelo também se fez presente, porém não em sua realização, mas incorporado no sempre protelado "projeto nacional" – fazer o bolo crescer para então distribuí-lo era um horizonte abjeto, mas não deixava de ser um horizonte.

[28] Ibidem, p. 24.

mente bem subsistir sem o trabalho, o novo consenso dispensa a concórdia e vira chantagem. É desse modo que o mote da "inclusão" não apenas se tornou a única bandeira possível como tem a força cega de agradar a gregos e troianos. A "geração de empregos" converteu-se em uma espécie de favor do capital ao mundo, afinal, ele não precisa mais de gente, são as pessoas que passam a depender de sua boa vontade. A contratação aparece como "responsabilidade social", um gesto magnânimo. O número de empregados das empresas torna-se material publicitário: o grupo Pão de Açúcar "inclui" ao contratar idosos como empacotadores, e o McDonald's pode se gabar por ser a empresa que mais gera a tal "oportunidade do primeiro emprego" no Brasil, não obstante seu nome ser sinônimo de degradação do trabalho. A sociedade unidimensional caracterizada por Marcuse havia dispensado as dores do parto de uma revolução; a nossa aparece revolucionária, e por isso definitiva, graças àquilo mesmo que caracteriza a superação: a liquidação de um dos polos da luta de classes, o que significa o fim da sociedade de classes. Para nosso pesar – e apenas para isso –, a vitória não coube ao universal concreto, e a imagem de triunfo do particular abstrato não poderia ser outra que a da horripilante exclusão.

Entretanto, como todo discurso ideológico, o da exclusão apresenta seu sintoma. Como todo discurso capitalista, seu sintoma é o trabalho. Francisco de Oliveira separa o joio do trigo ao mostrar que a perda da dimensão pública do trabalho não é o mesmo que sua rarefação; pelo contrário, a reestruturação que aparece como descarte possibilita e oculta o movimento real de uma ampliação inaudita de suor. Em primeiro lugar, e na contramão das aparências, há uma expansão do assalariamento, "sem paralelo mesmo se for considerada a idade de ouro do fordismo industrial"[29]. O capital incorporou as antigas profissões liberais, proletarizando parte significativa da classe média; assimilou novos contingentes populacionais, principalmente mulheres jovens[30]; e criou novas ocupações ligadas à gestão da produção e às novas tecnologias. As novas ocupações são mais trabalho, mas não necessariamente se traduzem

---

[29] Francisco de Oliveira, "Passagem na neblina", em *Classes sociais em mudança e a luta pelo socialismo* (São Paulo, Fundação Perseu Abramo, 2000), col. Socialismo em Discussão, p. 14.

[30] João Bernardo, "Trabalhadores: classe ou fragmentos?". Disponível em: <http://2007 mayday.wordpress.com/2007/04/02/trabalhadores-classe-ou-fragmentos-por-joao-bernardo/>. Acesso em 17 jun. 2012.

em mais empregos, pois grande parte delas, especialmente aquelas ligadas à informação, é realizada mediante uma teia de informalidade. Aparentemente do outro lado da ponte, mas fruto do mesmo processo, está o retorno do pesadelo de Engels, as *sweatshops*, nas quais a extração de mais-valia absoluta é tão *up to date* quanto as fábricas totalmente automatizadas. Essa ampliação do trabalho só pode ser ignorada por delírio ideológico, pois, das bolsas de luxo às bugigangas de plástico, estamos rodeados pelo suor dessas fábricas, elas são tão visíveis por trás das muralhas chinesas que se tornaram alvo dileto da cínica indústria cultural norte-americana[31]. Talvez sejam tão visíveis em sua ocultação que ofusquem as fabriquetas menos espetaculares da 25 de Março e do Bom Retiro, e certamente têm sua exploração mais comentada que a igualmente extenuante jornada nos setores de comércio e serviços. Mas a privatização do trabalho constatada por Oliveira não diz respeito apenas aos processos de informalização e precarização nascidos da ausência de mediação pública, também aponta para o sequestro do tempo privado pela produção. Quem carrega seu celular no bolso sabe muito bem a que o sociólogo se refere; esse relógio de ponto flexível faz bem mais que medir o tempo de trabalho, ele disponibiliza o trabalhador. Trata-se de uma modalidade tão nova quanto familiar a quem já tentou entender aquele que deveria ser o ícone da arquitetura brasileira, o "quartinho de empregada", aliás, também ele substituído pelo celular. Pois a vida disponível para a produção não é delimitada por função ou remuneração: do gerente ao motoboy, passando evidentemente pelas diversas modalidades de trabalho online, todos devem estar de prontidão para as eventualidades que hoje são regra. A "jornada móvel e variável"[32] do McDonald's é a verdade social da glamourosa propaganda de

---

[31] No fim de 2010, o seriado de animação norte-americano *Os Simpsons* fez uma ambígua autocrítica ao mostrar a forma pela qual os produtos que levam sua marca são fabricados. O artista plástico Bansky produziu uma animação com crianças e mulheres escravizadas, com direito a correntes nos tornozelos, produzindo bonecos, camisetas e CDs dos Simpsons em uma fábrica tétrica de Taiwan. Disponível em: <http://www.youtube.com/watch?v=nLw-5vfDtxY>. Acesso em 20 mar. 2011. Se a apresentação do problema foi original, especialmente pela autoacusação, a referência não é: em filmes e seriados norte-americanos a brincadeira, crítica ou crítica brincalhona à degradação do trabalho nas Zonas de Processamento e Exportação já virou clichê.

[32] A relatora do Ministério Público do Trabalho, ministra Dora Maria da Costa, definiu o "quartinho" do McDonald's, no processo contra sua jornada de trabalho: "uma cláusula nos contratos individuais de trabalho realizados entre os empregados da empresa e suas franqueadas, que estabelece jornada de trabalho semanal móvel e variável

cartão de crédito na qual um executivo bem-sucedido atende o celular na rua e, em tom *blasé*, diz: "Paris? Hoje? Ok"[33]. Os fluxos de imigração e migração interna, legais e ilegais, dos gerentes globais aos proletários clandestinos, também podem ser compreendidos sob a perspectiva da disponibilidade do trabalho. Mas nesse caso a disponibilidade é espacial; esses "nômades do mercado"[34] vão aonde o capital chama ou empurra – também aqui, nada de tão inédito na terra do "quartinho". Por fim, as novas tecnologias e técnicas de gestão possibilitaram uma forma de trabalho totalmente gratuito e que não aparece como tal, pois se faz consumo. Não foi o trabalho de bancário que desapareceu com a informatização, foram os empregos e os salários, pois o esforço é realizado pelo consumidor ao pé da máquina. E cada clique na internet é uma colaboração valiosa para uma pesquisa de mercado ininterrupta. E quando nos servimos nos *fast foods* ou nos restaurantes por quilo, assumimos a antiga profissão do garçom, mas sem a necessidade de simpatia ou destreza. E quando a TV a cabo ou a internet pifam, o operador do *call center* nos instrui a realizar o trabalho do técnico que a operadora não precisou pagar. E quando não há competência para tanto e o trabalhador deve comparecer, cabe ao consumidor coordenar a complexa operação de compatibilizar suas necessidades com as prescrições da operadora, do atendente do *call center* e do técnico, terceirizados de empresas diferentes, bem como a disponibilidade de horários de todos – disponibilidade essa que, do ponto de vista da empresa suserana, deve ser total. Nesse caso, o consumidor torna-se gestor de logística e, quando fica irritado o suficiente para reclamar, assume o serviço hostil de controle de qualidade do trabalho precarizado dos demais. Tudo isso para "facilitar a sua vida".

---

não superior ao limite de 44 horas e inferior ao mínimo de oito horas, com o pagamento apenas das horas efetivamente trabalhadas", o trabalhador fica "à disposição do empregador, que pode desfrutar da sua mão de obra quando bem entender, em qualquer horário do dia, pagando o mínimo possível para auferir maiores lucros [...] os empregados são dispensados nos períodos de menor movimento e convocados para trabalhar nos períodos de maior movimento, sem qualquer acréscimo nas despesas". Resultado: "o empregado não pode programar a sua vida profissional, familiar e social, pela falta de certeza do seu horário de trabalho e sua exata remuneração mensal". Disponível em: <http://www.correioforense.com.br/noticia/idnoticia/60896/titulo/Jornada_movel_e_variavel_adotada_pelo_McDonalds_e_ilegal_.html>. Acesso em 27 mar. 2011.

[33] Comercial da rede de cartões de crédito American Express.
[34] Robert Kurz, "Descartável e degradado", *Folha de S.Paulo*, 11 jul. 1999.

Em suma: "O desaparecimento da classe operária é, na verdade, a expansão sem precedentes da classe trabalhadora – que, entretanto, se reestruturou internamente"; mais que isso, "a classe trabalhadora continua a ter de exercer sua atividade como participante num esforço coletivo organizado pelo capital e em termos ditados em grande parte pelo capital"[35]. Não se trata de exclusão, mas de uma nova forma de integração via fragmentação, dispersão e privatização do trabalho. Mais pessoas trabalham, trabalha-se por mais tempo e com maior intensidade[36]; e o mais importante, tendo em vista a produção e a circulação de mercadorias, isto é, sob o controle da temporalidade e forma do capital, ainda que esse controle já não apareça como uma pirâmide fixa de comandos.

Porém, delírios ideológicos à parte, a aparência do descarte é engendrada pela realidade. A nova organização do trabalho calcada em sua desregulamentação faz da instabilidade a regra. Mas o destino do trabalho não é sua eliminação – pelo contrário, em termos de trabalho, o capitalismo já não desperdiça uma gota, ainda que por ela não pague um centavo –, e sim a "viração", a migração permanente através de espaços e tempos disformes, a impermanência. O exército industrial de reserva passa a abarcar ao mesmo tempo todos e ninguém, segundo Oliveira: "[...] praticamente todos os trabalhadores converteram-se em membros intermitentes/latentes pela permanente desqualificação e pela informalização"[37]. A exclusão é, desse modo, a falsa representação da vulnerabilidade, rebaixamento e pauperização reais da força de trabalho totalmente mobilizada em sua descontinuidade. E a sociedade rompida é ainda uma sociedade desigual, porém a distância entre os polos aumenta na mesma medida em que o mecanismo que a gera desaparece. Pois dessa perspectiva o emprego não é apenas um favor do capital, mas também

---

[35] João Bernardo, *Democracia totalitária: teoria e prática da empresa soberana* (São Paulo, Cortez, 2004), p. 105-6.

[36] Utilizo a expressão "intensidade do trabalho" no sentido empregado por Sadi Dal Rosso. Não se trata de incremento produtivo, apesar de poder resultar em maior produtividade, mas de um maior engajamento do trabalhador em sua tarefa: "A intensidade é mais que esforço físico, pois envolve todas as capacidades do trabalhador, sejam as de seu corpo, a acuidade de sua mente, a afetividade despendida ou os saberes adquiridos através do tempo ou transmitidos pelo processo de socialização". Sadi Dal Rosso, *Mais trabalho! A intensificação do labor na sociedade contemporânea* (São Paulo, Boitempo, 2008), p. 21.

[37] Francisco de Oliveira, "Passagem na neblina", cit., p. 18.

o sonho de consumo do trabalho, pelo qual há que se "lutar" – em outros termos, há que se aproveitar ao máximo cada "oportunidade" oferecida, melhor dizendo, e assim dispensamos as aspas: há que se aceitar qualquer imposição. Estamos assim submetidos à circularidade insolúvel de trabalhar arduamente e a qualquer preço para conseguirmos permanecer trabalhando ou para "arrumar trabalho". Essa ideologia realiza a proeza de apresentar um mundo de superabundância – de trabalho, bem como da riqueza por ele gerada – como se fosse o reino da escassez. Sua face real é a da acumulação que recusa qualquer forma de distribuição que não a parcimoniosa oferta de empregos[38].

Geralmente o sucesso dos *reality shows* é visto da perspectiva do público contemporâneo, ávido por um falso acesso ao Real. Mas a perspectiva da indústria cultural não pode ser negligenciada. Esse formato também prolifera por um interesse econômico bastante simples: trata-se de um produto muito barato, cujo retorno financeiro compensa, ainda que sua venda não seja a esperada. A razão do baixo custo está no fato de ser uma mercadoria fabricada *just-in-time*. Os shows de realidade podem ser realocados, encurtados, expandidos, retirados ou recolocados na programação, segundo os índices de audiência, com maior facilidade que os outros programas. Ao contrário das novelas, cujo desenvolvimento da trama exige uma longa e continuada exibição, os *realities* são programas de curta temporada, como o *Big Brother* e o *Ídolos*, ou seriados em episódios independentes, como os de transformação. A oscilação na exibição desses programas é uma resposta rápida ao gosto do telespectador, mas não é a isso que se deve sua flexibilidade, e sim à forma pela qual são fabricados. Os *reality shows* são produções que dispensam estoques: em sua maioria, não há necessidade de cenários, e mesmo aqueles que criam ambientes-prisões precisam de apenas um espaço, que pode ser reciclado a cada edição; em sua totalidade, são programas que dispensam roteiros e atores. E é em frases como essa última – comuns na definição dos *realities* na propaganda da indústria cultural, bem como em

---

[38] Nos *reality shows* de tipo processo seletivo, o grande prêmio raramente é em dinheiro; na maior parte das vezes a vitória garante um emprego ou um contrato de trabalho. Em *Ídolos*, o campeão ganha um contrato com uma gravadora; em *America's Next Top Model*, um contrato com a agência Elite Management e com uma marca de cosméticos; em *O Aprendiz*, um emprego de um ano como executivo; *Project Runway* (antigo canal E! Entertainment), um programa com designers de moda, oferece contratos temporários com estilistas e marcas de renome; em *Por um Fio* (GNT), no qual concorrem cabeleireiros, o vencedor deve realizar um editorial para uma revista feminina. Que bênção!

trabalhos acadêmicos – que a verdadeira razão da lucratividade desse novo formato desaparece. O *Big Brother* não abre mão de um roteiro, cabe à "pessoa de carne e osso" elaborá-lo, caso contrário será tida por "passiva" e será demitida no próximo "paredão". Mas não são apenas os participantes que fazem o enredo; os telespectadores também assumem esse trabalho não pago como consumidores interativos – e esse não é o único caso em que o convite para a interatividade faz trabalho gratuito aparecer como democratização[39]. Portanto, o programa dispensa o roteirista, mas não o trabalho da criação de tramas, assim como dispensa o ator profissional, mas não o protagonista, que nesse caso é um temporário não qualificado. A Rede Globo deixa de oferecer empregos, mas angaria um trabalho muito mais intenso que aquele dos profissionais contratados. Em primeiro lugar, por reunir inúmeras funções: além do roteiro e da atuação, o confinado cuida de boa parte de sua própria maquiagem e figurino, da manutenção e limpeza do cenário e de sua alimentação. E é incumbido também do ofício mais importante para a emissora: o *merchandising* ostensivo realizado em provas – inclusive nas mais grotescas – ou em outras atividades, como almoços, festas e gincanas, nas quais os participantes sempre fazem questão de sorrir e elogiar a marca patrocinadora[40]. Isso é o que se costuma chamar trabalho polivalente ou flexível, o que no meu tempo era conhecido como "pau pra

---

[39] Trata-se do *crowdsourcing*, uma forma de assimilação do trabalho coletivo e voluntário realizado via internet, para fins de produção privada. O termo foi cunhado por Jeff Howe, no artigo "The Rise of Crowdsourcing". Disponível em: <http://www.wired.com/wired/archive/14.06/crowds.html?pg=1&topic=crowds&topic_set=>. Acesso em 17 jun. 2012.
Exemplo: em 2010 foi lançado, no Salão do Automóvel de São Paulo, o Fiat Mio, um carro projetado mediante a participação de 17 mil consumidores que acessaram o site da promoção e deixaram lá suas "ideias" de design automotivo, de graça. Não totalmente de graça, os mais "ativos" receberam seu reconhecimento em um ranking no site. Disponível em: <http://www.fiatmio.cc/pt/participantes/>. Acesso em 31 mar. 2011.

[40] Em entrevista a Mauricio Stycer, o participante Michel Turtchin comentou o *merchandising* no *Big Brother*:
"Entrevistador: Essa prova do Anjo me chamou a atenção pelo 'merchan' do desodorante, que eles falaram – eu até contei – 21 vezes a marca do desodorante em 3 minutos.
Michel: Todos os produtos lá dentro...
Entrevistador: Vocês são obrigados a fazer isso?
Michel: Você é obrigado a falar.
Entrevistador: E não ganha nada?

toda obra". Em segundo lugar, porque o trabalho realizado não tem jornada, a não ser que as 24 horas do dia e os 7 dias da semana sejam considerados uma jornada. De fato, trata-se de uma jornada total, pois os participantes ficam à disposição para qualquer "evento" inventado pela produção. Uma das formas de humilhação cotidiana é o "monstro", em que o vencedor da "prova do anjo" – que entrega um "colar de imunidade" para outro participante não ir ao "paredão" – escolhe duas pessoas para algum castigo (*sic*). Geralmente os castigados devem permanecer com fantasias ridículas (de galinha, por exemplo) ao longo de dois ou três dias e realizar alguma ação sem sentido (correr para fora da casa e cacarejar, por exemplo) sempre que um sinal tocar, inclusive de madrugada. Por fim, é um trabalho exaustivo porque inseguro: nessa "novela da vida real" não há data marcada para o término da empreitada de cada um. Os participantes são os informais da indústria cultural, "batalhando" para não serem demitidos por déficit de empreendedorismo "entretenedor". Também através da tela enxergamos uma fração ativa/de reserva do mercado de trabalho. Eles são componentes excepcionais do espetáculo e sua hiperatividade na reserva "alimenta-se de sua própria exceção"[41]. É justamente por saberem que nada lá lhes é garantido, nem mesmo o pagamento por seu trabalho total – na forma não equivalente do prêmio –, que eles trabalham tanto.

Entretanto, há um *gap* entre o mais-trabalho de quem se entende virtualmente demitido e o sacrifício violento de si e dos outros em nome da permanência – e não se trata de uma diferença de grau. O discurso da instabilidade no mundo do trabalho gera mais trabalho e submissão, mas pode abrir as portas para um contra-argumento bastante razoável: se não há e nem pode haver garantias, para que tamanho comprometimento? Por isso é fundamental a compreensão da "exclusão" para além de sua dimensão discursiva. Mais que uma representação invertida da realidade, a aniquilação econômica e social é uma Lei, infundada e incompreendida. Mais – ou menos, já que se trata de uma ideologia elementar – que uma explicação, a

---

Michel: Não ganha nada! Nada... Você só perde. Por isso que eu falo: não sei se é um bom negócio..."
Disponível em: <http://tvuol.uol.com.br/#view/id=bbb-na-berlinda-com-michel-turtchin-e-marcelo-arantes-04021C346CD8A10327/mediaId=9046648/date=2011-01-26&&list/type=tags/tags=346630/edFilter=all/>. Acesso em 30 mar. 2011.

[41] Francisco de Oliveira, "Passagem na neblina", cit., p. 19.

"exclusão" é um axioma. Seu suplemento narrativo já apresenta a inconsistência imanente a esse termo-base da LTI contemporânea: sua "fatalidade meteorológica"[42]. Por isso a oscilação conjuntural nos índices de emprego e desemprego não é capaz de alterar um sentimento de mundo fundado na insegurança, assim como os índices da segurança pública em nada alteram o medo do Bandido. O "paredão" não é razoável, por isso não se dobra à razão; os participantes não "jogam" com a possibilidade de deixarem um programa de TV, mas como se daquilo dependesse sua existência física e simbólica. Como afirmou um deles: "A gente começa a pensar como se existisse só aquilo mesmo, mesmo sabendo que a gente vai sair dali a pouco, vira uma questão de sobrevivência"[43]. Todos sabem que o mundo não acaba para além do "paredão", que aquilo não é, de fato, a condenação à morte que atuam. O mesmo ocorre com relação à "exclusão": ainda que saibamos que, infelizmente, não há um "lado de fora" do sistema produtivo capitalista, agimos como se habitássemos à beira do abismo. A "exclusão" e o "paredão" não funcionam porque convencem, mas porque a eliminação tornou-se um ritual ao qual o trabalho se vê constantemente submetido.

IV

Um amigo que trabalhou em uma agência de publicidade contou-me que certa vez, já no fim de uma reunião de avaliação, seu chefe disse: "Sabe como eu demitia as pessoas na empresa X? Eu simplesmente colocava um papel em branco em sua frente e ficava em silêncio até que a pessoa, constrangida, perguntasse do que se tratava. Então eu respondia: 'Já que você ficou parado, esperando uma resposta minha, é sua carta de demissão'". O patrão narrou a história enquanto a demonstrava, colocando uma folha de papel diante de um funcionário. Após alguns instantes de silêncio, ele riu muito e disse: "Era assim mesmo". Disse meu amigo: "Esse papel em branco me assombrou por três anos, enquanto trabalhei lá". Era seu "paredão", sua linha de aniquilação particular.

"Um interrogatório." Foi a definição de uma conhecida a respeito da entrevista de emprego à qual se submetera. Contou-me que foram feitas

---

[42] Paulo Eduardo Arantes, "O pensamento único e o marxista distraído", cit., p. 121.
[43] Programa *BBB na Berlinda* do dia 2 mar. 2011. Disponível em: <http://televisao.uol.com.br/ultimas-noticias/multi/2011/03/02/04029C3362D0996327.jhtm?bbb-na-berlinda-com-tessalia-serighelli-04029C3362D0996327>. Acesso em 1º abr. 2011.

muitas perguntas simples e objetivas, para as quais as respostas deveriam ser igualmente fatuais e diretas; uma explicação ou comentário adicional eram suficientes para gerar um olhar de reprovação do entrevistador, seguido de um quase ríspido "isso não lhe foi perguntado". As perguntas se sucediam velozmente, à queima-roupa; as respostas deveriam obedecer à velocidade imposta como as mãos devem se moldar às máquinas para não serem decepadas. Entretanto, o que impressionou a entrevistada – até então ela havia considerado a entrevista "inteligente" por "poupar tempo" e ir "direto ao ponto" – foi o insistente retorno a questões feitas anteriormente. "Parecia que eles achavam que eu estava mentindo, queriam ver se eu cairia em contradição." Se suspeitavam que ela havia mentido no currículo, por que a teriam aprovado nas primeiras triagens?[44] Certamente não era disso que se tratava, mas sim daquilo que os manuais de gestão, bem como os *reality shows*, ensinam: é necessária a capacidade de "aguentar a pressão". E a prática social que estabelece as condições ideais de temperatura e pressão é a seleção.

A seleção já não é apenas o ritual de entrada no mercado de trabalho, como poderia supor o colarinho-branco de Wright Mills. Em um mundo no qual o mercado é soberano e restrito, o "mecanismo de seleção" que o define passa ao centro das relações sociais. Por isso não é possível nos determos em uma banca de jornal sem depararmos com o sempre novo e sempre igual manual para processos seletivos: devemos falar assim e vestir assado, ou falar assado e vestir assim, mas sempre devemos. Essa compulsão midiática infla o fantasma do descarte ao mesmo tempo que aponta para um sintoma: a elevadíssima rotatividade da força de trabalho faz com que se encare o crivo do mercado inúmeras vezes ao longo da vida[45]. Contudo, se a seleção de "fora para dentro" se propaga é apenas porque ninguém pode ou deve permanecer. A voz de comando da flexibilidade faz com que as empresas incorporem os procedimentos seletivos em seu funcionamento regular, se é que a deriva do

---

[44] A ideia de tratar pessoas que aumentam ou inventam seus currículos como criminosas não é tão esdrúxula, pelo menos não o é para o deputado que formulou o Projeto de Lei 6561/09, que tramita atualmente na Câmara dos Deputados. Esse projeto prevê pena de dois meses a dois anos de prisão para esses malandrinhos desesperados que fazem as pobres empresas perderem tanto tempo checando suas informações, depois de tanto empenho na formulação de processos seletivos tão criteriosos. Disponível em: <http://origin.revistavocerh.abril.com.br/noticia/especiais/conteudo_596456.shtml>. Acesso em 4 abr. 2011.

[45] João Bernardo, "Trabalhadores: classe ou fragmentos?", cit.

trabalho sob os mais variados tipos de contrato precário pode ser chamada regularidade. O estágio é a forma pela qual o amálgama entre a exceção e a norma aparece com maior clareza. Nele, o trabalho realizado é, ao mesmo tempo, uma prova, mediante a qual o novato pode ou não ser efetivado. Mas não é somente nesses inúmeros interstícios da precariedade que a seleção se torna permanente. Mesmo aqueles que logram o almejado emprego não estão livres da peneira. A "avaliação de desempenho" é um dispositivo da gestão flexível que funciona como uma espécie de seleção "de dentro para fora". Ela é apresentada pela parolagem gerencialista como "uma discussão franca e aberta", na qual o empregado pode "exprimir-se livre e objetivamente". De fato, trata-se de uma "prática ideológica e um dispositivo de sujeição"[46] que, mediante notas, gráficos, *rankings* e até conselhos, materializa o risco do descarte. O procedimento torna-se a prova empírica, palpável e sofrida da situação vulnerável na qual se encontram também aqueles que estão "dentro". As avaliações se alastram sob formas variadas – como entrevistas, relatórios, testes, questionários, autoavaliações e até gincanas imbecis e vexatórias que, assim como nos processos de admissão, são nomeadas "dinâmicas" – e aparecem nos mais diversos momentos, podendo ser ordinárias ou extraordinárias, estar presentes em reuniões ou ocorrerem ao lado da máquina de café. Segundo um de seus incontáveis entusiastas, há "dois tipos de avaliação: a avaliação formal, que ainda é usualmente feita uma vez ao ano, sendo conduzida como parte da política da organização, e a avaliação rotineira ou informal"[47]. A avaliação onipresente faz com que o contratado deva provar incessantemente ser merecedor do privilégio que é seu emprego, assim como o faz o aspirante ao mesmo privilégio. Nessa porta giratória infinita, a entrada e a saída são faces de um mesmo processo, entre as quais está o vidro de uma seleção tornada permanente[48].

---

[46] Michel Bonetti et al., *O poder das organizações* (São Paulo, Atlas, 2008), p. 100-2.

[47] Terry Guillen, *Avaliação de desempenho* (São Paulo, Nobel, 2000), p. 11.

[48] Sabe qual é o nome dado à entrevista de seleção para o ingresso no processo seletivo que é o *Big Brother Brasil*? "Cadeira elétrica". As pessoas se livram do eletrochoque para se encaminharem ao fuzilamento. Isso me recorda uma das anotações de Theodor Adorno sobre Kafka: "o nexo imanente se concretiza como uma fuga de prisões", em que se "pula de uma situação desesperadora e sem saída para outra". Theodor W. Adorno, "Anotações sobre Kafka", em *Prismas: crítica cultural e sociedade* (São Paulo, Ática, 1998), p. 263.

Não é à toa que o espetáculo incorpora a seleção em seu âmago. Digo incorpora, e não representa, pois os *reality shows* são, em sua maioria, processos seletivos televisionados. Seus participantes encontram-se na mesma situação ambivalente dos estagiários ou dos empregados sob constante avaliação, situação que, excetuando-se a condição jurídica, é a mesma. Também eles estão submetidos ao teste que se tornou o trabalho, e vice-versa. Em todos os casos a seleção não ocorre para o preenchimento de uma vaga, mas porque há supranumerários. De fato, sequer há a vaga, no sentido de um espaço conquistado e, portanto, pertencente àquele que o conquistou. Esse espaço permanece vazio. O campeão bem sabe, e disso não o deixam se esquecer, que ocupa uma posição incerta. Mesmo os assim chamados bem-sucedidos de uma empresa não podem "baixar a guarda"; todos compartilham o triste saber segundo o qual aquele que para de se debater afunda. Isso fica ainda mais explícito nos programas de TV, nos quais a vitória coincide com o término da empreitada: o pódio do vitorioso desaparece no dia subsequente ao de seu êxito. A imagem mais bem-acabada da inexistência desse espaço é a vinheta do programa *Ídolos*, do SBT: um *display* com a foto de um corpo cujo rosto foi recortado. Ela captura a promessa vazia de que qualquer um pode colocar sua cara naquele buraco. A promessa é vazia porque todos podem e ninguém o faz, a promessa é já uma ameaça. Esse *reality show* chega a ser engraçado, pois é um processo seletivo para cantores no qual o prêmio máximo é a estabilidade no emprego da fama. E depois que o "melhor" vence, nunca mais aparece na mídia. A graça some quando nos damos conta de que a imagem do programa já é a negação do prêmio; ela mostra que o ídolo, intercambiável, é função da indústria. Quando o aparato de seleção se torna a regra, ele é o único a permanecer, converte-se em um fim em si, e a visível insignificância do talento transfere o holofote das pessoas para o sistema. Assim, toda seleção se converte em seleção negativa, e sua finalidade não é a escolha, mas o movimento que ela mesma gera.

Ao analisar o *Big Brother*, Zygmut Bauman anotou o sentido do procedimento:

> Não é que as pessoas sejam expelidas por terem sido identificadas como indignas de permanecerem. É exatamente o contrário: as pessoas são declaradas indignas de permanecerem porque há uma cota de eliminações que devem ser cumpridas.[49]

---

[49] Zygmut Bauman, *Medo líquido* (Rio de Janeiro, Jorge Zahar, 2008), p. 39.

É impressionante a semelhança dessa afirmação com a seguinte: "O essencial para a administração não é que sejam eliminados justamente os mais inúteis e sim que surjam logo vagas numa porcentagem prefixada"[50]. Mais que impressionante, a semelhança é sombria, pois essa segunda é a constatação de Primo Levi a respeito das seleções realizadas em Auschwitz. O princípio da seleção negativa também orientava aquele mundo, pois também nele o sistema se fixava através do movimento. Ao contrário do que geralmente se imagina, o nazismo não era uma organização burocrática no sentido weberiano; ele se caracterizava principalmente por sua "extraordinária adaptabilidade", "falta de continuidade", "impermanência"[51]. Por isso Hannah Arendt não o analisa como estrutura, mas como um organismo semovente. A hierarquia de poder era um labirinto de duplicações de cargos e funções, flutuações de comandos, eliminação e criação de tarefas, chefias ou departamentos inteiros, além de constantes mudanças de *status*. Em termos mais contemporâneos, tratava-se de uma organização flexível, acima da qual estava o líder e seus desejos[52] – também ao contrário do que se imagina, não se tratava de tarefas concretas, mas de princípios vagos – e abaixo do qual estava essa rede de deslocamentos, em que os diversos organismos "competiam ferozmente uns com os outros"[53] para a realização desses desejos, em especial do desejo de aniquilação. A mobilidade de nosso mundo obedece a desejo semelhante: o "enxugamento". A expulsão de toda a materialidade, marcada pelo fechamento de fábricas, demissões em massa e terceirizações, resulta das pressões do capital financeiro desregulamentado que, a partir da década de 1970, passou a ditar o ritmo e as regras da produção. A flexibilização da produção nada mais é que a resposta do capital produtivo ao princípio incerto e urgente de rentabilidade[54]. Em ambos os casos, a permanência do

---

[50] Primo Levi, *É isto um homem?*, cit., p. 131.

[51] Hannah Arendt, *Origens do totalitarismo* (São Paulo, Companhia das Letras, 1989), p. 356.

[52] "Na linguagem dos nazistas, é o 'desejo do *Führer*', dinâmico e sempre em movimento – e não suas ordens, expressão que poderia indicar uma autoridade fixa e circunscrita – que é a 'lei suprema' num Estado totalitário", ibidem, p. 414.

[53] Hannah Arendt, *Eishmann em Jerusalém: um relato sobre a banalidade do mal*, cit., p. 85.

[54] A respeito da pressão exercida pelo mercado financeiro na produção, o que Chesnais denominou "dominância financeira", ver: François Chesnais, *A mundialização do capital* (São Paulo, Xamã, 1996). A respeito das consequências desse processo no

movimento é tarefa paradoxal, solucionada mediante a prática da seleção. No caso do nazismo,

> uma seleção [racial] permanente que não pode parar, e que exige a constante radicalização dos critérios pelos quais é feita a seleção, isto é, o extermínio dos ineptos. [...] Porque o líder totalitário enfrenta duas tarefas que a princípio parecem absurdamente contraditórias: tem que estabelecer o mundo fictício do movimento como realidade operante de cada dia e, por outro lado, deve evitar que esse mundo adquira nova estabilidade.[55]

Do mesmo modo, a empresa contemporânea não pode jamais se "acomodar", ela deve exibir a mobilidade exigida pelos volúveis investidores. Segundo Richard Sennett: "Enormes pressões foram exercidas sobre as empresas, para que se fizessem belas aos olhos do primeiro *voyeur* que passasse; a beleza institucional consistia em demonstrar sinais de mudança e flexibilidade internas, dando pinta de empresa dinâmica, ainda que tivesse funcionado perfeitamente bem na época da estabilidade"[56]. O que Sennett não leva em consideração é que nossa ficção de movimento é objetiva. Ela não se deve aos humores dos investidores, mas do capital, para o qual "o processo de produção aparece apenas como elo inevitável, como mal necessário, tendo em vista fazer dinheiro"[57]. O descarte se origina do impulso, próprio ao capital, de abstração das relações sociais; seu sonho infinito – chamemo-lo "sonho Nike" – é a desnecessidade de fábricas e de máquinas e do trabalho e de tudo mais que possa interferir em sua quimera: D-D'[58]. A seleção permanente resolve a contradição entre o capital e seu "mal necessário", pois encena o sonho de um enquanto, por isso mesmo, alimenta e aprofunda o pesadelo do outro. Ela mantém o girar em falso do capital aproveitando ao máximo a âncora que, à sua revelia, o sustenta. Temos assim a nossa própria versão de uma instabilidade estável, que é a segunda

---

Brasil, ver: Leda Paulani, "Capitalismo financeiro e estado de emergência econômico no Brasil", em I Colóquio da Sociedade Latino-Americana de Economia Política e Pensamento Crítico, Santiago, 2006.

[55] Hannah Arendt, *Origens do totalitarismo*, cit., p. 441.
[56] Richard Sennett, *A cultura do novo capitalismo* (Rio de Janeiro, Record, 2006), p. 43.
[57] Karl Marx, *O capital*, citado por François Chesnais, *A mundialização do capital*, cit., p. 46.
[58] Fórmula da economia marxista que demonstra a acumulação do capital por meio da transformação de dinheiro (D) em mais-dinheiro (D').

versão da permanência de um modo de produção que não explodiu em suas próprias contradições. A seleção permanente substituiu a falsa conciliação como mecanismo de perpetuação de um sistema, esse sim, obsoleto. E já era obsoleto no benquisto tempo de estabilidade citado por Sennett, pois já há muito o desenvolvimento das forças produtivas não corresponde à heteronomia das relações de produção. Seu funcionamento "perfeito" era a trégua, oferecida por um zumbi devorador de tudo que é concreto e que fica parado, baseada na permanência da exploração do trabalho, na administração fetichista dessa permanência, na exportação dos custos sociais dessa permanência aos países periféricos e na ameaça da hecatombe nuclear – assim como em nosso mundo, lá também a linha de aniquilação tinha seu papel fantasioso, mas a linha era fixa e externalizada, delimitada por uma cortina de ferro e outra de fumaça. Hoje como ontem, o trabalho que nos consome é excessivo – mesmo que ontem e em outro lugar fosse reduzido ao mínimo possível, ainda assim era demais. Do ponto de vista da superação, qualquer trabalho realizado para o capital é redundante, pois serve apenas ao movimento autoengendrado de geração de valor. Do ponto de vista do capital, todo o suor é pouco, pois é necessário ao movimento autoengendrado de geração de valor. Dizer a verdade, afirmar e reafirmar o excesso do trabalho foi a nova forma que o capital encontrou para mentir melhor, para que esse excesso possa se reproduzir infinitamente e a seu serviço, para que aquilo que verdadeiramente está sobrando não seja jogado no lixo, sem o consolo da reciclagem. Daí a importância da falsificação de escassez: ela confere utilidade ao modo de produção verdadeiramente inútil ao mesmo tempo que forja a inutilidade do elemento que, para sua reprodução, é indispensável. Porém, se dependesse apenas de nossos olhos, essa falsificação cairia por terra; no mundo dos iPads e das *sweatshops* o movimento só pode se manter mediante a progressão geométrica dos rituais que creem na falta por nós.

Apesar de Hannah Arendt se deter no discurso do Terceiro Reich como uma "ideia" cuja "lógica interna faz desaparecer as contradições" e que visa a uma "explicação total"[59], é em sua análise da organização do movimento que ela captura o núcleo da ideologia nazista. Em contraposição à "ideia" que funciona de modo a barrar o pensamento, a seleção como "racismo em movimento" é eficaz não obstante a argumentação: "à base dessa 'organização

---

[59] Hannah Arendt, *Origens do totalitarismo*, cit., p. 521-2.

viva', os nazistas podiam dispensar o dogmatismo[60]". A ideologia nazista não estava calcada em seus dogmas, mas em seus rituais, dentre os quais o central era a seleção. Por isso o espaço da seleção pura, o Campo, dispensava por completo a propaganda[61]. Lá, a organização do inferno, inteiramente desprovida de explicação, mesmo da mais esdrúxula, funcionava com precisão. A proliferação de cerimoniais "insensatos e infindáveis"[62], tão inúteis que pareciam palhaçada[63], servia à ratificação da propaganda inexistente. A privação de instalações sanitárias no caminho para os campos de extermínio, bem como a nudez obrigatória na chegada, forjava a animalidade dos inocentes[64]. A inutilidade da contagem de pessoas, enfrentada em qualquer clima e em pé, durasse o tempo que durasse, uma ou duas vezes ao dia, objetivava a inutilidade das vítimas[65]. A privação de colheres, não obstante haver "no depósito milhares de colheres de alumínio, de aço ou

---

[60] "Esse racismo em ação tornava a organização independente de quase todo ensinamento concreto de qualquer 'ciência racial', e também independente do antissemitismo", ibidem, p. 436.

[61] "Onde o reino do terror atinge a perfeição, como nos campos de concentração, a propaganda desaparece inteiramente; na Alemanha nazista, chegou a ser expressamente proibida", ibidem, p. 393.

[62] "Infindáveis e insensatos são os rituais obrigatórios: cada dia, de manhã, deve-se arrumar a cama, perfeitamente plana e lisa; passar nos tamancos barrentos a graxa patente para isso destinada; raspar das roupas as manchas de barro (as de tinta, gordura e ferrugem, pelo contrário, são admitidas); à noite, a gente deve submeter-se ao controle dos piolhos e ao da lavagem dos pés, aos sábados, fazer-se barbear e raspar o cabelo, cerzir ou fazer-se cerzir os farrapos; aos domingos, submeter-se ao controle geral da sarna e ao dos botões do casaco, que devem ser cinco", Primo Levi, *É isto um homem?*, cit., p. 32.

[63] "Uma banda de música começa a tocar, ao lado do portão do Campo; toca *Rosamunda*, essa canção popular sentimental, e isso nos parece tão absurdo que nos entreolhamos sorrindo com escárnio. Nasce em nós uma sombra de alívio; talvez essas cerimônias todas sejam apenas uma gigantesca palhaçada, ao gosto teutônico. A banda, porém, depois de *Rosamunda*, continua tocando uma música após a outra, e lá aparecem nossos companheiros, voltando em grupos de trabalho. Marcham em filas de cinco, com um andar estranho, não natural, duro, como rígidos bonecos feitos só de ossos; marcham, porém, acompanhando exatamente o ritmo da música", ibidem, p. 29. "Um monte de perguntas, para quê? Tudo isso é uma complicadíssima farsa para rir de nós. E este seria um hospital onde mandam a gente ficar de pé, nu, para fazer-lhe perguntas?", ibidem, p. 49.

[64] Primo Levi, *Os afogados e os sobreviventes* (trad. Luiz Sérgio Henrique, São Paulo, Paz e Terra, 2004), p. 94-8.

[65] Ibidem, p. 100.

até de prata"⁶⁶, era a prova vivida de que não eram as colheres, mas os seres humanos que estavam sobrando, era a prova da existência dos supranumerários, era a prova da necessidade da supracitada "geração de mais vagas". Naquele "mundo indecifrável"⁶⁷, os rituais absurdos mantinham as pernas em marcha mesmo que já não houvesse banda⁶⁸.

A violência da seleção-interrogatório é gratuita; os psicólogos do RH não estavam interessados em uma confissão, tampouco nas habilidades profissionais da candidata, mas a objetivação de sua culpa constrói a penitência, produz movimento.

V

A eliminação é o núcleo em torno do qual se constituem nossas representações, é ela que conforma nossas práticas e estabelece as asas e as âncoras de nossa imaginação.

Não deixa de ser engraçado, e é Žižek quem chama a atenção para isso, que em um mundo tão cínico a profecia maia do fim do mundo em 2012 pareça menos supersticiosa que a superação do atual modo de produção⁶⁹. Quando nos cansamos de *entertainment*, mas não da TV, e buscamos um pouco de informação nos canais especializados em documentários científicos, tais como Discovery Channel, History Channel ou Nat Geo, lá está a ameaça universal, um desfile de catástrofes para todos os gostos: aquecimentos, meteoros, epidemias, tsunamis, cataclismos nucleares, ataques alienígenas etc. E se esses canais não são um ponto de fuga da linha de aniquilação, tampouco são escapatória para o formato da televisão-realidade. Há um

---

[66] Ibidem, p. 99.
[67] Ibidem, p. 32.
[68] "Ao ecoar essa música, sabemos que os companheiros, lá fora, na bruma, partem marchando como autômatos; suas almas estão mortas e a música substitui a vontade deles; leva-os como o vento leva as folhas secas. Já não existe vontade; cada pulsação torna-se passo, contração reflexa dos músculos destruídos. Os alemães conseguiram isso. Dez mil prisioneiros, uma única máquina cinzenta; estão programados, não pensam, não querem. Marcham", Primo Levi, *É isto um homem?*, cit., p. 50.
[69] Hoje, "parece mais fácil imaginar o 'fim do mundo' que uma mudança muito mais modesta no modo de produção, como se o capitalismo fosse o 'real' que de alguma forma sobreviverá, mesmo na eventualidade de uma catástrofe global", Slavoj Žižek, "O espectro da ideologia", em Slavoj Žižek (org.), *Um mapa da ideologia*, cit., p. 7.

reality show em especial que condensa a imaginação contemporânea ávida por algum apocalipse. *A Colônia*, exibido pelo Discovery Civilization, é assim descrito pelo site da emissora:

> O que você faria após uma catástrofe global? Como encontraria comida? Água? Abrigo? *A Colônia* é um experimento controlado cujo objetivo é determinar como é possível sobreviver e reconstruir uma sociedade funcional sob essas circunstâncias. Durante dez semanas, um grupo de dez voluntários, cujas formações e conhecimentos representam diversos segmentos da sociedade moderna, é isolado em um ambiente urbano nos arredores de Los Angeles com a missão de criar uma sociedade habitável.
> Sem eletricidade, água corrente nem comunicação com o mundo exterior, os voluntários terão de recorrer às suas próprias habilidades e às ferramentas e materiais que conseguirem recuperar no local.
> Especialistas em segurança doméstica, engenharia e psicologia ajudaram a projetar o mundo de *A Colônia* para refletir os elementos de catástrofes verdadeiras e modelos baseados em um surto viral global.
> Ao longo do experimento de dez semanas, os participantes devem trabalhar juntos para construir uma estrutura para assegurar sua sobrevivência, como um sistema de filtragem de água, uma bateria para gerar eletricidade, uma cozinha solar, um sistema de chuveiros e uma estufa – e até mesmo alguns luxos (como uma cafeteira!).[70]

Não se pode dizer que o programa tem como tema a catástrofe em si; o "surto viral global" que impõe a tarefa da sobrevivência é secundário e, a não ser pela permanência de um mínimo de infraestrutura, poderia ser substituído por qualquer outra calamidade. O que está em jogo é a missão vazia do dia seguinte. Esse deslocamento é bastante significativo, pois para além, ou aquém, do pesadelo do Fim, nossa imaginação se vê capturada por um pesadelo ainda maior: a existência insubstancial dos que deveriam ter ido e não foram. Ele também é visível na atual proliferação de filmes pós-apocalípticos, que costumam ser catalogados como filmes-catástrofe, mas que lidam com outra matéria. Pois aí a aniquilação é parte de cada dia, ela se torna um marco fluido e constante. Por isso essas produções, cujo paradigma é o sucesso de 1979, *Mad Max*[71], também não devem ser

---

[70] Disponível em: <http://www.discoverybrasil.com/web/colonia/sobre/>. Acesso em 21 abr. 2011.

[71] Produção australiana, dirigida por George Miller. Atenção para a data, o filme foi produzido em meio ao choque do petróleo, marco da crise do Estado de bem-estar social.

confundidas com as ficções científicas, nas quais a distopia está na dominação organizada pela máquina. No cinema pós-catástrofe não há ordem social e, na maioria das vezes, sequer a possibilidade de sua reconstrução. Em filmes como *A estrada*, *O livro de Eli*, *Eu sou a lenda* e *Ensaio sobre a cegueira*[72] – todos eles produzidos nos últimos cinco anos –, o Evento perde a centralidade para os riscos da e na sobrevivência, representados principalmente pelos outros. O imaginário da catástrofe apresenta a possibilidade de união contra o inimigo comum, como na tosca ideologia ufanista do já ultrapassado *Independence Day*[73], no qual a moral da história é justamente a aliança para além das etnias, crenças etc. – não é à toa que o filme é um desfile de cotas, com seu negro esperto e espirituoso, seu judeu acadêmico e nervoso, seu *redneck*[74] alcoólatra e sem noção e, como não poderia deixar de ser, seu íntegro presidente branco. O filme é datado por retomar a ideia da linha de aniquilação externalizada, própria dos filmes sobre invasão alienígena dos tempos de Guerra Fria, e conferir-lhe o ar pós-moderno tolerante da era Clinton[75]. Em seu desfecho está marcada a apologia ao livre mercado triunfante: os *aliens* foram finalmente derrotados. Mas o tempo de comemoração da vitória neoliberal já passou e o "fim da história" se mostrou uma derrota generalizada, por isso as produções mais recentes apequenam o poder de união e resistência humanas[76]. Em *2012*, do mesmo

---

[72] *A estrada* (*The Road*), dir. John Hillcoat, 2009; *O livro de Eli* (*The Book of Eli*), dir. Albert Hughes e Allen Hughes, 2010; *Eu sou a lenda* (*I am Legend*), dir. Francis Lawrence, 2007; *Ensaio sobre a cegueira* (*Blindness*), dir. Fernando Meirelles, 2008.

[73] Dir. Roland Emmerich, 1996.

[74] O estereótipo do "caipira" norte-americano.

[75] A inverdade desse ideal de tolerância aparece mediante um simples deslocamento gramatical. Se em vez de afirmarmos: "eu sou tolerante quanto à sua crença, opinião, cultura etc.", dissermos "eu te tolero", toda a violência dessa falsificação do respeito vem à tona. A confusão, nublada por esse *slogan*, de respeito com condescendência é funcional à dominação, pois mantém a superioridade daquele que se diz tolerante e a inferioridade daquele que é tolerado, mas principalmente daquele que, para o tolerante, não tolera.

[76] No filme *Guerra dos mundos* (*War of the Worlds*), de 2005, dirigido por Steven Spielberg, não há o que fazer contra os invasores extraterrestres; os protagonistas simplesmente fogem e lutam contra os outros para assegurarem seu meio de transporte e poderem continuar correndo. No final, os alienígenas não morrem de morte matada, morrem de morte morrida: não se adaptaram à nossa atmosfera. O herói é a seleção natural.

diretor de *Independence Day* e lançado treze anos depois, o tema ainda é a catástrofe, mas ela se tornou inelutável, cabe apenas a preocupação com a autopreservação. Seu desfecho é o *day after*; não ocorre como triunfo, mas como um lamento hipócrita: a elite mundial precavida construiu uma Arca de Noé ultratecnológica com o financiamento daqueles que poderiam pagar a passagem. Os "heróis" do filme são meia dúzia de "pessoas comuns" que, ao longo de suas desventuras, se mostram sortudas ou malandras o suficiente para embarcar com a classe dominante. A cena final seria risível se não fosse de vomitar: a "humanidade" sã e salva contempla o horizonte de uma Terra despovoada com olhares esperançosos e perseverantes, como se sob seus pés não estivesse soterrada a humanidade. A imagem é higiênica em sua estética cafona de cartão-postal, nela não aparece sequer um cadáver ou resquício de escombro. Essa produção apresenta a realização da fantasia do "ex"-nazista do filme de Stanley Kubrick, *Dr. Strangelove*[77], porém a possibilidade monstruosa e ridícula se transforma em algo como uma dignidade da sobrevivência – dos dominantes. A caricatura ácida dos Senhores da Guerra (Fria) se degenerou em uma visão complacente da necessidade de permanência, levada a cabo com um tênue, quase inexistente, pesar pela elite das elites. O sonho do Dr. Strangelove é a imagem de revolução do capital, da limpeza de tudo que se interponha entre ele e ele mesmo.

A fixação pelo dia seguinte revela a sensação difusa de que o evento devastador já passou e de que a busca por qualquer sentido para além da garantia de nosso funcionamento biológico já não faz sentido. Por isso uma das figuras favoritas dessa nova safra cinematográfica é o zumbi, em filmes de terror (como *Legião*[78]) ou até de comédia (*Zumbilândia*[79]) em que a humanidade sobrevive morta. Nosso pesadelo captura a verdade do meio de produção sobrevivo e da morte em vida que é alimentá-lo, mas a intuição é barrada a cada tiro contra os infectados, que são todos os outros. No *reality show A Colônia* não bastam os confrontos entre aqueles que agem como se acreditassem, é necessário inserir mais outros. Por isso os "peritos" em fim do mundo – que são os peritos do nosso mundo: segurança, engenharia e psicologia – jogam no espaço de confinamento atores

---

[77] *Dr. Fantástico* (*Dr. Strangelove or: How I Learned to Stop Worrying and Love the Bomb*), dir. Stanley Kubrick, 1964.

[78] *Legião* (*Legion*), dir. Scott Stewart, 2010.

[79] *Zumbilândia* (*Zombieland*), dir. Ruben Fleischer, 2009.

contratados que destroem o que havia sido construído e roubam os víveres racionados. Nessas cenas está posta a violência atuada que é real. De que modo o *expert* em segurança poderá impedir uma agressão física mais grave é um mistério, provavelmente o mistério que captura os telespectadores. O ponto pacífico de todas as produções pós-apocalípticas é uma vivência de choque, na qual a construção de quaisquer relações, que não as estritamente instrumentais, é impossível. Mas *A Colônia* impõe aos voluntários a missão paradoxal da "reconstrução da sociedade". Com as ferramentas disponíveis em seu "abrigo" – uma fábrica abandonada, símbolo do presente –, eles devem produzir "conforto" e, se possível, até algum "luxo". A nova sociedade deve ser a mesma que explodiu: "funcional", deve ser uma "sociedade habitável". O imaginário contemporâneo não transpõe a barreira do fetiche e da reificação: são as coisas que formam a sociedade, os indivíduos apenas pedem licença para aí morarem. Apenas sobre essa ilusão é possível levar a cabo a loucura que é a tarefa proposta, na qual os humanos devem ser instrumentalizados e/ou destruídos para que a sociedade possa renascer. Em um dos episódios, por exemplo, ocorre uma disputa entre dois "colonos" e um deles precisa ser "sacrificado" para que a produção das coisas prossiga; qualquer outra solução é inimaginável[80]. A loucura desse "futuro não tão distante" é presente. Nela, conforto é defesa, produtividade é sobrevivência e estabilidade é guerra.

A vida se torna um girar em falso. Os voluntários da "colônia" passam seus dias trabalhando para à noite serem saqueados; então trabalham para que não sejam saqueados, mas os especialistas se encarregam da nova destruição. Afinal de contas, aquilo é o fim do mundo, os *experts* sabem e provam

---

[80] Disponível em: <http://www.discoverybrasil.com/web/colonia/episodios/>. Acesso em 22 abr. 2011. A ideia de que em situações catastróficas a sobrevivência impele à destruição mútua não resiste apenas a toda contraimaginação, resiste a fatos. A cena mais surpreendente a que eu assisti do tsunami no Japão não foi aquelas de ondas cinematográficas arrastando barcos que pareciam de papel, mas uma imagem de supermercado. A câmera viaja pelas prateleiras vazias até se deter em uma mesa com latas empilhadas, em torno da qual estão aproximadamente vinte pessoas segurando suas sacolas vazias. Elas se entreolham e inclinam a cabeça naquele sinal de pequena reverência dos japoneses, aos poucos cada uma pega sua lata. A cena é silenciosa, passou em branco em meio à verborragia midiática. Ninguém pareceu se dar conta de que ali nenhuma "natureza humana" os levou a morder os calcanhares uns dos outros. O tema da imagem era a escassez; faltaram a guerra e a percepção de sua ausência.

que lá não há alívio. Também por isso, antes de se encaminharem à sua fábrica zumbi, os voluntários devem passar por um "*shock to the system*"[81]: trinta horas de privação de sono, praticamente sem comida ou água. Todo esse planejamento para que a experiência seja o mais espontânea possível. O ponto cego da intromissão dos peritos é o mesmo presente na noção de "sociedade de risco". Como um diagnóstico de época, essa definição captura um mundo realmente dissolvente, no qual a impermanência é regra. A dissolução, entretanto, não é composta pelo acaso, como o termo faz crer, mas por seu oposto, a tentativa de controle do futuro, própria da temporalidade capitalista[82]. A lógica de funcionamento do capital, D-M-D', impõe que se garanta a realização do último termo mediante a compressão do centro, isto é, o capital tende a diminuir o caminho entre o investimento e o lucro, com o objetivo de minimizar os riscos. Visto que a realização do valor só ocorre no momento da troca, o capital procura reduzir seu tempo de giro. No modo de acumulação flexível, muitos foram os meios encontrados para essa antecipação: o trabalho *just-in-time*, o controle de mercado via monopólio de marcas e patentes, a criação de mercadorias mais efêmeras etc.[83]. Cada vez mais a necessidade de controle do futuro (D') é correlativa ao atropelo

---

[81] "Choque para o sistema".

[82] O debate a respeito da nova configuração da temporalidade capitalista foi desenvolvido por Paulo Arantes em *O novo tempo do mundo: e outros estudos sobre a era da emergência* (São Paulo, Boitempo, 2014).

[83] Na compressão do tempo entre a produção e a venda está aquilo que André Gorz chama criação de "falsas mercadorias". Trata-se do cercamento e da apropriação do que é comum: o saber coletivo vivo. O mesmo pode ser dito com relação às patentes, que são a forma contemporânea de pilhagem dos bens naturais e conhecimentos historicamente sedimentados. Já as logomarcas não se separam de mercadorias reais, mas adicionam a renda do monopólio de um nome e de uma experiência, dando-lhe o diferencial de preço necessário à fuga da concorrência. Em todas essas ficções, o sonho D-D' se torna realidade para o capital que vende sem valorizar; em outros termos, rende ao inventar escassez. O que Gorz desconsidera são as outras formas de compressão do tempo, sem as quais o capital implode. Com razão, Gorz vê nas recorrentes crises econômicas o sintoma desse delírio do capital, mas deixa passar o outro lado da equação, que é a permanência, ainda que em crise, e essa só pode ser compreendida pela pressão exercida sobre a massa de trabalho crescente que ainda o valoriza. Um mundo no qual existem apenas consumidores de mercadorias fictícias é outra das formas assumidas pelo sonho do capital, que a teoria do imaterial compartilha, mesmo que criticando. André Gorz, *O imaterial: conhecimento, valor e capital* (São Paulo, Annablume, 2005).

do presente (M). A orientação do capital para o futuro é quantitativamente ascendente (D-D'); então, mais que pela velocidade (espaço/tempo), é determinada pela aceleração (velocidade/tempo), por isso a relação entre controle, urgência e perigo aumenta em progressão geométrica. Quanto mais rápido se precisa chegar ao escritório, maior deve ser a velocidade, maiores as chances de descontrole do carro e de acidentes – isso para não falar do furo malandro do farol vermelho – e maior a probabilidade de desvio de meta, do trabalho para o hospital, então maior a necessidade de precaução... A compreensão do desastre do Katrina só é possível pela chave da estreita relação entre antecipação e acidente, pois a inundação decorreu da economia de gastos com a manutenção dos diques para que uma guerra preventiva pudesse ser feita[84]. A invasão do Iraque não foi realizada em resposta a uma ameaça presente, mas contra riscos futuros: o perigo de um ataque biológico planejado por Saddam ou o risco de escassez de petróleo ou o risco de diminuição dos lucros da Texaco. Pouco importa o imprevisto, fundamental é que nada escape ao cálculo. E é esse o ponto em que o risco se desdobra, na forma da guerra e da calamidade, gerando a necessidade de mais cálculo até que o futuro seja trancafiado no presente, como em nossa distopia favorita, como em nossa realidade de patentes.

Por isso a imagem oposta, contida na disseminação do termo "sociedade de controle" é igualmente falsa. Assim como o mote da sociedade de risco ignora o controle do acaso através do cálculo, a imaginação conspiracionista ignora os riscos produzidos por ele, não calculados pelos controladores de plantão. Pode-se dizer que os acidentes que se tornaram norma – e seu maior exemplo não são tanto as calamidades quanto o trabalho *just-in-time* – são uma fonte dileta de valorização do capital[85]; também é fato que os riscos

---

[84] A relação entre as duas "desgraças" está detalhada no texto de Mike Davis, "O capitalismo da catástrofe", *Le Monde Diplomatique Brasil*, out. 2005. Outro detalhe: "A segunda temporada [de *A Colônia*] foi gravada em um terreno com mais de quatro hectares de área, situado no estado da Louisiana e arrasado pelo furacão Katrina em agosto de 2005. Prédios vazios, ruas desertas e escombros compõem o cenário e são tudo que os colonos têm à disposição para sobreviver e se proteger das ameaças". O show da realidade deve continuar. Disponível em:<http://www.noticiasdatvbrasileira.com.br/2011/03/discovery-civilization-estreia-segunda.html>. Acesso em 23 abr. 2011.

[85] A transformação de catástrofe em oportunidade de implementação das antipolíticas neoliberais está amplamente registrada no livro de Naomi Klein, *A doutrina do choque: a ascensão do capitalismo de desastre* (Rio de Janeiro, Nova Fronteira, 2008).

são distribuídos de forma incrivelmente desigual, como em Nova Orleans, exatamente como no filme *2012*. Porém, isso não é o mesmo que afirmar que foram planejados pelos governantes e donos das grandes corporações. E essa outra decolagem imaginativa é o que preenche o resto da grade de programação dos canais científicos, isso quando não se sobrepõe ao tema da catástrofe, como nos documentários a respeito de OVNIs ou do ataque ao World Trade Center. São inúmeros os programas de TV e filmes que exibem provas de que a queda das Torres Gêmeas é obra do próprio governo Bush, assim como são inúmeros os que as refutam. A melhor resposta a essa contenda tipicamente norte-americana é aquela de Lacan a respeito do ciúme: mesmo que o outro esteja traindo, o ciúme é patológico. Toda a teoria conspiracionista segue a mesma lógica: o controle total é uma leitura equivocada da história mesmo que o governo dos Estados Unidos realmente forje ataques, como no caso do *USS Maddox*, ou omita informações ou tome parte em golpes de Estado ou falsifique provas para justificar guerras etc. E o maior perigo desse tipo de concepção é, assim como no catastrofismo, o fechamento da história. Em 2007 foi lançado na internet um filme chamado *Zeitgeist*[86], que fez grande sucesso entre meus conhecidos. Trata-se de uma mixórdia de fatos com especulações e distorções de todo tipo, mas, em resumo, o filme explica a dominação da humanidade desde Jesus até o 11 de Setembro como manipulação dos homens por trás da cortina. A miopia dessa pseudocrítica fica ainda mais evidente no trecho em que o filme afirma que o desfecho da Guerra do Vietnã foi planejado pelo governo norte-americano. A resistência, de um lado, e a opinião pública, do outro, não querem dizer absolutamente nada, pois tudo são cartas marcadas.

A dupla paranoia que encerra contradição em paradoxo intui uma sociedade na qual azar e cálculo se tocam, mas, quando assume essa forma rígida, própria da ausência de reflexão, típica de toda a imagem nutrida pelo medo, passa a servir como ameaça. A lógica operante não é a do puro acidente, nem do controle total, mas de um controle de danos autopropulsionado porque ascendente. Em outros termos, passamos a vida apagando fogo com querosene.

A justificativa dos produtores para a existência de *A Colônia*, dos sustos e agressões cometidos contra suas cobaias, é a premência da antecipação calculada do fim do mundo. Por isso a imaginação deve ser desenhada por

---

[86] Dir. Peter Joseph.

técnicos[87], o futuro incerto não pode ficar sob a guarda dos sonhos ou talvez eles acabem por menosprezar o pesadelo. Eis a introdução desse espetáculo da realidade: "Estamos na iminência de uma catástrofe global. Desastres podem acontecer a qualquer hora, em qualquer lugar. Conflito humano, bombas nucleares, desastres naturais, guerra química e biológica. Sem aviso, o mundo tal como o conhecemos pode chegar ao fim", e sua utilidade: "Os voluntários da Colônia têm uma oportunidade fantástica de nos ensinar a todos como sobreviver após grandes desastres"[88]. De fato, fantástico.

Exceções

I

Na edição de 2009, o *Big Brother Brasil* impôs aos participantes uma prova particularmente dura. O "quarto branco", como foi chamado, é assim descrito pelo site da TV Globo:

> Um quarto simples, austero, com poucos móveis. Relativamente pequeno. Bem no meio, um pedestal com um botão e uma luz rotativa com alarme. Três camas, um gaveteiro, um frigobar e um pequeno banheiro. As paredes todas revestidas por um almofadado branco. O piso, também branco. E as camas também. Aliás, com exceção da lâmpada e do botão [ambos vermelhos], tudo no quarto é de um branco ascético, com iluminação ofuscante.
> As regras eram simples: os três estariam confinados no quarto por um período indefinido de tempo, devendo usar macacões brancos enquanto lá estivessem. Eles poderiam sair desse "confinamento dentro do confinamento", nas palavras do apresentador Pedro Bial, a qualquer momento, bastando que apertassem o botão vermelho do pedestal central. Com um efeito colateral: quem o fizesse estaria automaticamente eliminado do programa. Os outros dois estariam livres do castigo.[89]

"Relativamente pequeno" fica por conta da Globo. Tratava-se de um quarto de 4 m² sem janelas. As paredes, acolchoadas como em manicômios,

---

[87] Também por isso os canais científicos são uma fonte privilegiada de acesso aos nossos devaneios – incluindo aí a vasta gama de programas sobre assombrações e outras paranormalidades. A ciência contemporânea é provavelmente o maior exemplo do controle descontrolado no qual se converteu a sociedade, e apagar fogo com querosene se tornou sua única especialidade.

[88] Disponível em: <http://www.discoverybrasil.com/web/colonia/episodios/>. Acesso em 22 abr. 2011.

[89] Disponível em: <http://bbb.globo.com/BBB9/Noticias/0,,MUL1075892-16397,00-RETROSPECTIVA+O+QUARTO+BRANCO.html>. Acesso em 17 maio 2009.

prestavam-se ao duplo objetivo de isolar qualquer barulho externo e deixar os participantes atordoados com sua textura, como afirmou um dos infelizes que lá ficou trancafiado. Para reforçar a desorientação temporal, o quarto tinha comida e bebida; assim, as provisões não seriam levadas de quando em quando. Já no site, a intenção da brincadeirinha global é evidente: privação de sentidos. Tal intenção foi sentida na pele pelos três participantes que foram parar no quarto sem saber do que se tratava. Após deixá-lo, um deles afirmou: "Você fica privado da luz do dia... Você não sabe se é dia ou se é noite... A luz o tempo todo... Dia e noite a luz na tua cara e você não ter ideia de quantos dias você vai ficar preso lá. Existe uma sensação de pânico, de claustrofobia".

A saída fácil da situação não era assim tão fácil, pois levaria ao "castigo" maior, o dito "efeito colateral": a eliminação sumária. Para surpresa dos telespectadores, um dos três rapazes confinados não suportou a prova e, menos de doze horas após sua entrada, apertou o botão com visíveis sinais de esgotamento. Também para ele a saída não foi tão banal como a descrição das regras faz parecer. Ele chorava muito e, envergonhado por sua covardia pública, pedia desculpas para o Brasil e para seu pai. O *host* da casa, entretanto, não pareceu tão surpreso. Sua primeira consideração, após a eliminação do rapaz, foi: "Tem gente que vendo pela TV diz assim: 'Ah! Não tem nada de mais... Um quarto branco... Ficar lá...'. Mas explica pra gente a barra que é". O apresentador quis confortá-lo quanto a sua sensação de fraqueza ou, o que em certo sentido dá no mesmo, quis reafirmar a força do aparato que o expulsou? A resposta é dada pelo próprio Pedro Bial no momento seguinte. Ele se volta para os participantes que então se encontram no confinamento "normal" e lança uma de suas tantas perguntas retóricas: "Agora vocês estão entendendo um pouco melhor o que é o *Big Brother*? Colônia de férias?". Após a resposta uníssona "NÃO", o apresentador congratula os "sobreviventes": "Parabéns para Tom e Ralf pela bravura"[90].

O "quarto branco" foi apresentado como uma prisão dentro da prisão e uma exceção brutal ao funcionamento regular do programa. Nesse caso, não houve votação dos participantes ou do telespectador, e a eliminação apareceu como castigo sem crime. Contudo, a questão final posta pelo apresentador mostra que essa exceção não foi excepcional. Aquilo não é uma "colônia de férias" para ninguém; todos, a qualquer momento, podem ser castigados apenas por estarem

---

[90] Disponível em: <http://www.youtube.com/watch?v=eXbRIFn4VmA&feature=related>. Acesso em 20 maio 2009.

lá. De fato, eles são castigados, e não apenas em dias de eliminação, mas todo santo dia. As "provas" determinam o papel que o participante ocupará no jogo ao longo de uma semana, quem será o "líder" ou "imunizado" ou "anjo" ou "monstro" ou qualquer coisa que o valha, ou que não o valha. Pois não é apenas a isso que se prestam, às vezes oferecem algum prêmio, mais frequentemente outro castigo, outras vezes determinam a qualidade e a quantidade de alimentos que serão oferecidos aos confinados, há momentos em que determinam o espaço na casa que será ocupado por cada um, ocorre também que não se saiba seu propósito, fora a possibilidade de a atividade não servir para absolutamente nada e ser apenas uma enganação. Quando a Lei é a expulsão e a vivência é sobrevivência não se pode falar em funcionamento regular; aquilo é o reino da arbitrariedade. Todas as regras do programa podem ser e, de fato, são alteradas, não a cada edição, mas a cada rodada, muitas vezes são trocadas no decorrer de alguma atividade[91]. Até mesmo a "formação do paredão" pode obedecer a tantas variações, na forma da indicação, na quantidade de "emparedados" e de eliminados, que seria cansativo enumerá-las. Por sinal, é possível que o "paredão" sequer seja formado, como no caso do rapaz levado à desistência pela via da tortura, que não foi o único. Também não se podem levar ao pé da letra as regras de entrada no programa, já que os voluntários podem ser selecionados via inscrição, sorteio, participação em comunidades virtuais ou ser convidados por "olheiros". Houve uma vez em que, para conseguirem o passe para o aprisionamento, algumas pessoas ficaram uma semana expostas em uma casa de vidro dentro de um shopping para serem eleitas pelos consumidores que as consumiam ao vivo. Em outra ocasião, duas pessoas foram levadas ao programa no meio da disputa, quando outras já haviam saído. Em 2010, um ex-BBB ressuscitou e voltou à casa, com todo o seu "acúmulo de experiência", e venceu. Em 2011, os eliminados das primeiras semanas foram parar na casa de vidro e um deles ressuscitou após o terceiro dia.

    A sensação de injustiça é inevitável, mas parece pouco importar, pois todos compreendem que as exceções são a regra do jogo. A respeito das

---

[91] Exemplo: o *reality show* norte-americano *Project Runway* que seleciona designers de moda. Os concorrentes devem criar e costurar, em um dia, uma roupa para ir a julgamento. Em meio à produção, um dos apresentadores irrompe no ateliê e aumenta o desafio: os designers devem produzir duas roupas no mesmo período de tempo. Esse exemplo é aleatório, poderia ser extraído de qualquer um desses programas em qualquer episódio, pois a mudança das regras com o jogo em andamento é constitutiva de todos os *reality shows* em que há competição.

permanentes "intervenções" da direção, uma participante afirmou: "Se não tiver esse tipo de jogo, a gente fica ali sem fazer nada. Pro jogo e para o espectador é importante isso"[92]. Para o ator de filmes pornográficos e maior sumidade em *realities* no Brasil Alexandre Frota[93]:

> Você não pode deixar aquilo virar um spa. [...] Você tem que criar situações e colocar essas situações lá dentro... É igual rato, pra ver se cai na isca. Você pode, por exemplo, promover um jantar entre inimigos [...] você pode provocar paredões. Pra você jogar, tem que intervir. Porque, senão, você fica vendo o programa desabar.[94]

Mais uma vez, o que está em jogo é o planejamento necessário para a garantia do pulo do gato da mercadoria. A consequência, nesse caso imediata, é a vulnerabilidade da situação dos confinados. A terceirização dos riscos fica ainda mais patente quando o projeto fracassa. Na edição de 2011, quando o Ibope não respondeu à altura dos tormentos, o diretor multiplicou as "intervenções": além da vitrine de gente e da ressurreição, houve "paredão" múltiplo, "paredão" surpresa, um tal "sabotador", prova e eliminação no mesmo dia etc. E quando nada funcionou, foi só eliminar um monte de gente mais rapidamente para que o produto não desse prejuízo[95]. Porém não foram apenas as armadilhas do gato que se multiplicaram, o ônus simbólico do fracasso foi transferido aos participantes. A grande

---

[92] Em entrevista a Mauricio Stycer no programa *BBB na Berlinda* do dia 2 mar. 2011. Disponível em: <http://televisao.uol.com.br/ultimas-noticias/multi/2011/03/02/04029C3362D0996327.jhtm>. Acesso em 24 abr. 2011.

[93] Não é brincadeira, Frota é considerado o maior conhecedor do formato no Brasil. Ele não apenas já se viu confinado em dois programas, *Casa dos Artistas*, do SBT, e a edição portuguesa de *A Fazenda*, como importou esse segundo e participou de sua produção pela Rede Record. Em suas entrevistas, fica clara a justeza do título, ele pensa e fala, sem titubear, a língua da truculência.

[94] Disponível em: <http://televisao.uol.com.br/ultimas-noticias/multi/2011/02/23/04021B3466C8C13327.jhtm>. Acesso em 25 abr. 2011.

[95] Coisa que, apesar dos baixos índices de audiência, está muito longe de acontecer. Em 2011, o programa rendeu à emissora aproximadamente 380 milhões de reais e a cota principal de patrocínio saltou de 13,5 milhões de reais, em 2010, para 16,9 milhões de reais, em 2011. Se lembrarmos que o prêmio para apenas um dos protagonistas foi de 1,5 milhão de reais, ele não parece tão abençoado. Se recordarmos que o programa é uma mercadoria, o risco do capital não parece tão arriscado. Disponível em: <http://noticias.bol.uol.com.br/bbb11/2011/03/06/bbb-lucra-mesmo-com-audiencia-em-queda.jhtm>. Acesso em 25 abr. 2011.

maioria dos ex-BBBs, jornalistas e blogueiros responsabilizou os "jogadores" que não souberam "lutar", já que a produção fez sua parte. Trata-se da mesma visão segundo a qual os acidentes envolvendo motoboys resultam da agressividade que lhes é própria e nada têm a ver com as empresas que os remuneram por produtividade. A explicação jamais aventada para ambos os casos é que a frieza de espírito é produzida socialmente. Quando o *Big Brother* repetiu a experiência do "quarto branco" em 2010, não houve nervosismo, menos ainda desistência. Não há como saber, mas não se pode descartar a hipótese de que a queda da audiência se deva ao distanciamento dos participantes quanto ao que fazem. Talvez seu comportamento esteja se aproximando tanto daquele de ratos condicionados que a casa, apinhada de ações e reações e brigas e romances e intrigas, esteja adquirindo o aspecto asséptico dos laboratórios. Mas só assume esse aspecto se aquele que assiste também já não se surpreende com facilidade. Para os dois lados da tela a resposta ao perigo do tédio é o aumento da voltagem do choque. A finalidade preponderante de todos os deslocamentos e surpresas é manter os participantes, bem como a audiência, em estado de sobressalto. Por isso, no mais inocente jogo da memória já se faz sentir o "quarto branco", a tortura explícita já estava lá quando o primeiro participante se inscreveu para o primeiro programa.

II

As "intervenções" constantes podem dar a impressão de que não há regras, de que tudo é determinado pela sorte. Em verdade as prescrições são produzidas na mesma quantidade e ritmo que a indiferença, por isso proliferam, mas na forma de decretos. Ou seja, há regras, mas elas não operam como determinações gerais às quais todos a todo momento estão submetidos; elas são circunstanciais, determinadas pelas particularidades das urgências[96]. Em especial, pela urgência dos índices de audiência.

---

[96] "Para o administrador, a lei é impotente porque, por definição, ela é isolada de sua aplicabilidade. Por outro lado, o decreto só existe e vale se e quando aplicado; a única justificação que o decreto requer é a possibilidade de ser aplicado. É verdade que todos os governos usam decretos numa emergência, mas, nesse caso, a própria emergência é uma nítida justificação e uma automática limitação. No governo burocrático, os decretos surgem em sua pureza nua, como se já não fossem obras de homens poderosos, mas encarnassem o próprio poder, sendo o administrador seu mero agente acidental. Não existem princípios gerais por trás do decreto que

Como um arranjo de exceções sobre exceções, aos poucos o "jogo" se torna um labirinto de comandos incompreensível. Por isso, em dias de "prova do líder" o programa perde mais tempo com a explicação dos procedimentos do que com a exibição da prova em si[97]. Não são poucas as vezes em que as regras confundem o próprio apresentador, e o funcionamento do desafio pode ficar tão obscuro que o resultado é anulado e o critério para vitória obedece a uma regra de segunda ordem, vulgo "tapetão". O emaranhado de ordens e contraordens também desnorteia a audiência, como no caso do "sabotador", na edição de 2011. A ideia era que os telespectadores elegessem semanalmente um participante para gerar intrigas e atrapalhar seu próprio grupo; a existência do traidor, mas não a pessoa que o encarnava, foi revelada aos participantes pela produção. Esses poderiam acusar algum colega e, caso acertassem, o pérfido da vez perderia um prêmio extra de 10 mil reais; se errassem, não aconteceria nada, mas não poderiam voltar a acusar. Entretanto, a forma pela qual deveria ser comunicada a denúncia não foi explicada; quando um deles foi descoberto e nenhuma providência foi tomada, Boninho afirmou: "A brincadeira não é descobrir quem é! Agora se ele se entregar, resolver abrir, na pressão do grupo, perde a prova"[98]. A audiência interativa reclamou da opacidade do joguinho de espiões, mas não houve esclarecimentos posteriores, como deve ocorrer em jogos de espiões. Como se esse imbróglio não fosse o suficiente, o diretor retirou o personagem, mas manteve o princípio, a própria produção assumiu o papel, chegando a furtar objetos dos confinados; depois o apresentador Pedro Bial revelou a "pegadinha"[99]: o sabotador já não era alguém, mas algo.

---

a simples razão possa entender, mas apenas circunstâncias que mudam constantemente e só um perito pode conhecer em detalhe", Hannah Arendt, *Origens do totalitarismo*, cit., p. 276.

[97] Evidentemente esse expediente também serve ao propósito da venda do *pay-per-view*, no qual a tortura é exibida do começo ao fim. Isso não anula o fato de que a apresentação da prova pode chegar a dez minutos, o que para a temporalidade televisiva é uma eternidade.

[98] Disponível em: <http://bbb11.yahoo.net/blog/51/sabotador-boninho-e-pedro-bial-n-o-cumprem-promessa.html>. Acesso em 26 abr. 2011.

[99] As "pegadinhas" são as avós do espetáculo de realidade. São sustos aplicados randomicamente a pessoas aleatórias, visando à captura da espontaneidade negada pelo aparato televisivo. Elas surgem já na década de 1940 como prova cabal de que a única espontaneidade permitida será aquela provocada pelo aparato, e as únicas reações possíveis serão o constrangimento ou o terror.

Quando nada mais fazia sentido, o personagem simplesmente evaporou, assim como o nome do conde West West ao longo de *O Castelo,* assim como os contornos do próprio castelo[100]. O comando se torna etéreo na mesma medida em que a paranoia adensa.

Por trás de um decreto não está um princípio, mas uma intenção que, como tal, não é acessível. Os decretos são sombras autônomas, que só se dão a conhecer olhando-se para o chão ou para as paredes; acima está o sol, para o qual não é possível olhar diretamente.

> Certa vez a dona do albergue havia comparado Klamm com uma águia e isso parecera ridículo para K., mas agora não mais; pensava na distância de Klamm, em sua morada inexpugnável, naquela mudez interrompida talvez só por gritos como K. ainda nunca tinha ouvido, no seu olhar penetrante que vinha de cima, que não se deixava jamais comprovar, jamais refutar, nos seus círculos indestrutíveis a partir das profundezas em que K. se achava, círculos que Klamm traçava no alto segundo leis incompreensíveis – tudo isso era comum à Klamm e à águia.[101]

Tudo isso é comum à aura de Boninho, que por duas ou três vezes teve seus gritos vazados com as imagens do *pay-per-view*[102]. O soberano é turvo porque o poder circunstancial não tem contornos – Klamm assume muitas formas para os aldeões, a única coisa que se mantém é seu uniforme, o poder puro. O soberano é inalcançável porque assim são seus desígnios. Boninho afirmou certa vez: "Quando vejo um 'big brother', atravesso a rua. Não é maldade. Mas é que não me apego. Eu os encaro como peças de um produto, de um jogo. Fico o tempo todo pensando em que provas posso fazer para incomodar alguém. Esse tipo de trabalho dá uma distância e eu acabo não torcendo para ninguém"[103]. Essa declaração tem de ser levada a sério. A ausência de preferência não se deve à necessidade de imparcialidade daquele que legisla, mas à necessidade de indiferença daquele que decide a exceção. Do ponto de vista do poder imediato, o que "deve ser feito" não é maldade, está acima do âmbito da ética, é resposta às contingências. Sua

---

[100] Franz Kafka, *O castelo*, cit.

[101] Ibidem, p. 176.

[102] Exemplo: "Dona Ana Carolina, isso é um aviso para a senhora e para a dona Naiá, esse alicate não está esterilizado. A dona Naiá é diabética. Se essa merda inflamar eu vou arrancar o seu braço". Disponível em: <http://www.youtube.com/watch?v=GHsy05BUOv8>. Acesso em 2 maio 2011.

[103] "'*Big Brother* não é cultura, é um jogo cruel', diz Boninho", cit.

distância, portanto, não é fruto das coisas humanas, como a soberba; é própria da separação entre os homens e o imponderável.

As interações diretas entre a produção e os cativos nunca devem ser televisionadas. As cenas do *pay-per-view*, nas quais o áudio desaparece e só podemos ver os rostos atentos e temerosos dos cativos, só não são mais assombrosas do que o fato de ninguém estranhá-las. A presença do decreto é sempre também uma ausência, ela soa como o golpe da sorte. No programa editado, há apenas duas mediações para a comunicação das prescrições. A primeira, ordinária – apesar de não regular –, é realizada pelo apresentador, que ficou famoso por suas charadas carregadas de ironias, grosserias e citações impactantes – que vão de Guimarães Rosa a Wittgenstein; juntas, essas formas adquirem um tom oracular. Pedro Bial também construiu sua aura e por ela foi construído: ele é o "sábio", cujo obscurantismo é confundido com profundidade. Além das regras das atividades, ele comunica "sinais" quase astrológicos que, como tais, são longa e cuidadosamente analisados pelos participantes, exatamente como faz K. ao receber a carta assinada por Klamm. Essa carta é voltada para ele, para sua situação presente, mas "é antes – pelo aspecto do envelope – uma carta muito antiga, que já está ali faz muito tempo"[104]. Assim como é inconcebível que as mulheres da aldeia recusem os funcionários do castelo ao receberem suas cartas de convocação, é do destino das mulheres do *Big Brother* estarem disponíveis àqueles que as solicitarem. Não foi apenas aquela do drama epistolar que recebeu essa mensagem dos céus; em 2010, uma das moças foi assediada por um *rapper* norte-americano que se apresentou em uma das festas, ela o recusou por três vezes. No dia seguinte, ao vivo, Bial comentou: "Nem você tem culpa de ter uma bunda bonita, nem ele de ser pegador". Disse ela que não ficou chateada, pois um "não" resolveu a situação. Bial então retrucou, "Eu acho que você provocou", o que exigiu dela nova defesa: "Eu só estava dançando [...] Eu não esperava que ele fosse fazer isso, nunca ninguém fez isso comigo". O apresentador encerrou o assunto com a malícia dos funcionários: "Você é que não tá lembrando"[105]. Outra participante foi levada ao pranto em 2009, quando o apresentador enviou a mesma mensagem, então de

---

[104] Franz Kafka, *O castelo*, cit., p. 270.
[105] Disponível em: <http://www.youtube.com/watch?v=QtbIIoCvOEo>. Acesso em 4 maio 2011.

forma cifrada: "Tem homem para você na casa?"[106]. Segundo Olga, irmã de Amália, única aldeã a recusar o chamado de um funcionário: "Nós sabemos que as mulheres não podem senão amar funcionários quando estes se voltam para elas; na verdade amam o funcionário desde antes, por mais que queiram negá-lo"[107]. O amor só existe quando requisitado e (não porém) já estava lá, por isso é inelutável. A bunda de Lia e o colar de Amália são toques do destino, comunicados por seus respectivos mensageiros, e com a mesma linguagem[108].

A segunda forma pela qual são atribuídas as missões que já estavam lá é extraordinária e irregular. Trata-se do "Big Fone", um aparelho que pode tocar a qualquer momento e ser atendido por qualquer um, através do qual se escuta uma voz distorcida e robótica que comunica todo tipo de exceção imaginável: uma imunidade, um "paredão" direto, um privilégio ou castigo qualquer ou até um passe para o participante sair do confinamento e respirar o ar puro da Sapucaí. O mais comum, como todo o resto, é que a prescrição seja mais intricada: o aprisionado só conseguirá X se fizer Y, ou ele tem de indicar outros para prêmios e punições, ou tem de distribuir colares que marcam os eleitos de alguma forma a ser revelada posteriormente, ou tudo isso junto. Na maioria das vezes a atribuição deve permanecer em segredo até segunda ordem e a revelação acarreta novo castigo, que também pode ser secreto. Ao chegar à aldeia, K. diz ter sido contratado como agrimensor, sua afirmação é negada mediante um telefonema para o castelo. Quando ele já espera ser coberto de pancadas, o telefone toca: o castelo confirma sua história. Para surpresa do leitor, K. também faz uma descoberta, mas isso não o toca como uma surpresa:

> K. ficou escutando atentamente. Então o castelo o havia designado como agrimensor. [...] E se acreditavam com esse seu reconhecimento como agrimensor

---

[106] Disponível em: <http://noticias.bol.uol.com.br/entretenimento/2009/01/27/ult6952u1096.jhtm>. Acesso em 4 maio 2011.

[107] Franz Kafka, *O castelo*, cit., p. 294.

[108] "A carta era de Sortini, endereçada à moça que usava o colar cor de granada. Não consigo reproduzir o conteúdo. [...] A carta estava escrita com as expressões mais vulgares, que eu ainda nunca tinha ouvido, e só adivinhei o conteúdo pela metade, a partir do contexto. Quem não conhecia Amália e tivesse apenas lido aquela carta, a teria considerado uma moça desonrada, para a qual alguém ousara escrever naqueles termos, mesmo que ela não tivesse sido absolutamente tocada", ibidem, p. 287.

conservá-lo num estado de medo contínuo, então eles se enganavam: isso lhe dava um leve tremor, mas era tudo.[109]

Também são assim os participantes do *Big Brother*: dizem-se jogadores natos e são designados jogadores pelo telefonema; e dizem que, se não houvesse as interpelações, não aconteceria nada e o programa seria chato; e, em todos os vídeos de inscrição, dizem que vão "botar fogo" no programa, pois são jogadores. Então toca o telefone e eles são jogadores. Então o telefone tocou e Tom teve que escolher dois participantes para "um castigo" não especificado; escolheu dois amigos, e os três foram levados ao "quarto branco". Já no quarto, confrontado com o sofrimento do outro, que a essa altura se encontrava com os nervos esbagaçados pela privação de sono, Tom o aconselhou a deixar o programa: "Faz o que seu coração mandar, não força que é pior". O terceiro enclausurado, Ralf, adotou uma postura diferente, buscando encorajar o colega que "fraquejava": "Tenta segurar, irmão"[110]. Após a saída do programa, o eliminado afirmou que Tom exercera "pressão psicológica", pois assim que houvesse uma desistência os dois outros seriam liberados. Deixando aos telespectadores o acalorado debate sobre as "reais intenções" por trás do primeiro conselho, o fato é que a mera hipótese de que Tom gostaria de ver extinto o sofrimento do companheiro não foi em nenhum momento levada em consideração pelos participantes ou pela audiência opinante. Nesse jogo de sobrevivência, essa possibilidade seria absurda, alguém que a aventasse seria um tolo ingênuo; afinal, Tom é um jogador. E Tom foi o eliminado seguinte, com recorde de rejeição pela votação do público. Logo após sua saída, foi questionado por Pedro Bial a respeito da "pior parte do quarto branco", ele respondeu: "Foi ser uma coisa que eu nunca imaginaria... levar para aquele lugar pessoas de quem eu gosto para uma delas ser eliminada...". O apresentador interrompeu o entrevistado e, sedento por outro tipo de sofrimento, disse: "Mas isso é um fator externo ao quarto branco, quero saber do pior na permanência no quarto branco"[111]. Quanto à questão "interna", Tom não viu maiores dificuldades, pois, segundo ele, passara por situações parecidas no exército. A questão "externa"

---

[109] Ibidem, p. 14.

[110] Disponível em: <http://www.youtube.com/watch?v=j19zfRXjebg&feature=related>. Acesso em 20 maio 2009.

[111] Disponível em: <http://www.youtube.com/watch?v=eXbRIFn4VmA&feature=related>. Acesso em 20 maio 2009.

é infortúnio, não cabe culpa, por isso foi prontamente desdenhada pelo apresentador. Por isso, sempre que demonstrava arrependimento entre a saída da tortura e sua eliminação, era consolado ora com um "você não sabia, foi azar", ora com um "você é um jogador, o que poderia fazer?". O mais irritante em Tom para os telespectadores que o questionaram no domingo seguinte, quando participou de um programa de auditório[112], foi justamente sua insistência na culpa. Com isso ele negava sua sina, seu ser-jogador, o que, na interpretação geral, era uma jogada hipócrita. Esse era o problema, não o fato de ter sido impelido a levar os outros à tortura. Quando pedia perdão, Tom fazia como o pai de Amália, que subia todos os dias ao castelo, buscando provar sua culpa, buscando a existência de uma culpa inexistente. Se Tom e o pai tivessem feito como Olga sugeriu – "deixado o passado em paz, mostrado pelo nosso comportamento que havíamos superado o caso, não importa de que maneira, e as pessoas tivessem chegado à convicção de que o assunto, sem considerar como ele poderia ter sido criado, não fosse mais objeto de discussão"[113] –, teriam sido perdoados? Não, porque não pode haver perdão sem culpa – como os administradores do castelo deixam claro ao pai –, mesmo que haja punição sem culpa. Porém talvez houvesse esquecimento, como sonhava Olga, como sonham as vítimas do acaso.

Disso deriva o pouco caso às injustiças cometidas pelos deslocamentos das regras: elas podem aparecer como injustiça, mas são vividas como fatalidade. Por isso a questão completamente ausente no episódio do "quarto branco", bem como em todos os demais, é a da culpa do soberano. Não se trata de desconhecimento, todos sabem muito bem quem aprova as "dicas" místicas do apresentador, de quem é a voz desencarnada do outro lado da linha e quem inventa todos os tormentos – pode-se até acompanhar esse trabalho criativo em tempo real através do Twitter do diretor. A fonte das arbitrariedades e sofrimentos é transparente, não está nos céus, e os participantes costumam tomar um distanciamento brincalhão do que enxergam. Como quando K. se recusa a dar um depoimento a um secretário do castelo e o dono da hospedaria faz graça: "Bem, bem, não é por isso que logo vai chover enxofre do céu", K., rindo, responde: "Não se pode deduzir isso do tempo que está fazendo". O capítulo se encerra e no início do seguinte, "K. saiu pela escada varrida selva-

---

[112] *Domingão do Faustão,* programa transmitido pela Globo, cujo assunto principal é a Globo, como todos os demais programas da Globo.

[113] Franz Kafka, *O castelo,* cit., p. 311.

gemente pelo vento e olhou para a escuridão. Um tempo mau, muito mau"[114].

Ao ser perguntado sobre o que gostaria de ver no *Big Brother* que ainda não havia acontecido, um participante da décima edição mudou seu capítulo no meio de uma frase: "Colocar o Boninho confinado e a gente do lado de fora, coordenando, dar o troco... mas, em termos reais e possíveis..."[115]. A tempestade é uma invenção e é também objetiva, pois tudo se resume a circunstâncias e reações. A culpa visível fica excluída do campo de visão – o castelo.

III

Problema diverso é a ausência de responsabilização de Boninho, do programa e da emissora. A resposta a essa outra "blindagem" está na forma disforme da organização. Assim como na empresa contemporânea, "o exercício do poder não consiste em ordenar, tomar decisões, mas em delimitar o campo, estruturar o espaço no qual são tomadas as decisões"[116]. Qualquer manual de gestão da empresa flexível é categórico quanto à "autonomia" que devem ter os trabalhadores para tomar suas próprias decisões; a gerência apenas estabelece as metas e coordena os resultados das ações. Isso confere "dinamismo" à produção, pois possibilita a rápida adaptação da empresa às flutuações do mercado e "motiva" os trabalhadores, que não mais se encontram amarrados a "comportamentos prescritos". "Passamos assim da obediência a um chefe para a adesão a uma lógica." O constante deslocamento de regras nada mais é que a adequação a esse princípio, o "ponto de vista" da empresa – que, independentemente dos diversos discursos publicitários, é o ponto de vista de qualquer empresa, o qual, por sua vez, é o ponto de vista do capital: valorização. Por isso, para o funcionamento da organização, não é necessário que o trabalhador cumpra as prescrições à risca, pelo contrário, há a abertura para a interpretação das regras. Mais que isso, os funcionários são estimulados a modificarem-nas de acordo com o trabalho realizado, a criarem seus próprios arranjos, a "jogar com as regras"[117].

---

[114] Ibidem, p. 178-9.

[115] Entrevista a Mauricio Stycer no programa *BBB na Berlinda*. Disponível em: <http://tvuol.uol.com.br/#view/id=bbb-na-berlinda-com-michel-turtchin-e-marcelo-arantes-04021C346CD8A10327/mediaId=9046648/date=2011-01-26&&list/type=tags/tags=346630/edFilter=all/>. Acesso em 14 fev. 2011.

[116] Michel Bonetti et al., *O poder das organizações*, cit., p. 51.

[117] Ibidem, p. 49-51.

Não é à toa que o jogo se tornou metáfora dileta em todas as esferas sociais; ela deriva da noção segundo a qual nossa relação com o mundo em permanente mudança deve ser lúdica, experimental, maleável etc. A metáfora mente. Toda criança sabe que não há nada mais sério do que o jogo. A metáfora inverte a verdadeira lógica do jogo, pois não se brinca com suas regras, mas dentro do espaço delimitado por elas, esse é o espaço da criação. E é nesse espaço que o princípio pode ser invertido. No futebol, por exemplo, não se pode pegar a bola com a mão e levar até o gol; por isso mesmo se cria o drible, e esse pode ser tão belo que pouco importa se foi feito o gol. A empresa flexível é o próprio antijogo: pode-se pegar a bola com a mão e cravar a chuteira na panturrilha do adversário; o que é categoricamente vetado é que se perca o gol. Não é preciso ir muito longe para que se perceba o ponto cego da ideologia gerencial-flexível: ele está na tal adesão ao princípio da empresa. Não há regras, mas há uma Lei.

Como empresas-produto, os *reality shows* também não têm uma estrutura fixa. Sua maior produtora é a Endemol, indústria holandesa de *branded entertainment* em cujo catálogo estão disponíveis mais de 2 mil formas vazias. A Endemol não realiza as produções, apenas exporta princípios. O *Big Brother*, sua principal marca, foi vendido, ou melhor, franqueado, a emissoras de TV em mais de quarenta países. Elas têm acesso ao nome da marca e a três ideias-base: confinamento, vigilância e eliminação. Todo o resto é elaborado localmente, de acordo com o gosto do freguês: no Reino Unido foi inventada a falsa eliminação e realizada uma edição só com mulheres e um macho alfa; nos Estados Unidos surgiu a imunidade e na Alemanha a divisão da casa, com um lado luxuoso e outro pobre – ambas ideias adotadas no Brasil, e a segunda difundida no mundo inteiro; nosso país inventou a casa de vidro e em outros há versões nas quais os aprisionados são semicelebridades ou famílias inteiras. A lista de "intervenções" – que ao fim e ao cabo são praticamente tudo – é imensa, tanto quanto o rol de arranjos de toda a produção globalizada. E como em todo produto globalizado, a multiplicidade colorida esconde mal e porcamente a permanência do mesmo[118].

---

[118] Sobre a morfologia da produção global como um centro soberano e fixo em torno do qual orbita a produção terceirizada em arranjos móveis, bem como a permanência e a radicalização da massificação na produção flexível, ver: João Bernardo, *Democracia totalitária: teoria e prática da empresa soberana*, cit.

Em torno das três ideias-base, o céu é o limite e os participantes do mundo inteiro não têm a menor ideia do que os espera nesse "jogo com as regras". Sabem apenas que um dia nunca será como o outro e que, como em qualquer organização flexível, terão de ter jogo de cintura para não serem eliminados. Este é o ponto: aquilo que se costuma chamar "autonomia" do trabalho nada mais é que um "se vira, malandro", para que o princípio, materializado em metas, seja cumprido. A sabotagem no *Big Brother*, por exemplo, não era uma ordem direta, o participante eleito poderia não ter levado a cabo sua missão, e, de fato, é isso que a produção esperava. Do mesmo modo, os outros poderiam ou não denunciar. Cabia a eles o cálculo com relação à simpatia do público e dos colegas de confinamento, e a decisão final. As "intervenções" não dizem diretamente o que o confinado deve fazer, elas delimitam o campo dentro do qual eles atuam. Lembremo-nos da definição de K. a respeito de Klamm: ele estabelece os "círculos indestrutíveis" dentro dos quais K. gira feito barata tonta. Em nenhum momento lhe é dito o que fazer, e é sobre esse chão ensaboado que K. calcula compulsivamente sua "luta" incompreensível[119]. Tom poderia não ter atendido ao telefonema; poderia não ter levado os colegas ao "castigo" e com isso ser eliminado no ato; poderia ter apertado ele mesmo o botão vermelho para livrar os colegas; poderia também ter escolhido desafetos no lugar de amigos, o que afirmou que faria caso soubesse da gravidade do "castigo". Entretanto, como tomar decisões sem que se conheçam todas as variáveis que estão em jogo, especialmente quando grande parte delas é um mistério? Ora, mas não é justamente a isso que se chama jogo de cintura: adaptação aos imprevistos? Por isso Tom não teve culpa do sofrimento perpetrado – isso foi azar –, mas se tornou o único responsável pelo acontecido.

O círculo infernal da relação cálculo-risco se fecha também por baixo. Melhor dizendo, se fecha apenas por baixo, pois a responsabilidade das decisões é transferida por meio de uma corrente que vai do capital financeiro, passando pela empresa suserana e por suas vassalas terceirizadas, até

---

[119] "As autoridades, por mais bem organizadas que fossem, sempre tinham que defender coisas remotas e invisíveis em nome de senhores remotos e invisíveis, ao passo que K. lutava o mais vivamente possível por coisas próximas, ou seja, por ele mesmo. [...] Em vez disso deixavam K. deslizar por toda parte que quisesse, se bem que apenas no interior da aldeia, minando-o e enfraquecendo-o com isso: aqui elas eliminavam qualquer luta que houvesse e desse modo o deslocavam para a vida extra-administrativa, totalmente sem transparência, turva, estranha", Franz Kafka, *O castelo*, cit., p. 91-2.

que deságua no trabalho precário. Da Endemol aos participantes de *reality shows* há um caminho de repasse dos riscos da venda de uma mercadoria cultural. O risco assumido pelos participantes é duplo: por um lado, cabe a eles tornar a mercadoria atraente através de sua hiperatividade; por outro, são eles os responsáveis por seus próprios sofrimentos – os quais, por seu turno, são o encanto do produto em si. O caminho de volta na cadeia de responsabilidades se vê nublado e barrado pelo movimento concomitante de terceirização dos riscos e centralização do controle proporcionado pelo princípio soberano.

IV

Não são poucas as vezes em que coloco o problema do sofrimento ao qual são submetidos os participantes e a resposta é: "Mas foram eles que se voluntariaram". Uma das ideias centrais que sustentam o estado de direito é a da inalienabilidade: não se pode abrir mão da dignidade, por exemplo, mesmo que se queira. Em tese, nenhum contrato assinado pelos participantes de *reality shows* poderia ser válido em qualquer lugar no qual a democracia e os direitos humanos vigoram. E o problema jurídico posto por essas produções não responde sequer ao paradoxo dos direitos humanos colocado por Hannah Arendt, segundo a qual tais direitos só podem ter vigência quando levados a cabo pelos estados nacionais, ou seja, os apátridas não os têm[120]. Os participantes são cidadãos brasileiros, alemães, norte-americanos, holandeses, argentinos e um longo etc. A vida à disposição da produção de entretenimento a que se assiste em *reality shows* é um índice mais do que transparente de que vivemos em um estado de exceção permanente, pulverizado e onipresente.

Em 2005 a emissora inglesa Channel 4 exibiu um *reality show* no qual sete "homens adultos britânicos" passaram 48 horas sob as mesmas condições que os prisioneiros em Guantánamo. *The Guantanamo Guidebook* [O guia de viagem para Guantánamo] pretendeu responder à seguinte questão: as técnicas utilizadas no presídio fora da lei norte-americano são "formas legítimas de interrogatório ou tortura ilegal?". No programa foram levadas a cabo, de modo amenizado, as torturas sancionadas pelo governo George Bush para sua "guerra contra o terror": "privação sensorial, humilhação religiosa, dor física grave". Os encarregados das sessões de degradação não eram atores,

---

[120] Hannah Arendt, *Origens do totalitarismo*, cit.

mas militares norte-americanos aposentados. O programa começa com a chegada dos voluntários, que devem ser pegos de surpresa para poderem sentir o "trauma da captura"; então, sem o café da manhã que esperavam, são logo encapuzados. Começa um festival de humilhação, gritaria, revista, nomes viram números, roupas viram macacões, desnudamento, tapa na cara, ordens contraditórias: levantar, ajoelhar, marchar, esticar os braços e permanecer nessa posição. Assim como em Guantánamo, afirma o narrador, médicos monitoram os sinais vitais dos participantes: "Está funcionando, vamos continuar mantendo o controle", diz o médico. Então os voluntários são proibidos de ir ao banheiro após serem forçados a tomar muita água "pois o estresse causa desidratação". Um deles urina no uniforme: "Humilhação é parte da técnica, diminui o orgulho e a autoestima". Finalmente eles vão para suas "jaulas", cópias exatas daquelas da prisão norte-americana fora do mundo; aquilo a que assistíramos até então era apenas a introdução. Intercaladas às cenas de tortura – variações de temperatura, interrogatórios, fome, *sleep adjustment*[121], exercícios forçados, posições estressantes por tempo prolongado, agressão física sem lesão aparente, privação de sentidos, humilhação e assédio sexual, *forced grooming*[122], humilhação religiosa – e muito sofrimento, sublinhado por *closes* no rosto dos voluntários, são mostradas cenas do narrador, que apresenta o relatório desconfidencializado do FBI a respeito de Guantánamo. Ele explica as consequências psíquicas dessas técnicas e afirma serem consideradas ilegais, desumanas e degradantes pela ONU. O primeiro participante a deixar o "exercício" teve hipotermia; o segundo, um voluntário de religião muçulmana, pediu para sair após ser desnudado diante dos outros; e um terceiro também o fez, após ter sido assediado sexualmente, ter seu cabelo raspado e ter passado por privação de sentidos, exposto a som branco e amarrado em posição fetal. Cada uma das desistências era acompanhada de uma sentença ambígua do narrador: "Ele durou apenas X horas". Após a desistência, os depoimentos: aqueles que eram favoráveis às torturas em Guantánamo "para salvar vidas" mu-

---

[121] Segundo o narrador, o Estado norte-americano nega que haja privação de sono em suas prisões, mas Donald Rumsfeld aprovou essa técnica de interrupção constante do padrão de sono tendo em vista gerar desorientação.

[122] Termo utilizado pelos militares norte-americanos, significa algo como "preparação forçada da aparência" (de animais): um dos voluntários tem seu cabelo raspado diante dos demais e outro, um muçulmano, é ameaçado de ter sua barba raspada.

daram de opinião; os de opinião contrária aumentaram suas certezas. Ao final do "exercício", os voluntários restantes escutam um "parabéns" – eles sobreviveram. A conclusão desse espetáculo da realidade é a mesma questão do início: "as práticas em Guantánamo traem os valores que o Ocidente afirma estar defendendo?".

Em 2001, Slavoj Žižek analisou artigos de conservadores norte-americanos que propunham o debate a respeito da legitimidade da tortura. Segundo ele:

> Ensaios como o de Alter, que não defendem abertamente a tortura, mas apenas a apresentam como um tema legítimo de debate, são ainda mais perigosos do que endossar explicitamente a tortura: embora pelo menos neste momento o endosso explícito seria chocante demais e portanto rejeitado, a mera apresentação da tortura como tema legítimo nos permite cortejar a ideia enquanto mantemos a consciência limpa ("É claro que sou contra a tortura, mas discuti-la não fere ninguém!"). Essa legitimação da tortura como tema de debate muda o pano de fundo dos pressupostos e das opções ideológicas muito mais radicalmente do que sua defesa declarada: ela muda todo o campo.[123]

Ainda que os Estados Unidos já se utilizassem da prática há muito tempo, colocar a tortura como algo a ser debatido desloca o campo simbólico. De algo impensável passa a uma questão submetida ao parâmetro da urgência: torturar para salvar vidas? A formulação dessa questão já é um caminho sem volta, independentemente da resposta, pois rebaixa a ética ao instrumental. *The Guantanamo Guidebook* leva esse deslocamento ideológico adiante. Visando a gerar a opinião oposta, coloca o debate em ato, e simplesmente tortura nas mesmas cenas em que são citadas a convenção de Genebra e as disposições da ONU.

Classificado como documentário, esse *reality show* só se diferencia dos demais pela aparência didática, pois na quarta edição de *No Limite* os participantes permaneceram por cinco horas em pé sobre troncos, sob o sol cearense – até nas disposições assinadas por Rumsfeld são permitidas as "posições estressantes" por no máximo quatro horas; e em inúmeros episódios do *Esquadrão da Moda* aquelas que "renovam seu visual" choram desesperadas ao verem seus cabelos sendo cortados. Em todos os casos a justificativa é sempre a escolha livre por trás do voluntariado. De fato, ao contrário do que ocorre na Guantánamo não televisionada, os participantes

---

[123] Slavoj Žižek, "A terceirização da tortura", em *Folha de S.Paulo*, 16 dez. 2001.

podem sair quando quiserem. Isso não significa liberdade, pois a escolha está submetida à Lei da sobrevivência: biológica e/ou simbólica. Se há um verdadeiro ensinamento em *The Guantanamo Guidebook*, ele foi involuntário; apareceu na cena em que o participante que urinou no uniforme pediu outro, limpo, aos soldados.

> Soldado: Por que você quer isso?
> Participante [cabisbaixo]: Porque vocês me forçaram a mijar na roupa, senhor.
> Soldado: Você *escolheu* mijar nela, teve sua chance.
> Participante: Eu acredito que não tive escolha, senhor.
> Soldado: Você acredita no que acredita, você teve escolha, fazer ou não fazer, você escolheu fazer. A resposta é não.

Seja porque "estamos em guerra" ou porque "estamos em guerra (econômica)", em um mundo de falsas urgências toda escolha é negativa, entre necessidades.

3
DOS JOGADORES

Seu monstruoso imperativo categórico poderia ser assim formulado: Cumpra com precisão os deveres que não conhece!

Günther Anders[1]

O caráter destrutivo conhece apenas uma divisa: criar espaço; o caráter destrutivo conhece apenas uma atividade: abrir caminho. Sua necessidade de ar puro e de espaço é mais forte do que qualquer ódio.

Walter Benjamin[2]

Meritocracia sem mérito

I

Em meio à enxurrada de inscrições para o *Big Brother*, quem são os selecionados para entrar no programa? Responde a editora-chefe: "Na verdade escolhemos por um critério absolutamente subjetivo, pelo carisma, e você não me pergunte o que é, porque eu não sei [risos]"[3]. E na seleção televisionada, quem deve sair? A não ser nos casos de eliminação direta, como no "quarto branco", não são as gincanas brutais que determinam a eliminação,

---

[1] Do livro *Kafka: pró e contra* (trad. Modesto Carone, São Paulo, Cosac Naify, 2007), p. 104.

[2] Do texto "O caráter destrutivo", em *Documentos de cultura, documentos de barbárie: escritos escolhidos* (trad. Celeste H. M. Ribeiro de Sousa, São Paulo, Cultrix/Edusp, 1986), p.187.

[3] Ilana Feldman, "A fabricação do BBB: entrevista com Fernanda Scalzo", em *Revista trópico*, cit.

mas o "povo". E o julgamento do "povo" não é tão fácil de determinar. Alguns participantes pecam por se entregarem a um romance, outros por não se mostrarem abertos a ele. Há aqueles que são muito briguentos, mas, do mesmo modo, podem ser eliminados os considerados excessivamente amistosos; autoritários ou obedientes, jovens ou maduros, promíscuos ou recatados, espertos ou tolos, arrogantes ou inseguros – grande parte da graça para os aficionados é descobrir o porquê da eliminação, mas o fato é que ninguém sabe quem será o próximo a ir para o ferro-velho da indústria cultural. Apenas uma coisa é certa: não são as habilidades ou os conhecimentos de cada um que contam, mas suas idiossincrasias. Nesse sentido, os *reality shows* operam um deslocamento fundamental na participação em programas de TV. Há pouco mais de uma década, o paradigma da "participação popular" eram os shows de calouros. A humilhação já estava presente nesses programas: tomar uma gongada na orelha por não ter sua apresentação reconhecida pelos *experts* da cultura enlatada é desagradável, porém o calouro sabe por que errou, ou pelo menos tem essa impressão ao ouvir as explanações dos jurados. Não é o que ocorre em programas como o *Big Brother*: pouco importa o que as pessoas sabem ou não sabem fazer. Em *A Fazenda*, no qual os nem tão famosos disputam o prêmio, todos fazem questão de afirmar que não são seus dotes artísticos – da música à bunda – que devem ser levados em consideração, mas seu "verdadeiro eu". O saber fazer não apenas não conta, como pode atrapalhar o foco dos concorrentes na competição. Por isso aos "*brothers*" não é cedido sequer um lápis, as únicas possibilidades de ruptura do tédio, que não através da disputa e dos martírios correlativos, são as tarefas domésticas e o uso da academia de ginástica, o tédio ativo. Já em *A Fazenda* os participantes não apenas podem como devem lidar com os animais e as plantas cenográficos em uma atividade cenográfica. Ainda assim, não é esse esforço redundante que determina as eliminações, mas o relacionamento entre as pessoas e seus temperamentos. Nesse caso, o trabalho concreto funciona apenas como um elemento a mais para ampliar o cansaço e as oportunidades para a discórdia.

A indeterminação dos critérios de seleção nesses programas é o esperado; afinal, são "jogos de relacionamento", nos quais o que conta mesmo, como confirmou a editora-chefe, é a subjetividade, e aí vale tudo. Entretanto, a questão não se resolve, e se complica ainda mais em *realities* de orientação oposta, nos quais é alguma qualificação específica do candidato que o leva ao prêmio. No programa *Ídolos* o procedimento de seleção é misto; nas primeiras etapas são excluídos aqueles que os especialistas da indústria fonográfica consideram piores; do meio para o fim, os cantores são julgados e eliminados pelo público. Em função do procedimento de eliminação no segundo momento, os jurados não se cansam de alertar os participantes da insuficiência que são a voz e a técnica. Para conquistar o público, para conseguir votos, para ser um ídolo, é necessário um *je ne sais pas quoi*, literalmente, "sabe-se lá o quê". Já no norte-americano *America's Next Top Model*[4] são apenas os fashionistas os executores das eliminações, portanto não há desculpas para o duplo padrão no julgamento. Ainda assim as fotos das modelos dizem muito pouco para que se estabeleça uma *top*. Algumas moças podem apresentar belas fotos, mas se não tiverem a "personalidade" adequada estão fora. A inadequação pode ir de uma vestimenta desleixada à postura escandalosa, mas se a roupa que usa é *uptight*[5] ou a moça apresenta demasiada frieza ante a linha de aniquilação também corre o risco da expulsão. Na 11ª edição do programa, exibida no Brasil em 2010, uma das moças foi descartada por apresentar muito autocontrole, afinal às vezes "se descontrolar é a coisa mais linda"[6]. A modelo que então foi salva se safou por pouco, pois também ela apresentava um desvio de personalidade: não sabia se controlar e deixava transparecer seu nervosismo. Safou-se por pouco, mas por pouco tempo, pois já na semana seguinte foi eliminada por ter levado a sério o ensinamento anterior, e então sua personalidade se tornou "muito chata"[7]. Em um programa semelhante que busca o *Top Chef*[8] é bastante comum que sejam eliminados os cozinheiros inseguros, mas houve um que, tendo apresentado muita "autoconfiança", também saiu. Se o cabeleireiro corta demais, sai; se corta de menos, sai; se o costureiro mostra demais, sai; se mostra de menos, sai; e se fica no meio do caminho não ousou o

---

[4] Programa norte-americano, transmitido pelo canal a cabo Sony. Esse formato também teve sua versão nacional realizada em três edições, a partir de 2007, e exibida pela mesma emissora.

[5] O termo, tal como usado no mundo da moda, significa "certinha", "conservadora", "careta".

[6] "Not being in control is the most beautiful thing." Disponível em: <http://www.youtube.com/watch?v=xl_Kf9ddaro&feature=related>. Acesso em 20 abr. 2011.

[7] "Too flat." Disponível em: <http://www.youtube.com/watch?v=SbnaDgcI6iQ&feature=related>. Acesso em 20 abr. 2011.

[8] Programa norte-americano transmitido pelo canal a cabo Sony, a edição aqui referida foi a sexta, exibida no Brasil em 2011.

suficiente. Evidentemente essa ausência de parâmetros faz com que, no limite, esse tipo de *reality show* funcione como o *Big Brother*, no qual conta apenas a empatia. O problema, entretanto, não está no desvio de caráter dos juízes que têm o poder de eliminar quem bem entendem simplesmente porque não foram com a cara da pessoa. Podem até fazê-lo, e se o fazem é porque têm a legitimidade própria de sua tarefa para isso. Assim como as empresas contemporâneas, esses shows buscam a "excelência", que é um ideal de exceção. Visto que não basta ser bom, é obrigatório ser o melhor, a ação deve sempre ser extraordinária, portanto incomensurável. Mais que isso, a ação não é analisada do ponto de vista de seus resultados, mas dos traços afetivos, volitivos, cognitivos e físicos de quem a realizou. Importa o carisma, no sentido weberiano do termo:

> os *líderes* "naturais", em situações de *dificuldades* psíquicas, físicas, econômicas, éticas, religiosas e políticas [...] eram portadores de dons físicos e espirituais específicos, *considerados* sobrenaturais (no sentido de não serem acessíveis a todo mundo).[9]

E é justamente disso que se trata, da busca por "líderes" únicos que possam brilhar em momentos de dificuldade; no caso de uma crise permanente, sempre. Semana após semana todos devem se provar portadores desse dom sobrenatural, e semana após semana são realizadas provas sem as quais aquele dom não apareceria. Pois

> o herói carismático não deriva sua autoridade de ordens e estatutos, como o faz a "competência" burocrática, nem de costumes tradicionais ou promessas de fidelidade feudais, como o poder patrimonial, mas sim consegue e a conserva apenas por *provas* de seus poderes de vida.

O competidor deve regularmente realizar "milagres" e "atos heroicos", caso contrário, "a esperança aguarda e procura um novo portador"[10]. Por isso, dos concorrentes são exigidos cada vez mais e melhores resultados com cada vez menos e piores recursos. O carisma deve ser rotineiro, contradição resolvida pelas provações de todos os dias. Todos devem ser portadores do carisma, contradição resolvida pela eliminação. O ideal do "vencedor" nessas competições, inclusive nas não televisionadas, é a universalização da exceção.

---

[9] Max Weber, *Economia e sociedade: fundamentos da sociologia compreensiva* (Brasília/São Paulo, Editora Universidade de Brasília/Imprensa Oficial do Estado de São Paulo, 1999), p. 323.

[10] Ibidem, p. 326.

O show de calouros prestava sua homenagem à noção de justiça burguesa contida no mérito. Era uma caricatura que, a cada buzinada ou estupidez dita pelo jurado, deixava transparecer a verdade da estupidez que é a própria meritocracia. O prêmio para aqueles que demonstram aptidão e a punição para os que não a exibem é a transformação da relação particular de um sujeito com um objeto, a qual chamamos trabalho, em desigualdade. Essa desigualdade só faz sentido quando calcada no trabalho tornado abstrato, pois tem como pressuposto a noção de uma equivalência objetiva que permite a medição. Porém, a verdade apontada pelo show de calouros se detinha na palhaçada violenta que envolve o prêmio e a punição; a ideia de que naquele espaço fora realizada justiça seguia incólume. Por isso se pode dizer que os *reality shows* vão mais a fundo no desmascaramento do mérito; neles o que entra em questão é precisamente a impossibilidade da medição. Não são uma ou duas vezes que os participantes que realizaram determinado trabalho dizem não fazer ideia de quem será o próximo eliminado. Essa dúvida é estrutural e só se dissipa na eliminação. Já é clichê nesses processos seletivos a afirmação de que um trabalho benfeito, e até muito benfeito, não é salvaguarda. Entretanto, o mistério da eliminação não se deve à unicidade incomensurável de cada realização, pois é deixado de lado o outro elemento da relação constituinte do trabalho. Seja porque não há um objeto mediante o qual o sujeito se apresenta, seja porque essa relação fica em segundo plano diante da subjetividade avaliada, o problema agora é o absurdo completo da mensuração de carismas. Por isso, mais que vazia, a revelação dos *reality shows* é cínica: os programas abrem mão da falsa objetividade sem deixar de lado a mensuração. O espetáculo da realidade se estrutura como uma seleção desprovida de critérios, uma meritocracia sem mérito, uma punição sem aparência de justiça.

II

Apesar do enigma da eliminação, os aprisionados do *Big Brother* não abrem mão de suas "estratégias de jogo". São duas as principais: "ser você mesmo" ou "jogar". Posturas às vezes postas como contraditórias e excludentes, já que na "vida real" as pessoas não estão "jogando". Em outros momentos, no entanto, a "estratégia" é "ser você mesmo", pois isso seria um sinal de honestidade, a pessoa não estaria "simulando" algo que ela não é. Mas a honestidade pode estar justamente na postura oposta: a afirmação veemente de que aquilo é um jogo que deve ser jogado. Disse um dos vencedores do programa: "A minha estratégia é não ter estratégia, o que já é uma estratégia"[11]. Ao fim e ao cabo ninguém nega que se trata de um jogo, cada qual escolhe suas armas e "elimina" o outro para não ser "eliminado". O único pecado é "não jogar", não no sentido de "ser você mesmo", mas no sentido de não agir em prol da eliminação de alguém. Na nona edição do programa o apresentador se mostrou preocupado com a "passividade" dos participantes: "Vocês estão cruzando os braços, mas se há uma coisa exclusiva desta edição é que não há um favorito uma semana antes da final. Por isso, o que pode ser chamado de falta de combatividade pode ser fatal para a chance de vocês"[12]. O que vem a ser essa "combatividade" e como isso altera as chances de alguém pouco importa, o fundamental é não cruzar os braços, mas ir à luta, batalhar...

Temos então um critério, mas é um critério sem conteúdo: o movimento. As ditas "samambaias", aqueles que não falam, não aparecem, ficam "em cima do muro", se "acomodam", em suma, que não aparentam atividade, qualquer atividade, são os únicos que se tornam alvos certos. Como afirmou certa vez um participante do *reality show O Aprendiz*: "Como ganhar a gente nunca sabe, agora o caminho para perder a gente sabe, não tem erro"[13]. Ele se referia a uma colega que foi eliminada por "não ter agido" na "sala de reunião", enquanto os outros membros de sua equipe a atacavam. Esse programa é um processo seletivo para executivos, cujo grandioso prêmio, após muito trabalho gratuito, é a oportunidade de trabalhar ainda mais: um emprego na empresa do empresário-apresentador da vez[14]. *O Aprendiz* é um festival de injunções paradoxais, próprias de qualquer manual de gestão: pensar em si/pensar na equipe; comandar/obedecer; seguir regras/ quebrar regras; ser modesto/ser pretensioso; concorrer/cooperar etc. É ne-

---

[11] Entrevista de Rafael Carvalho a Mauricio Stycer no programa *BBB na Berlinda* do dia 30 mar. 2011. Disponível em: <http://televisao.uol.com.br/ultimas-noticias/multi/2011/03/30/0402CC183060D0810326.jhtm>. Acesso em 12 maio 2011.

[12] Disponível em: <http://home.areavip.com.br/noticia.html?id=18149>. Acesso em 20 maio 2009.

[13] Disponível em: <http://www.youtube.com/watch?v=mNna0k79aH4&feature=related>. Acesso em 12 maio 2011.

[14] Entre 2004 e 2009, o programa foi apresentado pelo empresário Roberto Justus, em 2010 passou a ser comandado por João Dória Júnior. Todas as temporadas foram realizadas pela Rede Record. O original norte-americano é apresentado e produzido pelo magnata Donald Trump; sua brutalidade, bem como seu bordão, "You're fired" [Você está demitido], foram adotados pelo similar nacional.

cessário fazer tudo isso e muito mais, mas, acima de tudo, é preciso fazer. Na semana seguinte à dessa demissão, outro concorrente saiu por motivo idêntico, segundo Roberto Justus: "O Márcio [o demitido da vez] foi acusado aqui e não reagiu [...] O Luiz [que se salvou] gagueja, falou errado, estava se debatendo para sobreviver, esse é um instinto que eu preciso ter num executivo"[15]. Pessoas se debatendo para sobreviver é a imagem plasmada daquilo a que assistimos em todos esses programas. As danças vigorosas nas festas dos diversos confinamentos mal escondem o medo de não aparecer, pois aparecer é se movimentar. Mesmo quando não se movem, os participantes movem mundos em conspirações armadas à beira da piscina ou sob edredons. E mesmo quando ainda não têm nome e rosto, sua atividade já está dada pela designação: são os que participam.

O imperativo da "proatividade", por incrível que pareça, carrega um significado preciso. Mais que um abstrato "ser a favor da atividade", significa um abstrato antecipar-se aos problemas que ainda não existem, mas que podem vir a existir. E se, por um lado, o futuro é incerto, por outro não há nada mais palpável que a seleção. Por isso a "acomodação" não é apenas algo desvalorizado, ela é sempre "fatal". Aqueles que, segundo os juízes, realizam um bom trabalho e repetem a façanha no desafio seguinte estão tão ameaçados quanto os que fizeram algo considerado ruim, pois não se mostraram ainda melhores. Com base nesse critério, os encarregados das eliminações não têm a menor vergonha de dizer que para fulano a exigência é uma e para beltrano é outra. Em uma final do *America's Next Top Model*[16] uma das modelos foi, para o júri, "perfeita" em seu desfile, a outra recebeu algumas críticas; venceu a segunda, pois o desempenho da primeira candidata "já é o esperado". Decepcionou aquela que fez o que sabia fazer; ela não foi além, ainda que para além da perfeição só possa estar o milagre. Como não se cansam de repetir os *experts,* esses juízes e executores do destino, o importante é o potencial do selecionado, ou seja, aquilo que não é demonstrado em uma determinada realização, mas na capacidade subjetiva de "correr atrás do prejuízo". Também para os indivíduos o tempo se comprime na tentativa de controle dos riscos futuros. Por isso a aceleração é a norma em *reality shows,* as provas são ao mesmo tempo a reprodução da urgência que

---

[15] Disponível em: <http://www.youtube.com/watch?v=g_A5HdoQhYM&feature=related>. Acesso em 12 maio 2011.

[16] Desafio apresentado na 13ª edição do programa, exibida no Brasil em 2011.

determina a vida e um teste para o talento de responder a ela. No *Top Chef*, por exemplo, há uma primeira tarefa que não leva à eliminação mas oferece imunidade (ou não...), o "desafio-relâmpago" (*quickfire challenge*), no qual os participantes cozinham em regime de urgência – por exemplo, "criar um café da manhã com dois ovos em dez minutos, usando apenas uma mão"[17]. Enquanto trabalham, os competidores gritam uns para os outros o tempo restante: quatro, três, dois... Quando o tempo acaba, ouvem a ordem da apresentadora: "Mãos para cima!", então levantam as mãos e largam o que estiverem segurando, como assaltados pelo tempo. Cenas de gente apressada de um lado para o outro, para cima e para baixo, se trombando, tropeçando, atropelando, na rua, na cozinha, no ateliê, na passarela, na casa ao toque do telefone, se tornaram corriqueiras[18]. É uma imagem hipervalorizada que mal esconde o terror que a conforma:

> Correr pela rua dá uma impressão de pavor. [...] A postura da cabeça, tentando manter-se erguida, é a de alguém que se afoga, o rosto tenso assemelha-se à careta de dor. Ela tem que olhar para a frente, quase não consegue olhar para trás sem tropeçar, como se seu perseguidor – cuja visão deixa-a gelada de horror – já respirasse em sua nuca. Outrora, corria-se de perigos demasiados terríveis para que se lhes fizesse face e, sem saber, disso ainda dá testemunho quem corre atrás do ônibus que se afasta velozmente. O regulamento de trânsito não precisa mais levar em conta os animais selvagens, mas ele não conseguiu apaziguar a ação de correr.[19]

Correr é um ato cindido. A premência de alcançar o que está à frente é sempre também a fuga febril de uma ameaça que se aproxima por trás. O objeto a ser conquistado equivale ao caminho a ser vencido, tanto quanto "correr atrás" equivale a "aguentar a pressão". Aquele que corre estica seus braços, dedos e olhar ao ônibus que já dobra a esquina, à árvore que impedirá o animal de alcançá-lo. Nesse gesto, árvore e ônibus tornam-se objetos

---

[17] "Create a two-egg breakfast dish in ten minutes, using only one hand." Disponível em: <http://en.wikipedia.org/wiki/Top_Chef>. Acesso em 11 maio 2011.

[18] Os seriados e filmes policiais norte-americanos chegam a ser engraçados nesse aspecto. Nas tomadas internas em que não há tiros, lutas ou perseguições, mas a tentativa de "juntar as peças do quebra-cabeça", a delegacia parece um formigueiro. No primeiro plano ficam os detetives principais, em torno dos quais correm, atarefados, os outros. Eles não param, mas participam da conversa central atirando seus *insights* ao ar, os protagonistas capturam tudo o que é acrescentado em tom de jogral até que, em dois minutos, o caso está solucionado. Uma cena de ação na qual os tiros são as palavras, ou o ideal do *brainstorming*, adorado pelos *managers*.

[19] Theodor W. Adorno, *Mínima moralia* (São Paulo, Ática, 1992), p. 142.

do mais cristalino desejo. A ambivalência da pressa se fixa na vitória de quem apenas se safou, sua conquista é a conservação. Na época de Theodor Adorno, o caminhar era o ritmo "ao qual nosso corpo se habituou como o normal", mas na disparada eventual ainda se fazia ouvir a "violência arcaica que de outro modo guia imperceptivelmente cada passo". Hoje ela é mais que perceptível, pois o grito "Corre!" é uma ameaça permanente e também o único horizonte concebível, como para o "prisioneiro a quem a escolta manda fugir para ter um pretexto de assassiná-lo"[20]. Nossos heróis e modelos, especialmente na figura do empreendedor bem-sucedido, são aclamados por nada mais que sua capacidade de autoconservação. Como quando a CEO da Xerox afirma com orgulho ter buscado a inspiração para reestruturar sua empresa no livro *Endurance* [Persistência], "que mostra como há mais de um século o desbravador inglês Ernest Shackleton livrou-se de uma tragédia que liquidou sua embarcação na Antártida, comendo pinguim e foca, à deriva num bloco de gelo"[21]. Já uma consultora de grandes empresas no Brasil escreveu um livro cujo título já diz muito: *Sobreviver: instinto de vencedor*; ela se inspirou em pessoas como "o modelo Ranimiro Lotufo, que perdeu a perna direita num acidente", e "Edith Eva Eger, sobrevivente do campo de concentração nazista de Auschwitz"[22]. O ar puro que respira o "vencedor" só parece grande coisa porque sob sua cabeça está pintado um mar revolto. Que imagem pavorosa! E é essa a face macilenta da nossa esperança. Pânico e aspiração são objetivamente convergentes no mundo do puro movimento. Aspirar é querer e é também levar ar aos pulmões. Por isso a propaganda do caráter empreendedor não mente quando afirma seu desejo irrefreável pelo que está adiante; trata-se da ânsia real daqueles que sentem a respiração da fera na nuca. Mente deslavadamente quando aplaude esse ritmo "extorquido ao corpo por uma ordem ou pelo terror"[23] como o único possível.

---

[20] Idem.
[21] Cristiane Mano, "Chega de ser boazinha", *Revista Exame*, São Paulo, ano 44, n. 20, 3 maio 2010.
[22] "Só os flexíveis sobrevivem", entrevista com Claudia Rieken, *Revista Você S/A*, São Paulo, n. 104, 10 fev. 2007.
[23] Theodor W. Adorno, *Mínima moralia*, cit., p. 142.

III

Contudo, o comando de movimento engloba algo mais que a aceleração. Além de cozinhar sob o peso da urgência, o *top chef* deve fazê-lo com uma mão amarrada! Pois não devemos ser apenas "proativos", já que o mecanismo é de seleção e a lei, de sobrevivência, nada mais coerente que a cobrança de adaptação. Em nome desse darwinismo social o aprendiz de Justus deve saber fazer tudo o que for proposto, mesmo que não tenha absolutamente nada a ver com o trabalho que lhe será oferecido ou com sua formação, como se virar para voltar ao Brasil quando deixado sem dinheiro no Chile[24]. Em uma prova na qual os aspirantes a executivos tiveram que praticar rapel, uma das concorrentes afirmou que não "rendeu" por não estar em seu "ambiente". Roberto Justus questionou: "Você só consegue trabalhar bem nos ambientes que são favoráveis a você?". Após essa demissão óbvia, a "conselheira" do empresário – há dois executivos que trabalham nas empresas do apresentador e que, no programa, auxiliam-no nos escrachos – disse: "Ela se entregou, foi uma desistente"; Justus completou: "Não tem uma coisa que me incomode mais que a pessoa passiva. Numa situação de pressão como essa, numa situação de sobrevivência, a pessoa tá entregue"[25]. A "passividade", nesse caso, diz respeito à recusa da candidata de "sair de sua zona de conforto", como gostam de dizer os gurus da mobilização total. No desconforto está a mensuração da "adaptabilidade" e também a produção de trabalho polivalente. Mas uma modelo que saiba atuar e um roqueiro que interprete pagode é o mínimo exigido; é preciso bem mais que romper as limitações das competências, é preciso romper quaisquer barreiras.

Na "zona de conforto" está o nosso saber fazer, bem como nossa rede de relacionamentos, hábitos, crenças, afetos. Nela também está o nosso organismo, por isso um *top chef* continuou picando cebola depois de cortar a mão e uma dançarina permaneceu trancafiada após quebrar o pé em uma prova de *A Fazenda*. A não ser que o corpo fatigado detenha por completo o movimento – o que não é raro –, ninguém sai. Aquele que se rende a seu próprio organismo não serve. Justus explica melhor:

---

[24] A provação foi realizada no episódio final da sexta edição de *O Aprendiz*, exibida em 2009.

[25] Tarefa da terceira edição, exibida em 2006. Disponível em: <http://www.youtube.com/watch?v=oUoveeMM6h8&feature=related>. Acesso em 18 maio 2011.

A Carol tá fraquejando dentro do *Aprendiz*, então a Carol falou com a produção, ela tá cansada, tá difícil essa pressão, ela tem problemas físicos, de saúde. E ela não aguenta essa pressão. Tudo o que eu não preciso dentro do meu grupo é alguém que não tem força para enfrentar uma seleção como essa quando se predispôs a enfrentar uma seleção como essa. Portanto, Carol, você está demitida.[26]

Carol pediu para sair, mas uma modelo queria permanecer na competição de *America's Next Top Model* apesar de ter ficado doente, chegando a ser hospitalizada. No rito de eliminação seguinte, a apresentadora lhe disse:

> Monique, nós olhamos para você e questionamos: "Ela realmente quer isso?". Tivemos garotas que estiveram doeeeeeentes. Intravenosas! Oxigênio! Mas elas se levantaram e se embrenharam na floresta sobre um elefante para fazer uma sessão de fotos. Então nos perguntamos: "ela está tão doente assim?".[27]

Os jurados interpretaram seu mal como má vontade. Eliminada.

Pior que se render aos limites da qualificação profissional ou do corpo, só mesmo se deter ante o medo. Pois essa não é uma barreira como outra qualquer, o medo é tido como fator sobredeterminante das demais "limitações". Se alguém deixa de fazer algo porque não sabe, não precisa, não pode, não consegue, a explicação é a covardia. O mantra da autoajuda é claro: "Quem quer consegue". Sendo assim, não é covardia sentir medo, mas não tentar "superá-lo" é atestado de inutilidade. A modelo deve posar içada ou submersa ou ainda desfilar com uma barata pendurada no pescoço; chorar não é problema, problema é não topar. Tão comuns quanto as cenas de correria são essas imagens de pânico. Parece ser tão belo ao mundo contemporâneo uma pessoa apavorada, atada ao para-choque de um carro em alta velocidade, que eu já assisti a essa cena em uns quatro programas diferentes. Não importa quão ridículo o desafio, não importa quão violentador, a ordem é passar por ele. "Superar" passou a significar passar por cima

---

[26] Disponível em: <http://www.youtube.com/watch?v=yWJatN_TQCI&feature=related>. Acesso em 25 maio 2011.

[27] "Monique, we look at you and wonder: 'does she want this enough?' We've had girls that have been siiiiiick. I.V.'s! Oxygen! But they've gotten up, and they've trekked through the jungle on an elephant to do a photo shoot. So we wonder, just how sick was she?". Disponível em: <http://www.youtube.com/watch?v=gUPpp5uq2rA&feature=related>. Acesso em 26 maio 2011. A apresentadora se refere a um desafio da edição anterior do programa, realizado na Tailândia, no qual as aspirantes a modelo tiveram que posar na selva, sobre elefantes. Uma delas o fez adoentada.

de tudo aquilo que paralisa ou que possa vir a paralisar, tendo em vista a adaptação do corpo e da alma ao instituído semovente. A esse conformismo a uma realidade disforme foi dado o nome "resiliência". Trata-se de um termo oriundo da física, que designa a propriedade de certas matérias de acumular energia, quando submetidas à pressão, sem que se quebrem. Como coisas que somos, é necessário que, quando pressionados, nos verguemos sem surtar, ou melhor, sem parar, pois, se o surto não impedir o movimento, não há problema.[28] Um participante da primeira edição de *A Fazenda* apresentou inúmeros sintomas de colapso psíquico, seu comportamento ia da euforia à agressividade, passando por períodos de angústia e depressão, às vezes as oscilações entre onipotência e impotência ocorriam em segundos. Ele foi a estrela da edição, alavancou o Ibope, foi mimetizado por comediantes de diversas emissoras e sua eliminação foi lamentada pelos comentadores de plantão. Em todos os *reality shows*, importa que a euforia, a fúria e a angústia sejam funcionais: euforia que entretém é boa, nervosa é inútil, pois irrita; explosões de fúria contra os concorrentes são produtivas, contra o trabalho proposto são irracionais, contra o proponente da prova seria coisa de outro mundo; a angústia que se expressa é muito bem-vinda quando gera uma narrativa dramática, aquela que paralisa, sufoca e não há meios de expressar se chama depressão e vale um remédio e uma expulsão. Não se trata, portanto, de encontrar o meio-termo – pois a isso os *experts* chamam de personalidade "morna", "chata", "sem graça", ou interpretam como indiferença à competição –, mas de saber instrumentalizar os surtos tornados corriqueiros de acordo com o que demandam as situações. Por isso no *reality show* que dá forma às modelos modelares há, em todas as edições, uma espécie de minicurso de exteriorização histérica de sentimentos, que é apresentado como

---

[28] Outro dia, só de brincadeira, inventei um termo que viria bem a calhar em nosso presente: "estresse produtivo". Consultei o Google para saber se minha criação de LTI era nova. Adivinha? O primeiro site que apareceu já tem até definição: "Muitas situações do dia a dia nos causam estresse. Sentimos ansiedade, que é saudável e necessária quando deparamos com situações novas, tais como começar um novo emprego ou encontrar um novo grupo de pessoas. [...] Podemos chamar esse tipo de estresse de estresse produtivo". Esse se contrapõe a um estresse vilão. Adivinha? "Há um outro nível de estresse que podemos chamar de *estresse paralisador*. Neste estágio a pessoa está a ponto de ter um esgotamento e não tem condições de trabalhar. Esta situação extrema requer a ajuda de um especialista." Disponível em: <http://tilz.tearfund.org/Portugues/Passo+a+Passo+18-20/Passo+a+Passo+18/Lidando+com+o+stress.htm>. Acesso em 20 maio 2011.

aula de interpretação cênica. As participantes são então incentivadas a expor seus traumas, frustrações, inseguranças e quaisquer outros detonadores de crises de choro. A lição é bastante clara e cobrada a cada eliminação: faça de seus "sentimentos mais profundos" uma ferramenta para o trabalho. Na aula ministrada na segunda edição do programa, a "professora" explicou o "exercício": "O que nos faz bons atores é a capacidade de localizarmos cada objeto emocional específico e utilizá-lo como uma ferramenta. Então hoje o que eu realmente quero tentar estar trabalhando é a abertura emocional". Ao final da catarse dirigida, a treinadora afirmou: "Todas vocês agora talvez estejam sentindo ódio, mágoa, dor. Não se esqueçam do que estão sentindo nesse instante, porque vocês terão oportunidades de usar isso"[29].

A todos esses tipo de metamorfose sem fim nossa LTI nomeou "flexibilidade". O termo, que ganhou força na década de 1990, aos poucos se distancia dos ideais de autonomia, espontaneidade e horizontalidade que o caracterizavam quando o modelo burocrático de organização capitalista estava na berlinda. Basta ligarmos a TV para nos darmos conta de que o quadro romantizado do chamado terceiro espírito do capitalismo vem perdendo seu apelo. O espetáculo da realidade exibe um capitalismo sem espírito, no sentido de que as justificações para sua permanência aos poucos se reduzem a um mesmo mantra: sobrevivência. A flexibilidade tende a aparecer cada vez mais como uma obrigação para quem não quer perecer, e não como libertação das amarras do comando rígido das grandes empresas, da especialização para toda a vida, da massificação, do trabalho alienado, das hierarquias, da carreira como destino, enfim, do tédio insuportável e real de uma sociedade administrada[30].

---

[29] "What makes us good actors is that we are able to locate each individual emotional thing and utilize it as a tool. So today, what I really want to try to work on is being opened. [...] All of you right now may be felling anger, hurt, pain. Don't forget what you're feeling right now, because you're going to have opportunities to use this." Disponível em: <http://www.youtube.com/watch?v=9xCKy3bGUJo&feature=related>. Acesso em 10 maio 2011.

[30] O filme *Crônica de um verão*, de 1960, realizado por Edgar Morin e Jean Rouch, dá às pessoas da geração do pânico uma dimensão palpável do que era viver no saudoso Estado de bem-estar social. Apesar da proposta do filme ser um questionamento da forma documentário, ele acaba por retratar o tédio angustiante na Paris do início da década de 1960 e, sem querer, aponta para o que estava por explodir. Segundo Marcelo Coelho, a reclamação geral dos entrevistados é a monotonia no trabalho, e seus gestos são de animais enjaulados: "O que há, sobretudo, é insatisfação e vazio. Muito tédio, e muita solidão. Aquele verão de 1960, com toda certeza, prenuncia o tão

Sintomática do abandono paulatino dessa positivação ideológica é a difusão do termo resiliência, que, ao contrário da flexibilidade, aponta para a heteronomia no dobrar-se[31]. O critério para as eliminações é o movimento, porém não será aceita nenhuma mudança externa ao que o mercado ordena. Das modelos é sempre cobrado que "sejam mercadorias vendáveis"; e no programa *Ídolos* de 2009, um participante de técnica, repertório e interpretação visivelmente superiores, e assim reconhecido pelos jurados, foi inúmeras vezes alertado no sentido de adotar um estilo mais "popular", fácil, palatável, ou não venceria. Dito e feito. No mundo da sobrevivência a qualquer preço, quem estabelece a cifra? "Você tem que dar o que a indústria quer"[32], repete sempre, marcada e pausadamente, a modelo, apresentadora e juíza do *America's Next Top Model*. O que a indústria quer é problema de outra ordem, do indevassável.

IV

O permanente deslocamento dos critérios de seleção e seus incontáveis paradoxos são funcionais para a manutenção do movimento, tanto ou mais que a própria seleção. Os modismos gerencialistas não devem ser menosprezados, tampouco suas exigências tomadas como impossíveis, pois se tornam factíveis na mesma medida de seu absurdo. Se a arrogância fosse tiro certeiro para a conquista de um emprego, ou de outro modo, a humildade, poderíamos fingir, mas saberíamos o que fingir e passaríamos a acreditar na virtude eleita; então não haveria necessidade de pressa ou da sempiterna adaptação. Se, contudo, um participante do *Big Brother* é eliminado por

---

falado Maio de 68: companheirismo, utopia e quebra da rotina iriam ganhar as ruas", Marcelo Coelho, "A imaginação está no poder", *Folha de S.Paulo*, 7 maio 2008. Uma colega e eu o escolhemos como objeto de debate para um curso que ministramos a respeito da Europa do século XX, como introdução ao assunto 1968. Um dos alunos, dentre os que não dormiam, comentou: "Então eles estavam reclamando de barriga cheia, a gente tá muito pior e aguenta". Detalhe: dei esse curso em uma faculdade privada de elite, para jovens que costumam passar seus verões no inverno de Paris.

[31] Na entrevista supracitada, "Só os flexíveis sobrevivem", a consultora de torpezas e afins discorre sobre o termo do dia: "A resiliência se manifesta em qualquer pessoa, em qualquer situação, especialmente na vida cotidiana. As tragédias põem à prova a resiliência que se consegue ter no dia a dia. Diante de uma situação limite, é sobreviver ou sucumbir. [...] É preciso agir. Quando enfrentam dificuldades, os sobreviventes pedem ajuda, mandam e-mails, telefonam, buzinam, procuram um terapeuta, conversam com os amigos. Tendo passado por Auschwitz ou não".

[32] "You've got to give what the industry wants."

ser humilde, e o seguinte, por sua empáfia, nenhuma dessas características será digna de fé e ambas serão praticadas segundo as necessidades. Pressa e adaptabilidade não servem para outra coisa que a manutenção do sistema que obriga à pressa e à adaptabilidade.

O ritual de seleção está no olho do furacão porque o motor do movimento redundante é o fantasma daquele que deve sair. Esse fantasma e sua aniquilação são construídos em uma espiral crescente e contraditória, que não deixa de eliminar, mas não destrói o elemento que garante sua coesão móbil. Por isso a faxina ariana não chegaria ao fim com a destruição completa dos judeus, de acordo com Hannah Arendt: "Novos inimigos objetivos são criados segundo as circunstâncias: os nazistas, prevendo o fim do extermínio dos judeus, já haviam tomado as providências preliminares necessárias para a liquidação do povo polonês, enquanto Hitler chegou a planejar a dizimação de certas categorias de alemães"[33]. Como já vimos, a seleção é negativa, pois elege o que deve desaparecer, mas também o é porque desconhece seus próprios parâmetros.

> Em Bikernau, a chaminé do crematório não parou de largar fumaça nos últimos dez dias. Precisa-se fazer lugar para um enorme comboio que vem chegando do gueto de Posen. Os jovens dizem aos jovens que todos os velhos serão escolhidos. Os sãos dizem aos sãos que serão escolhidos apenas os doentes. Serão excluídos os especialistas. Serão excluídos os "números pequenos". Serás escolhido tu. Serei excluído eu.[34]

Corpos abstratos

I

Em um dos episódios da quarta edição de *O Aprendiz*, um dos candidatos ao prêmio-emprego pediu, na "sala de reunião", para sair do programa. Sua esposa estava grávida e ele queria voltar para perto de sua família:

> Eu entrei aqui pensando muito racionalmente, muito cabeça, muito dinheiro, muito egoísta. [...] Eu vi a barriga da minha mulher lá fora só que eu não acreditava que eu ia ser pai, e no meio desse processo aqui dentro eu me toquei que eu ia ser pai. E tá fazendo muito mal pra mim estar aqui e não junto com a minha família.

O apresentador afirmou que essa atitude era "lamentável", em primeiro lugar por ter ele "tirado a oportunidade" de uma entre as "28 mil pessoas"

---

[33] Hannah Arendt, *Origens do totalitarismo*, cit., p. 474.
[34] Primo Levi, *É isto um homem?*, cit., p. 128.

que se inscreveram para o programa. Mas a principal razão para o lamentável lamento é a de que vencedores, tais como ele mesmo, Roberto Justus, devem se sacrificar para vencer. O empresário então fez um autoelogio didático:

> Eu não vi meus filhos crescerem [...] era muito difícil vencer em um mercado tão competitivo e eu chegava em casa quando eles já estavam dormindo e voltava quando eles já estavam na escola ou ainda estavam dormindo [...].

Como o rapaz já havia demonstrado seu sofrimento em ocasiões privadas, mas registradas pelas câmeras onipresentes, o apresentador pediu à produção que passasse um filme, já editado, para a eventualidade de sua desistência. Nele assistimos ao concorrente no momento da seleção prévia, na qual disse que não abandonaria o programa pelo filho: "O que for preciso para ganhar eu vou fazer". Na "sala de reunião", submetido às suas próprias palavras, ele começou a chorar. O filme prosseguiu com o depoimento de sua esposa, dizendo que o apoiou em sua decisão de participar do programa...

> Apesar de estar grávida, sabendo que ele ia estar fora no momento em que eu mais ia precisar dele. Mas eu sei que isso vai ser uma coisa que vai ser muito importante pra gente no futuro. Mesmo ele não estando presente no dia do parto, acho que... Eu vou sentir a presença dele... Eu entendo. Eu não vou ficar brava... Lógico, vou ficar chateada. [...] Eu torço muito por ele, ele é muito batalhador, ele é forte, ele vai passar por essa. Tá sendo muito, muito, muito complicado, mas, eu vou aguentar.

Ao final do depoimento, a imagem do choro do rapaz dá lugar ao sorriso malicioso do apresentador:

> Você viu o que sua mulher fala? Que ela não quer que você desista de um sonho? [...] eu não consigo aceitar uma decisão dessa com bons olhos e com bom grado [...] Desistir? Fraquejar? [...] Talvez você saia daqui na próxima etapa... não sei... Agora, e quando nascer sua filha, você vai pensar no que você deixou de realizar aqui. [...] Quando meus filhos eram pequenos, eu tive que fazer uma opção: ou era um grande pai ou eu trabalhava e me dedicava à minha carreira.

Então o apresentador deu a seu "aprendiz" trinta segundos para uma decisão. Tamanho prazo foi desnecessário; à resposta imediata, "Eu fico", seguiram-se aplausos[35].

---

[35] Disponível em: <http://www.youtube.com/watch?v=AlY0eYRU4zU&feature=related>; <http://www.youtube.com/watch?v=Nn3-l8M33SA&feature=related>. Acesso em 17 jun. 2012.

A origem desses aplausos é a mesma do pesar da exclusão: a miragem da vitória do capital. Pois este não apenas derrotou seu inimigo como transformou os sobreviventes à sua imagem. E assim como não se pode descartar a força fantasmática da ameaça de descarte, tratar a teoria do capital humano como bobagem, na qual não se acredita realmente, é desconsiderar a forma como as pessoas agem. Pois apesar de nenhum executivo acordar de manhã, pegar sua pasta e dizer à esposa: "Estou indo investir meu capital", é assim que age quando vai a uma festa fazer *networking*. É assim que agimos nós, acadêmicos, quando trabalhamos para nosso currículo virtual, perseguindo pontos que nos valorizem. Segundo a teoria do capital humano, somos possuidores de nossos meios de produção: nossas habilidades, conhecimentos, afetos, rede de sociabilidade, formação e aparência física; cabe a nós investirmos esse capital de modo apropriado, tendo em vista sua valorização[36]. Quando estudamos, investimos em nosso capital intelectual; quando convidamos amigos para um jantar, investimos em nosso capital social; quando fazemos terapia, investimos em nosso capital emocional; e já não soa estranho a ninguém quando, nas revistas de fofoca, alguém afirma estar investindo em um relacionamento amoroso. E quem disse que trabalho é dispêndio de força? Um emprego é o investimento do capital humano em uma empresa. Capital e trabalho (ou o que antes era chamado assim) estão em situação de igualdade, são parceiros em um projeto de valorização cujo sucesso é bom para todos: os talentos humanos valorizam o capital da empresa e a empresa bem-sucedida valoriza o capital humano. A teoria do capital humano se autocongratula por ter elevado a categoria do empregado à de sócio, livre para tomar as decisões sobre como aplicar melhor as propriedades que lhe cabem.

Oswaldo López-Ruiz chama a atenção para o erro operante nessa celebrada "emancipação" do trabalho. Ao capital humano importa menos o emprego e mais seu "nível de empregabilidade", ou seja, a capacidade de reunir "capital-destreza" para que possa permanecer investindo. Visto que a empresa capitalista é o lócus preferencial dessa valorização – onde se adquire experiência, conhecimento, renome etc. –, "estar desempregado não significa *só* ter perdido o emprego, mas também, *estar perdendo* empregabilidade"[37]. Não obstante todo o discurso a respeito da autonomia do empresário de

---

[36] Oswaldo Javier López-Ruiz, *O ethos dos executivos das transnacionais e o espírito do capitalismo* (Tese de Doutorado em Sociologia, Campinas, IFCH/Unicamp, 2004).

[37] Ibidem, p. 301.

si, esse permanece em situação de dependência com relação à empresa; seus objetivos devem, portanto, estar sempre "alinhados" aos daquela que garante a manutenção do valor do investimento – não necessariamente sua valorização, já que ter emprego pouco significa se a pessoa não se "reciclar" sempre. Ou seja, esse novo empreendedor arca com os riscos de suas escolhas sem ter, de fato, a liberdade de tomá-las. Trata-se de uma desproporção de forças nem um pouco subjacente no discurso daquele que realmente opta; daquele que tem, não duas ou três, mas 28 mil opções.

O grande logro do capital humano, entretanto, não está nessa falsa aparência da convergência de interesses, mas na mutação antropológica que a difusão de sua prática opera. Quando "investimos nossas qualidades" em determinado negócio, agimos como um capital específico, o capital financeiro. O capital humano não circula no mercado como um valor de uso: como força de trabalho ou outra mercadoria qualquer; nossas capacidades são como dinheiro que emprestamos a determinada empresa para que retornem ampliadas. Como o capital portador de juros – que "busca 'fazer dinheiro' sem sair da esfera financeira, sob a forma de juros de empréstimos, de dividendos e outros pagamentos recebidos a título de posse de ações e, enfim, de lucros nascidos de especulação bem-sucedida"[38] –, esperamos uma remuneração pelo risco assumido, ou seja, por uma valorização futura que pode ou não ocorrer. Por isso não parece estranho aos participantes de *reality shows* não terem a totalidade de seu trabalho remunerado na forma de salário. Eles agem como proprietários de ações, especulando com suas idiossincrasias-dinheiro; eles sabem que correm o risco de perder seu investimento, mas apostam em uma capitalização futura na forma do grande prêmio. O prêmio pode ser dinheiro propriamente dito ou uma oportunidade de ampliação de sua "empregabilidade", como quando os vencedores são agraciados com um posto fixo na indústria da fama, na empresa do apresentador ou em alguma famosa agência de modelos. Entretanto, até mesmo aqueles que perdem podem ver algum retorno de seu investimento pelo simples fato de darem visibilidade à sua "marca", seu nome – essa forma de valorização é ainda mais evidente no programa *A Fazenda*, no qual os nem tão famosos afirmam com todas as letras que aquela exposição tem a finalidade econômica de incrementar seu capital-celebridade. É em nome desse mesmo

---

[38] François Chesnais, "O capital portador de juros: acumulação, internacionalização, efeitos econômicos e políticos", em *A finança mundializada* (São Paulo, Boitempo, 2005), p. 35.

prêmio que inúmeros jovens se oferecem quase gratuitamente para alguns estágios; neles não apenas incrementam seus conhecimentos como valorizam seus currículos. São também os prêmios, e não os salários, o grande chamariz para os novos gestores. E a única contrapartida pública da Natura ao exército de trabalhadoras-consultoras a ela disponíveis e por ela exploradas tem a forma do prêmio: são viagens, anéis, festas e troféus[39]. O prêmio em nada se assemelha à frieza matemática da equivalência; ele carrega a magia daquele dinheiro que procria sem sexo, magia própria das finanças e dos cassinos.

O "sonho" do capital também é o do "aprendiz" de Justus, segundo Justus. Como em qualquer investimento, interessa àquele futuro pai encurtar o caminho para sua realização. Isso significa extirpar tudo que seja concreto, tudo que se coloque entre seu D-D' pessoal. É por essa necessidade que a "superação" tornou-se um dos motes favoritos da contemporaneidade. Como já vimos, superar é atropelar as pedras no caminho, no caso deste participante/candidato a um emprego, é necessário atropelar a gestação de seu filho para, "no futuro", colher os frutos de seu investimento no programa – se não for eliminado, é claro. Do mesmo modo, a "adaptabilidade" significa a renúncia de quaisquer propriedades que sejam estáveis; é necessário que o capital humano possa circular sem entraves e com rapidez. Segundo Boltanski e Chiapello, o profissional ideal deve ser desapegado, um nômade. Deve saber renunciar a amizades que não lhe sejam proveitosas, bem como às relações familiares, deve se liberar do "peso de suas próprias paixões e de seus valores"; por isso não pode ser crítico, deve ser tolerante. O capital humano não tem "outra determinação, senão as que advêm da situação e das conexões nas quais ele está". Mas deve, principalmente, ser um camaleão, sacrificar sua personalidade: "O homem sacrifica certa interioridade e fidelidade a si mesmo, para ajustar-se melhor às pessoas com as quais entra em contato e às situações, sempre mutáveis, em que é induzido a agir"[40]. Em outros termos, o capital humano – tudo que somos, fazemos ou com o que nos relacionamos – deve funcionar como dinheiro, deve fazer-se abstração.

---

[39] A respeito da exploração no esquema da venda direta, que não aparece como tal, ver: Ludmila Costheck Abilio, *O make up do trabalho: uma empresa e um milhão de revendedoras de cosméticos* (Tese de Doutorado, Campinas, IFCH/Unicamp, 2011).

[40] Luc Boltanski e Eve Chiapello, *O novo espírito do capitalismo* (São Paulo, Martins Fontes, 2009), p. 157-8.

II

Esse é o subtexto de todos os chamados *reality shows* de transformação estética. No programa *Esquadrão da moda*[41], a participante é inscrita por conhecidos para que tenha seu modo de vestir devidamente descartado. Os especialistas (uma modelo e um consultor de estilo) primeiro assistem, comentando-o junto aos conhecidos e à vítima, a um vídeo realizado à sua revelia, o qual mostra seu "visual" no trabalho e em encontros sociais. Então a não voluntária é achincalhada por todos, para que se convença de que, em primeiro lugar, aquele modo de vestir é prejudicial à sua imagem; em segundo lugar, mudar, por si só, é bom. Essa aula é posta em prática quando, no estúdio, os *experts* jogam todas as roupas da participante em uma lata de lixo. Mais uma vez, o choro é em vão; ela é então enviada às compras enquanto permanece monitorada pelos especialistas. Depois disso, a semivoluntária tem seus cabelos cortados – aqui o choro é mais comum, e as súplicas daquelas que têm demasiado apego a suas madeixas, são também em vão. Contudo, não é necessário que sejam amarradas à cadeira do cabeleireiro, geralmente basta o estímulo/chantagem da "inovação" para que o sacrifício seja executado. No fim, a moça "renovada" recebe o elogio de todos e dá seu depoimento final sublinhando que, mais que roupas, sua personalidade é agora outra: "Estou mais confiante", afirmam geralmente aquelas que acabam de passar por um calvário. *10 anos mais jovem* tem formato semelhante, mas aqui é a protagonista que se inscreve, e as intervenções são mais violentas, pois visam a extirpar a imagem do tempo. Então são jogados no lixo, além das roupas e cabelos, dentes, pele e rugas. E a avacalhação é realizada por desconhecidos: a moça fica postada em uma cabine de vidro colocada em via pública e os transeuntes dizem que idade acreditam ter aquele manequim vivo. O expediente é realizado no começo e no fim da "transformação", quando a eficácia do método é científica e invariavelmente comprovada. Mas há programas cujas intervenções são ainda mais drásticas: *Extreme Makeover* [Transformação extrema], o mais famoso entre eles, realizava toda sorte de cirurgias plásticas a um só tempo – todas devidamente registradas em cenas explícitas de sucções, incisões, sangramentos, colocação de próteses etc.[42]

---

[41] O original norte-americano é exibido pelo canal a cabo Discovery Home and Health. A franquia nacional é do SBT. O formato, a atitude esnobe e sarcástica dos apresentadores também foram importados.

[42] O programa original, exibido pela ABC, foi cancelado em 2007, mas rendeu derivados que ainda são produzidos: em *Extreme Makeover: Home Edition*, a casa é

Mais do que uma amostra da fixação contemporânea pelo corpo, os *realities* de transformação estética exibem seu paradoxo. Segundo a antropóloga Paula Sibilia, se, por um lado, o corpo é hoje objeto de atenção e cuidados compulsivos, por outro, é recusado em sua dimensão "orgânica", em sua "viscosidade material". Esse verdadeiro horror à carne real é sublinhado sempre e em todo lugar, até mesmo em programas cujo foco principal é a roupa, pois a vestimenta adequada é aquela que "esconde as imperfeições naturais". Para Sibilia, essa relação de atração e repulsa é possível porque não é o corpo, mas sua imagem purificada, o objeto da idolatria. Por isso o tema desses *realities* não é tanto o corpo e sua apresentação, mas o processo explicitamente doloroso de sua depuração, da limpeza de sua materialidade, da eliminação do que "está errado". A proliferação dessa via-crúcis do corpo leva Sibilia a apontar para outro paradoxo:

> É curioso que exista essa propensão ao sacrifício numa era como a nossa, que reivindica o gozo constante e praticamente compulsório. No entanto, qualquer sacrifício parece válido em nome desse ideal do "corpo perfeito", uma meta aparentemente tão prosaica ou até mesmo banal. [...] Alguns autores aludem a um novo tipo de "ascetismo" hoje em crescimento: uma série de rituais de expurgação carnal que não procuram atingir a transcendência espiritual, mas apenas a aproximação desse ideal do corpo imagético.[43]

Curiosa mesmo é a persistência do paradigma do gozo como chave explicativa de nossa sociedade, quando a última moda em alimentação, recomendada para que se tenha uma vida saudável, é a "ração humana"[44]. Mesmo as propagandas, esse termômetro preciso para a medição da voz do Outro, cada vez mais apelam à "responsabilidade" do consumidor em lugar da promessa de prazer imediato, especialmente no que tange à ecologia e à gestão do corpo[45]. Um dos argumentos que sustentam a hipótese do gozo é o

---

"recauchutada", e em *Extreme Makeover: Weight Loss Edition*, o peso dos participantes é "enxugado".

[43] Ilana Feldman, "O pavor da carne: entrevista com Paula Sibilia", *Revista Trópico*. Disponível em: <http://pphp.uol.com.br/tropico/html>. Acesso em 20 jul. 2010.

[44] O nome é esse mesmo! Trata-se de uma evolução das já abstratas barrinhas de cereais. É uma mistura de aproximadamente uma dúzia de ingredientes em pó (soja, farelo de trigo, farelo de aveia, gergelim, levedo de cerveja, linhaça dourada moída...), que promete emagrecimento e vida longa e que provavelmente não tem gosto de coisa alguma – não sei, pois não comi.

[45] Isleide Fontenelle se deu conta dessa tendência ao analisar a "redenção como uma nova forma de mercadoria". Isleide Arruda Fontenelle, "O fetiche do eu autônomo:

discurso, cada vez mais escasso, das empresas e dos manuais de gestão, de que o trabalho deve deixar de ser um fardo, deve dar prazer etc. Vladimir Safatle, por exemplo, afirma que a demanda por flexibilidade deriva da "plasticidade infinita da produção das possibilidades de escolha no universo do consumo"; sendo assim, "os dispositivos de controle no mundo do trabalho são agora decalcados das dinâmicas em operação nas práticas de consumo", derivam de uma "ética do direito ao gozo"[46]. Tal ética se contrapõe à do trabalho, característica da "sociedade da produção", capturada por Freud e Weber, calcada na repressão, na renúncia ao gozo, na poupança, no cumprimento do dever, no adiamento da satisfação etc. Seguindo os passos delineados por Lacan e Slavoj Žižek, Safatle sustenta a substituição do superego paterno, tipicamente burguês, por um ainda mais tirânico, pois desprovido de conteúdos normativos e, ainda assim, imperativo: o superego materno, que não veta ou libera, mas obriga o gozo – gozo que não diz respeito apenas ao prazer, a dor imputada ou sofrida também é parte dessa descarga de energia psíquica que se esgota em si mesma. Eis o limite desse quadro teórico: é possível que se expliquem os inúmeros paradoxos dos discursos e práticas ideológicos contemporâneos a partir da concepção de um superego vazio de conteúdos; contudo, não é possível a compreensão do comando que nega a própria injunção para o gozo, aquele ascetismo notado por Paula Sibilia. E esse é justamente o paradoxo que se tornou paradigmático através da fórmula de Žižek a respeito do "café descafeinado", no qual "a própria substância nociva já deve ser o remédio"[47]. Apesar de apontar para essa negação, a crítica não abre mão do superego materno como matriz de nossa dominação. É como se, na fórmula do "café descafeinado", se perdesse de vista justamente o elemento novo da bebida nossa de cada dia: o comedimento.

A origem desse limite está, na exposição de Safatle, na aceitação sem mais da "perda da centralidade do trabalho": "Lembremos que, em virtude do desenvolvimento tecnológico exponencial e do aumento da produtividade, cada vez menos sujeitos precisam estar diretamente envolvidos no processo de produção"[48]. A coisa se passaria como se o tsunami neoliberal

---

consumo responsável, excesso e redenção como mercadoria", *Psicologia & Sociedade*, v. 22, n. 2, 2010.

[46] Vladimir Safatle, *Cinismo e falência da crítica* (São Paulo, Boitempo, 2008), p. 126.
[47] Slavoj Žižek, "O hedonismo envergonhado", *Folha de S.Paulo*, 19 out. 2003.
[48] Vladimir Safatle, *Cinismo e falência da crítica*, cit., p. 125.

viesse apenas confirmar e aprofundar a tese da "dessublimação repressiva" de Theodor Adorno e Herbert Marcuse, pois agora a dominação não apenas ocorre através do gozo compulsório, como não há mais sequer a existência da produção como fenômeno social relevante para a constituição das subjetividades. Safatle lança mão do estudo de Boltanski e Chiapello para comprovar sua hipótese de que o trabalho na "sociedade em rede" obedece às formas próprias das relações de consumo, sem se dar conta de que esses mesmos autores descobriram, sob o discurso *clean* da gestão na década de 1990, uma nova forma de exploração do trabalho[49]. A persistência no paradigma de uma "sociedade de consumo" faz com que grande parte dos estudos que se debruçam sobre a ideologia contemporânea, em especial o cinismo, acabe por acatar e corroborar a perspectiva falsa e lamentosa da vitória do capital sobre seu antípoda. Slavoj Žižek não é tão assertivo a esse respeito quanto seus leitores:

> Será que estamos realmente numa sociedade 'de consumo'? O modelo da mercadoria é hoje o café sem cafeína, a cerveja sem álcool, o creme fresco sem gordura. A meu ver, isso significa primeiro que se tem mais medo de consumir verdadeiramente. A gente quer comer, mas sem pagar o preço.[50]

Ciente de que a dimensão cautelosa de seu café não pode passar batida, Žižek busca, por vezes, explicá-la como uma reação política aos perigos dos excessos próprios de uma sociedade capitalista voltada para o gozo. Nesse sentido, o "descafeinado" é uma característica extrínseca ao produto, mesmo que seja consumida simultaneamente; e o gozo permanece o princípio em torno do qual se estrutura, ou reage amedrontada, a sociedade[51].

---

[49] Trata-se de uma exploração baseada em "diferenciais de mobilidade", na qual aqueles que se movem por mais espaços com maior velocidade se apropriam da mais-valia dos menos voláteis. Por trás da aparência de uma "rede horizontal", na qual os diversos trabalhos autônomos colaboram, está uma cadeia de acumulação que vai do capital financeiro, passando pelas multinacionais, suas empresas terceirizadas até chegar ao trabalho precário, ainda produtor de mais-valia. Luc Boltanski e Eve Chiapello, *O novo espírito do capitalismo*, cit., p. 380-3.

[50] "O desejo, ou a traição da felicidade. Entrevista com Slavoj Žižek." Disponível em: <http://www.ihu.unisinos.br>. Acesso em 17 jul. 2011.

[51] Essa relação é assim formulada em seu texto a respeito do "hedonismo envergonhado", bem como em "A paixão na era da crença descafeinada": "A 'biopolítica' concentra o grosso de seus investimentos na luta contra tais males [provenientes do consumo imoderado], buscando desesperadamente soluções que reproduzam o paradoxo do chocolate laxante".

O que os estudiosos da ideologia maternal desconsideram é a mutação ocorrida no mundo do trabalho e, em consequência, na esfera do consumo graças à teoria, e principalmente à prática, do capital humano. As mercadorias deixaram de ser tidas como coisas a serem gastas, como algo que é exaurido no uso; cada um dos produtos que usamos já é também, ao mesmo tempo, um investimento em nosso capital. E isso não apenas no que tange à educação ou à aquisição de informações; López-Ruiz cita Gary Becker – um dos teóricos do capital humano – quando esse afirma que o consumo de vitaminas é um investimento em si[52]. Mas não é necessário lermos essa bibliografia para nos darmos conta da metamorfose do consumo; ela é onipresente. O fetiche máximo das mulheres taradas por marcas, a horrível bolsa Louis Vuitton, é assim descrita por uma de suas consumidoras: "Vejo como um investimento. É bolsa que vai com tudo, de dia e de noite, e nunca sai da moda"; outra declarou: "No meio em que trabalho, a pessoa se sente muito deslocada se não tem uma"[53] – taradas? E quando eu gastei um dinheiro que não tinha para comprar uma guitarra que eu não sabia usar, um amigo me disse: "Não se preocupe, pense nisso como um investimento", e não foi a primeira vez que ouvi isso ao me deixar levar por mercadorias simpáticas. Tal afirmação não é uma racionalização pós-coito, nem um alívio para consciências endividadas – recordando: já não há culpa. O caráter duplo da mercadoria foi desdobrado quando no próprio ato de consumo foi inserida a abstração da troca. O "descafeinado" é essa abstração – ou, segundo a formulação de Žižek, é a extração da "substância" da coisa –, é o cuidado necessário para que o capital-saúde não se deprecie e possa permanecer em circulação no mercado; a subtração da gordura dos produtos alimentícios é a eliminação de sua materialidade corpórea com a permanência de um corpo; e a "ração humana" é a utilidade em sua dimensão mais abstrata, desprovida de qualquer preocupação com o gosto, o gozo – o próprio nome do produto é uma antipropaganda e essa é sua propaganda já muito bem-sucedida. As mercadorias passaram a ser reconhecidas como tendo valor de troca em seu uso; e o uso propriamente dito está subordinado à função da troca, visto que o imperativo mestre é o da sobrevivência em meio à concorrência, e não o gozo. Por isso as compras no *reality show Esquadrão da Moda* não são prazerosas, não se trata de consumo, mas do investimento

---

[52] Oswaldo Javier López-Ruiz, *O ethos dos executivos das transnacionais e o espírito do capitalismo*, cit., p. 223.

[53] "A proliferação do monograma", *Veja*, edição 2.172, 7 jun. 2010.

daquelas pessoas em si mesmas para que não sejam descartadas. Como dizem os especialistas de todos os programas: "Não é fácil, mas é necessário".

Isso não significa que retornamos ao mundo edipiano da moderação e de uma identidade fixa do eu. Não estamos nem em uma "sociedade da produção" nem na "sociedade do consumo". Melhor seria chamá-la "sociedade do investimento", na qual não há a protelação do gozo ou o ardor da satisfação imediata, ou melhor, ambos os aspectos assumem uma nova relação. O consumo de uma bolsa, por exemplo, não vale tanto por seu uso quanto por aquilo em que tal uso pode se converter: a ostentação de uma "imagem de sucesso". Sendo assim, consumir é ainda um imperativo, mas passa a envolver a relação entre cálculo e risco própria da especulação. O risco de não comprar determinada bolsa ou de investir no acessório inadequado, digamos, uma bolsa idêntica comprada em camelô e fabricada pela mesma *sweatshop*, é o de perder "empregabilidade". Segundo López-Ruiz:

> O consumo-investimento (e não a poupança) é o que nos dá a possibilidade, senão de mobilidade social, pelo menos de continuar pertencendo a um mesmo grupo social. Se deixamos de investir (consumir) temos o alto risco de não ter nada no futuro: qual será nosso capital humano? Que experiência teremos capitalizado?[54]

Assim como o capital, devemos ao mesmo tempo fazer circular ininterruptamente nossas qualidades – entesourar-nos é pecado – e garantir que ocorra nossa valorização – o hedonismo é um perigo.

Temos então um caminho para a compreensão da ascese sem transcendência que marca o corpo: a gordura é a imagem sintética da estagnação do capital humano e da ausência de um cálculo adequado para a capitalização de si. Por isso a mesma mídia que hoje se segura como pode para não mais afirmar que negro é vagabundo, não tem o menor pudor de gritar a todo pulmão e de todas as formas possíveis que o obeso é um vagabundo: gordura é preguiça, doença, irresponsabilidade e por aí vai. Os *reality shows* de emagrecimento são um espetáculo de crueldade à parte e abrangem todos os subgêneros: assumem a forma de competição entre equipes, de consultoria e, como não poderia deixar de ser, de transformação via cirúrgica ou outros métodos igualmente violentos; esses são alguns dos programas mais explicitamente brutais, nos quais o sofrimento e a humilhação parecem não ter limites: pessoas são chamadas de baleias, inúteis, sujas, estúpidas,

---

[54] Oswaldo Javier López-Ruiz, *O ethos dos executivos das transnacionais e o espírito do capitalismo*, cit., p. 240.

porcas e nojentas enquanto são obrigadas a andar por horas a fio, carregar toras, passar fome... Há um *reality show* do tipo consultoria no qual a nutricionista analisa as fezes de sua vítima e depois, para convencê-la de sua animalidade descontrolada, dispõe sobre a mesa de jantar sacos plásticos cheios de gordura derretida; então afirma: "Isso é o que você come, você é o que você come"[55]. Mas a corrida em direção a um corpo virtual não para por aí; outra característica demasiado concreta são as rugas. Marcas de vida são a negação visível de uma vida que deve ser direcionada para frente – não como progresso linear, mas em saltos de autorrevolução. Permanecer jovem tem um sentido que vai muito além da estética: é mostra de que nada se guardou, de que o corpo e seu investidor permanecem tábula rasa pronta ao ajuste para o mercado[56]. Quando as pessoas imprimem abstração em seus corpos, o resultado não poderia ser outro que a fantasmagoria daqueles rostos inorgânicos, em cuja boca inchada, olhos repuxados, nariz afunilado e maçãs perfeitamente arredondadas, saltadas e simétricas podemos vislumbrar metabolismo embalsamado. Percebemos "no ser vivo os direitos do cadáver"[57].

III

Assiste-se ao calvário da abstração em todos os *realities* de transformação, que não se limitam ao corpo; abrangem também relacionamentos e posses[58].

---

[55] *Você é o que você come*, exibido no Brasil pelo canal a cabo GNT. O programa de limpeza corporal de maior repercussão no Brasil e nos Estados Unidos tem um nome bastante significativo: *Perder para Ganhar*, foi produzido no Brasil pelo SBT e punha em competição duas equipes de obesos que eram tratados como se estivessem no exército. No "paredão", eram eliminados membros da equipe que, no cômputo total, haviam perdido menos quilos. O "paredão" era uma sessão de seminudez e pesagem aberta ao público.

[56] "You've got to be a white screen" [Você deve ser uma tela em branco], costuma dizer a apresentadora do *America's NextTop Model*.

[57] Walter Benjamin, "Paris, capital do século XIX", em *Walter Benjamin* (São Paulo, Ática, 1991, Coleção Grandes Cientistas Sociais), p. 36.

[58] No dia 26 ago. 2011, o canal a cabo GNT passou a exibir um misto de *reality show* de transformação e disputa chamado *Detox do Amor*. "Detox" é um termo usado em algumas dietas que visam à eliminação de gorduras e "toxinas" do corpo através da ingestão exclusiva de líquidos e vegetais crus. A ideia do programa é que casais fiquem trancafiados em um *spa* para "discussões de relacionamento" e para "entrarem em forma". Os participantes acumulam pontos ao longo das provas, os piores colocados são eliminados e os vencedores ganham uma lua de mel. Segundo o apresentador, o cantor Léo Jaime, o programa é uma "desintoxicação de relacionamento". Assim como

No programa *Chega de Bagunça*, a *personal* arrumadora recolhe os apegos materiais "desnecessários" que "atravancam a casa" e monta um bazar; com o dinheiro arrecadado são compradas mercadorias sem conteúdo: armários, gavetas, estantes etc.[59]. Esse atentado ao homem-estojo de Walter Benjamin é também um trabalho de Sísifo, porém com a função oposta: retirar da mercadoria o caráter de coisa, eliminar vestígios[60]. Todos esses processos são produções de esquecimento, por isso não há sequer um participante em qualquer um desses programas que não afirme, no "antes", coisas como "quero ser outra pessoa", "quero uma vida nova", "começar do zero"; e no "depois", "já nem me lembro do antigo X [o mesmo que fala], ele ficou no passado e nunca mais vai voltar". Do corpo ao carro, da casa às lembranças, tudo que é sólido vira pó, e o pó deve ser varrido[61]. A vida-investimento tem a mesma configuração de um pregão na bolsa de valores, que "ocupa o lugar dos jogos de azar herdados da sociedade feudal"[62]. Pois o jogo de azar "liquida rapidamente a importância do passado"[63], e o futuro é algo que talvez não ocorra, mas em função do qual passa a existir o presente, trancafiado em especulação.

A bolinha de marfim rolando para a *próxima* casa numerada, a *próxima* carta em cima de todas as outras, é a verdadeira antítese da estrela cadente. O tempo contido no instante em que a estrela cadente cintila para uma pessoa é constituído da mesma matéria do tempo definido por Joubert: "O tempo se encontra mesmo

---

o café sem cafeína, nossos relacionamentos devem agora ser baseados em um amor sem toxidez, um amor sem amor. "Sentimental demais", *Super Guia Net*, ago. 2011.

[59] Transmitido no Brasil pelo canal a cabo Discovery Home and Health.

[60] "[O colecionador] assume o papel de transfigurador das coisas. Recai-lhe a tarefa de Sísifo de, pela sua posse, retirar das coisas o seu caráter de mercadoria", Walter Benjamin, "Paris, capital do século XIX", cit., p. 38.

[61] A nova moda em cirurgias estéticas é um procedimento bastante simples, cuja finalidade é o próprio esquecimento: a reconstrução do hímen. Uma senhora cuja notoriedade se deve ao vício em plásticas (algo em torno de 44 procedimentos), às polêmicas de Carnaval e à suspeita de assassinar seu primeiro marido (um cirurgião plástico), propagandeou seu feito como um "presente" para seu atual noivo, o mesmo cirurgião que realizou a himenoplastia. "Quero ter minha primeira vez com ele", disse ela. Disponível em: <http://ego.globo.com/Gente/Noticias/0,,MUL997292-9798,00-VIRGEM+DE+NOVO+ANGELA+BISMARCHI+FAZ+CIRURGIA+PARA+RECONSTITUIR+HIMEN.html>. Acesso em 20 jul. 2011.

[62] Walter Benjamin, "Paris, capital do século XIX", cit., p. 41.

[63] Walter Benjamin, *Charles Baudelaire: um lírico no auge do capitalismo* (São Paulo, Brasiliense, 1996), p. 127.

na eternidade; mas não é o tempo terreno, secular... É um tempo que não destrói, aperfeiçoa apenas". É o contrário daquele tempo infernal, em que transcorre a existência daqueles a quem nunca é permitido concluir o que foi começado.[64]

Um diretor de recursos humanos, entrevistado por López-Ruiz, dá outro exemplo desse tempo infernal:

> Tem que estar sempre correndo atrás. É uma escada rolante que desce: para você ficar no degrau, você tem que andar, senão ela te puxa. A escada é a empresa. Antigamente a escada era fixa: o cara subia um degrau, subia outro degrau, podia até descansar um pouquinho... [Mas,] trocaram a escada.[65]

A temporalidade da especulação é fantasmagórica, é um eterno recomeçar, nada preenche, não aperfeiçoa, é um tempo de caráter destrutivo[66]. Quando o "aprendiz" disse "eu fico", não estava construindo algo para seu futuro nem se abandonando ao agora, estava apostando em seu cavalo e torcendo para vencer.

Almas concretas

I

Assim como o capital não realizou sua fantasia, também o capital humano busca em vão livrar-se de sua materialidade. Pois as fichas de aposta das pessoas S/A são ainda o bom e velho trabalho concreto. Entretanto, é apenas sob a forma fetichista de capital humano que o trabalho pôde retornar à arena ideológica. E retornou: os *reality shows* trazem ao coração da indústria cultural trabalho humano vivo, seja esse trabalho uma mediação para

---

[64] Ibidem, p. 129. A próxima carta, a próxima jogada... isso me lembra outra expressão bizarra de nossos tempos. Quando alguém não está satisfeito com seu parceiro amoroso demonstra seu desapego dizendo: "a fila anda", ou pior: "a fila tem que andar". Imagino as pessoas como caixas eletrônicos nos quais depósitos e saques são realizados rapidamente para que o próximo seja atendido.

[65] Oswaldo Javier López-Ruiz, *O ethos dos executivos das transnacionais e o espírito do capitalismo*, cit., p. 310.

[66] "O caráter destrutivo é jovem e sereno. Pois destruir rejuvenesce. [...] O caráter destrutivo está sempre atuando e bem-disposto. A natureza lhe prescreve o ritmo, pelo menos indiretamente: pois ele deve adiantar-se a ela, do contrário ela própria assumirá a destruição. [...] O caráter destrutivo é o inimigo do homem-estojo [...] O caráter destrutivo elimina até mesmo os vestígios da destruição", Walter Benjamin, "O caráter destrutivo", em *Documentos de cultura, documentos de barbárie: escritos escolhidos*, cit., p.187-8.

a eliminação dos outros – como nos programas de tipo processo seletivo –, seja ele a própria eliminação dos outros – como neste tipo puro de trabalho sujo, o *Big Brother*. Nele, entre a inscrição e o pouco provável prêmio estão o trabalho da atuação, o trabalho de manutenção de estúdio e, principalmente, o trabalho relacional – esse que produz o principal valor para a emissora: a trama. A obrigatoriedade do confinamento, até mesmo em programas nos quais, em princípio, é desnecessário, mais que expor a intimidade dos participantes, inclui o que antes era tido por "tempo livre" na esfera heterônoma da produção. Observar a "garra" de um aspirante a executivo quando se engalfinha com seu colega de quarto é um índice valioso para a contratação de alguém que não medirá esforços para produzir; já o acanhamento de uma modelo em uma festa/prova é sinal de habilidade social deficitária, ela não agrega valor a si mesma ou à agência que a contratará caso vença. A mesma crítica que se debruça sobre o exibicionismo dos participantes de *realities* deveria antes se questionar sobre o trabalho realizado nos "empregos *home office*" ou aquele realizado à mesa do bar sob a alcunha de *networking*. O espetáculo da realidade reproduz a subsunção total do trabalho sob o regime de acumulação flexível. Todo o tempo é de produzir, pois toda a ação é um investimento, necessário para quem não quer perecer, em capital humano.

Não que o que era conhecido por "tempo livre", e que hoje simplesmente deixou de existir, fosse, de fato, um tempo apartado da esfera não livre da produção de valor. Como afirmou Adorno a respeito daquele já distante mundo de bem-estar: "O tempo livre é acorrentado ao seu oposto. [...] Nele prolongam-se as formas de vida social organizada segundo o regime do lucro"[67]. E isso em três sentidos. Em primeiro lugar, porque a diversão e o descanso serviam para "restaurar a força de trabalho"; eram, portanto, "mero apêndice do trabalho". Em segundo, porque essa reserva de tempo era mediada pelo consumo de produtos da indústria da diversão, seja de barracas de *camping*, seja de peças de teatro. Por fim, o "tempo livre", na sociedade da afluência, adotava a forma própria do trabalho. Sob a alcunha de *hobby*, devia ser produtivo: "Ai de ti se não tens um *hobby*, se não tens ocupação para o tempo livre!". E por isso mesmo deveria ser rigidamente apartado do tempo de trabalho, pois assim "as pessoas não

---

[67] Theodor W. Adorno, "Tempo livre", em *Palavras e sinais*, cit., p. 70 e 73. A respeito do mesmo tema, ver Theodor W. Adorno, *Minima moralia*, cit., p. 113-4; p. 153-5.

percebem quanto não são livres lá onde mais livres se sentem"[68]. Acorrentados à produção de valor, os tempos livre e não livre se anulavam mutuamente e tornavam-se, ambos, tempos do sempre igual. A vida era preenchida por dois tédios. Adorno faz um contraponto a essa situação ao citar sua própria experiência:

> Eu não tenho qualquer "hobby". Não que eu seja uma besta de trabalho [...]. Mas aquilo com o que me ocupo fora da minha profissão oficial é, para mim, sem exceção, tão sério que me sentiria chocado com a ideia de que se tratasse de "hobbies" [...]. Compor música, escutar música, ler concentradamente, são momentos integrais da minha existência, a palavra "hobby" seria escárnio em relação a elas. Inversamente, meu trabalho, a produção filosófica e sociológica e o ensino na universidade, têm-me sido tão gratos até o momento que não conseguiria considerá-los como opostos ao tempo livre, como a habitualmente cortante divisão requer das pessoas. Sem dúvida, estou consciente de que estou falando como um privilegiado, com a cota de casualidade e culpa que isso comporta; como alguém que teve a rara chance de escolher e organizar seu trabalho essencialmente segundo suas próprias intenções.[69]

A flexibilização do trabalho foi uma resposta pervertida ao desejo legítimo e real de que tal situação deixasse de ser um privilégio. Os movimentos da década de 1960 e 1970, nos países centrais do capitalismo, foram a formulação desse desejo, ainda hoje largamente incompreendido, seja por quem sente saudade do tédio, seja por quem acredita que tal desejo se realizou. Trata-se do desejo de um trabalho que realize a integralidade da existência. E não é outra coisa o trabalho: "Por força de trabalho ou capacidade de trabalho entendemos o conjunto das faculdades físicas e espirituais que existem na corporalidade, na personalidade viva de um homem e que ele põe em movimento toda vez que produz valores de uso de qualquer espécie"[70]. O trabalho é aquilo que faz e do que é feito o humano: corpo e alma. A crítica ao vazio fetichista da diversão, de sua insatisfação eterna e funcional, toca nessa verdade. Ela está inscrita também em cada um dos vídeos e outros valores de uso produzidos e postos gratuitamente em circulação na internet. Seus criadores individuais estão cientes de que podem ter, e têm, sua criação assimilada como valores de troca por grandes corporações. Do mesmo modo, não são ingênuos aqueles que, nas em-

---

[68] Theodor W. Adorno, "Tempo livre", cit., p. 73-4.
[69] Ibidem, p. 71-2.
[70] Karl Marx, *O capital*, cit., p. 139.

presas, esforçam-se mais do que seria razoável segundo o padrão anterior de assalariamento. Um professor que realiza o trabalho de formulação de cursos, gestão de equipe, secretariado e, eventualmente, terapia barata para "alunos desajustados" em uma faculdade privada, não o faz porque desconhece a economia de mão de obra que proporciona à empresa, mas porque também ele é formado por esse trabalho integral, e através dele gostaria de se ver satisfeito. Eles não são idiotas, como alguns críticos do trabalho flexível fazem parecer[71]. E essa é a perversão do novo regime de acumulação capitalista: ele "devolveu" aos trabalhadores a integralidade de seu trabalho sem, no entanto, que esse se organize "segundo suas próprias intenções". O capital humano dá uma forma falsa a essa totalidade, ele é uma paródia grosseira, porém funcional, do trabalho verdadeiramente livre. E dessa não liberdade total todos sabem.

II

Acredito que Christophe Dejours conseguiu jogar uma pá de cal na concepção de que vivemos em uma "sociedade do conhecimento", na qual o "imaterial" superou o embrutecimento do trabalho repetitivo e alienado das fábricas, e o "consumo de experiências" substituiu a produção como principal "mediador da realização do ego". Ele o fez mostrando que o trabalho vivo prolifera, aumenta em intensidade e duração. Também o fez ao argumentar que o trabalho é hoje, como ontem, a relação primordial de constituição da identidade, é ainda o elemento que confere sentido à vida. Mas o fez, principalmente, ao negar a separação, que foi imaginada

---

[71] Ao expor sua própria experiência como gestor em uma indústria química, o sociólogo Rafael Alves da Silva realizou uma crítica fundamental à sociologia do trabalho. Silva cita autores como Danièle Linhart e Ricardo Antunes, que tomam a adesão dos trabalhadores ao sobre-trabalho flexível como fruto de manipulações ideológicas das empresas e dos gestores. Segundo ele: "Embora realmente a adesão do trabalhador resulte em benefícios para a empresa, embora sua participação com ideias represente ganho para o capital, é preciso questionar até que ponto esse envolvimento, hoje, resulta de um engodo. Pois, ainda que no passado promessas tenham sido feitas ou intenções e objetivos de dominação 'camuflados', até que ponto isso persiste? Parece que, atualmente, estamos num momento onde, assim como a ideia de progresso vale em si, sem precisar prometer algo melhor, [...] também o capitalismo parou de prometer melhorar o futuro", Rafael Alves da Silva, *A exaustão de Sísifo: gestão produtiva, trabalhador contemporâneo e novas formas de controle* (Dissertação de Mestrado, Campinas, IFCH/Unicamp, 2008), p. 101.

pela organização científica do trabalho no fordismo, entre planejamento e execução. Para Dejours não existe trabalho, por mais mecânico que pareça, que não se valha dos afetos, da criatividade e dos saberes, em suma, da improvisação daquele que o realiza. Qualquer um que já tenha tentado assentar azulejos sobre argamassa se pautando apenas pelo rótulo do produto sabe do que ele está falando. Do mesmo modo, qualquer um que realize seu "trabalho imaterial" sabe quão braçal também é sua criatividade. Assim como uma parede azulejada, uma projeção interativa só é realizada mediante muita tentativa e erro em programas como 3DMax, Photoshop, After Effects etc. E isso independentemente do conhecimento prévio de cada um dos infindáveis comandos. Cada parede é sempre uma parede nova[72]. Segundo Dejours, o trabalho jamais é "inteiramente inteligível, formalizável e automatizável"[73]. Há sempre uma distância entre o trabalho prescrito e o trabalho real:

> É impossível, numa situação real, prever tudo antecipadamente. [...] Se todos os trabalhadores de uma empresa se esforçassem para cumprir à risca todas as instruções que lhe são dadas por seus superiores, não haveria produção. Ater-se rigorosamente às prescrições, executar apenas o que é ordenado, eis o que se chama "operação padrão" (*grève du zèle*). [...] Uma fábrica, uma usina ou um serviço só funcionam quando os trabalhadores, por conta própria, usam de artimanhas, macetes, quebra-galhos, truques; quando se antecipam, sem que lhes tenham explicitamente ordenado, a incidentes de toda sorte. [...] Em outras palavras, o processo de trabalho só funciona quando os trabalhadores beneficiam a organização do trabalho com a mobilização de suas inteligências.[74]

O processo produtivo não pode, portanto, dispensar o zelo do trabalhador, esse que é, para Dejours, o próprio trabalho concreto. E não há robotização, método ou refinamento de prescrição que possa vir a substituí-lo.

A incorporação da subjetividade do trabalhador no processo produtivo não foi, portanto, uma novidade; sua incorporação como parte central do controle do trabalho sim. Sob organização taylorista, a inteligência foi empregada de modo ambíguo: era necessária para o funcionamento da

---

[72] Ora, o que são fichamentos, ou mesmo a escrita, no trabalho intelectual? E apenas alguém que nunca tentou vender alguma coisa na rua desconhece a matéria resistente que é o convencimento.

[73] Christophe Dejours, *A banalização da injustiça social* (Rio de Janeiro, Editora FGV, 2000), p. 43.

[74] Ibidem, p. 56.

produção, mas era também utilizada como forma de resistência cotidiana, por exemplo, no controle do próprio trabalhador sobre seu tempo ou como sabotagem[75]. Segundo João Bernardo, os movimentos das décadas de 1960 e 1970 foram decisivos para esse conhecimento até então menosprezado ou mesmo negado:

> Nos inúmeros casos em que a amplificação das lutas deu lugar a ocupações de fábricas e de estabelecimentos comerciais e em que os trabalhadores, em vez de se limitarem a tomar conta das instalações, fizeram-nas funcionar, muitas vezes durante períodos prolongados, os capitalistas perceberam que quem sabia usar a inteligência para lutar também sabia usá-la para gerir.[76]

A organização toyotista resultou, para Bernardo, dessa tomada de consciência da classe dirigente. Aquilo que os sindicatos demoraram demais a compreender, que aquelas lutas não visavam a aumento salarial, mas à mudança do estatuto do trabalho, foi não apenas entendido como funcionalizado em prol da produção capitalista. A gestão empresarial abraçou as reivindicações e, através do conceito de "recursos humanos" desenvolvido na década de 1980, passou a formular e aplicar técnicas voltadas para a relação subjetiva do trabalhador com a produção. Os trabalhadores foram chamados a cooperar ativamente com seus conhecimentos e experiências, foram estimulados a se apaixonar pela "cultura empresarial", foram incentivados a se utilizar de sua criatividade e a assumir responsabilidades, foram "motivados". Essas novas técnicas vieram responder àquele tédio infernal, descrito por Adorno, e, ao mesmo tempo, à perigosa ambiguidade no uso da inteligência descrita por Bernardo e Dejours.

Seria um engano, entretanto, acreditarmos que se acredita no brilho propagandístico gerencial. O livro *O poder das organizações* resultou de uma pesquisa realizada em uma multinacional em meados da década de 1980, portanto, quando esse discurso e suas respectivas técnicas de mobilização começavam a ser difundidos. O discurso da empresa analisada era baseado na já clássica ideologia humanista gerencial – "nos preocupamos com o desenvolvimento das pessoas"... E já então foi identificado pelos pesquisadores um distanciamento subjetivo de tal palavrório, vulgo cinismo, por parte de alguns de seus trabalhadores: "Alguns TLTXinianos não caem na armadilha da ideologia oficial humanista, que lhes parece 'hipocrisia americana'. [...]

---

[75] João Bernardo, *Democracia totalitária: teoria e prática da empresa soberana*, cit., p. 84.
[76] Ibidem, p. 80.

Eles dizem: 'TLTX é dura, a lógica desse mundo capitalista é a dureza'"[77]. E basta assistirmos a uma palestra motivacional, das mais às menos custosas, para sabermos que não passa de palhaçada orquestrada com respostas a ela afinadas; em termos adornianos, é puro *phony*.[78] Ainda assim as pessoas se empenham, a mobilização é objetiva e total, a começar pelo fato de as pessoas participarem desses rituais dementes. Contudo, é bastante provável que lá estejam como Winston nos "dois minutos de ódio" patrocinados pelo Grande Irmão no livro de George Orwell, *1984*:

> Num momento de lucidez, Winston percebeu que ele também estava gritando com os outros e batendo os calcanhares violentamente contra a travessa da cadeira. O horrível dos Dois Minutos de Ódio era que embora ninguém fosse obrigado a participar, era impossível deixar de se reunir aos outros. Em trinta segundos deixava de ser preciso fingir. Parecia percorrer todo o grupo, como uma corrente elétrica, um horrível êxtase de medo e vindita, um desejo de matar, de torturar, de amassar rostos com um malho, transformando o indivíduo, contra a sua vontade, num lunático a uivar e fazer caretas. E no entanto, a fúria que se sentia era uma emoção abstrata, não dirigida, que podia passar de um alvo a outro como a chama dum maçarico.[79]

Na distopia orwelliana, a subsunção deve ser total em um sentido diverso desse que entendemos. A tortura final de Winston não visa a uma confissão ou à conquista de sua colaboração – isso as primeiras torturas

---

[77] Michel Bonetti et al., *O poder das organizações*, cit, p. 93.

[78] Theodor Adorno utiliza o termo, no texto "Freudian theory and the patterns of fascist propaganda", para explicar a relação cínica que se estabeleceu entre a "massa" nazista, seus líderes e sua ideologia. Segundo Adorno, os seguidores, assim como os líderes, não acreditavam de fato em suas próprias ideias; seu fanatismo não passava de atuação, de *phonyness*: "The category of 'phonyness' applies to the leaders as well as to the act of identification on the part of the masses and their supposed frenzy and hysteria. Just as little as people believe in the depth of their hearts that the Jews are the devil, do they completely believe in the leader. They do not really identify themselves with him but act this identification, perform their own enthusiasm, and thus participate in their leader's performance" ["A categoria de 'phonyness' se aplica aos líderes tanto quanto ao ato de identificação por parte das massas e seu suposto frenesi e histeria. Assim como as pessoas não acreditam, no fundo de seu coração, que os judeus são o demônio, elas não acreditam completamente no líder. Elas não se identificam realmente com ele, mas atuam essa identificação, representam seu próprio entusiasmo, e assim tomam parte na representação de seu líder"], Theodor Adorno, *The Culture Industry: Selected Essays on Mass Culture* (Londres, Routledge, 1991), p. 152.

[79] George Orwell, *1984* (São Paulo, Companhia Editora Nacional, 1982), p. 18.

já haviam logrado –, mas sim à transformação de seus afetos e crenças. Para o Partido, o distanciamento cínico não é aceitável: mesmo que todos ajam de acordo com aquilo que os domina, é necessário que acreditem nos paradoxos do sistema e o amem. O estranho do livro é que, se nos pautarmos por essa passagem dos "dois minutos de ódio", a tortura final aparece como um capricho do Grande Irmão. Bastam os rituais para que as pessoas passem a acreditar na mentira, bastam trinta segundos para que já não seja necessário fingir. Mais que isso, o engajamento de Winston apenas se fez presente quando ele fingia acreditar. Cada um de seus passos era por ele mesmo meticulosamente calculado, e quanto maior sua descrença, maiores seus cuidados, mais preciso o fingimento, maior sua participação. Após a tortura dos ratos, quando Winston sabia que nada mais poderia ser feito contra ele que já não tivesse sido feito, o medo desapareceu e tudo que o Grande Irmão conquistou foi sua amorosa apatia:

> Passava um par de horas sentado, olhos vazios e vidrados, garrafa à mão escutando a teletela. [...] Ninguém mais se importava com o que ele fizesse, nenhum apito o acordava, nenhuma teletela o admoestava. Ocasionalmente, duas vezes por semana talvez, ia ao empoeirado e esquecido escritório do Ministério da Verdade e trabalhava um pouco.[80]

A crença e o amor pelo Grande Irmão mataram o zelo no trabalho sujo que lhe cabia.

A conquista da mobilização total ocorre menos por sedução que por ameaça. Concomitante ao desenvolvimento do galanteio gerencialista e de sua subcultura de autoajuda, nasceu o fim dos tempos neoliberal e sua cultura de guerra. A adesão entusiástica das inteligências é mediada pelo medo. "O medo como motor da inteligência!". Foi o que descobriu Dejours em suas pesquisas a respeito do sofrimento no trabalho:

> Até alguns anos atrás, pensávamos que a mobilização subjetiva da inteligência e da engenhosidade no trabalho repousava na livre vontade dos trabalhadores. [...] Só em nossas pesquisas mais recentes foi que pudemos constatar um outro possível motor da inteligência no trabalho. Sob a influência do medo, por exemplo, como ameaça de demissão pairando sobre todos os agentes de um serviço, a maioria dos que trabalham se mostra capaz de acionar todo um cabedal de inventividade para melhorar sua produção.[81]

---

[80] Ibidem, p. 274.

[81] Christophe Dejours, *A banalização da injustiça social*, cit., p. 57-8.

O medo que empurra faz dos *reality shows* do tipo processo seletivo um espetáculo angustiante. São ao mesmo tempo belas e horríveis as cenas dos cozinheiros de *Top Chef* trabalhando. A criatividade na mistura de ingredientes, o conhecimento que vai da química à história, a impressionante habilidade necessária para um único corte, os usos e as misturas de variadas técnicas, das mais antigas à gastronomia molecular, a interpretação e a reinterpretação de culturas culinárias em um prato, o amor pela comida e por um trabalho benfeito, tudo é registrado. Em programas como esse, testemunhamos trabalho vivo e em ato, assistimos à inteligência humana em ação diante de um real resistente. Assistimos, ao mesmo tempo, à submissão do zelo à ameaça, materializada por um pequeno relógio cujas imagens intercalam aquelas do trabalho apressado, materializada também pela mão amarrada às costas, pela mesa do júri, pela entrada súbita da apresentadora na cozinha – "Vocês realmente acharam que seria fácil?"[82], disse ela certa vez, ao mudar as regras do desafio no meio do preparo –, mas, principalmente, por suas palavras finais, o bordão: "Recolha suas facas e saia!"[83].

III

Em seu processo a respeito de Kafka, Günther Anders chama a atenção para seu "ritualismo sem ritual". Segundo ele, Kafka apresenta a precisão, o compromisso e o escrúpulo próprios dos rituais primitivos, porém desprovidos de conteúdo, "flutuantes". Os personagens de Kafka não sabem mais o que deve ser feito, mas fazem-no meticulosamente: "Seu monstruoso imperativo categórico poderia ser assim formulado: *Cumpra com precisão os deveres que não conhece!*"[84]. A atualidade dessa característica da obra kafkiana é o que mais chama a atenção de seu comentador; esse imperativo foi cumprido "sob o terror fascista, no qual pessoa nenhuma sabe o quê, em dado momento, é exigido dela, por que alguma coisa é exigida – mas onde se espera o cumprimento mais escrupuloso do indevassável ou do desconhecido"[85]. Os participantes de *reality shows,* do mesmo modo, cumprem o que desconhecem: não sabem o que objetivam através de um beijo calculado; o que,

---

[82] "Did you really think it would be that easy?" *Top Chef Just Desserts*, exibido no Brasil pelo canal a cabo Sony, em agosto de 2011.
[83] "Pack your knives and go!"
[84] Günther Anders, *Kafka: pró e contra*, cit., p. 104.
[85] Ibidem, p. 105.

através dele, se evita; o que, através da omissão de um beijo, se estimula; o que, através dela, se põe em risco[86]. Sendo assim, seu "compromisso com o jogo" – como se costuma chamar de modo sintético o critério da mobilização – não pode ser explicado pela adequação entre meios e fins, pois o cálculo resvala no que os participantes sabem não saber. Apesar disso, mais que cumprir a ordem da "combatividade", fazem-no com a precisão dos compulsivos, o zelo dos apaixonados. É esse empenho, e não a estrutura formal dos diversos programas ou o aparato de vigilância, o elemento que os realiza. Pois o enredo é produzido naquele espaço vazio de prescrições no qual os participantes tomam suas próprias decisões, "se viram" para eliminar.

Para Anders, ainda que agnóstico, o ritualismo nazista mantém a relação entre medo e exatidão presente nos rituais religiosos:

> O todo do processo ritual, mantido em funcionamento, ansiosamente, dia e noite, por um grupo primitivo mágico, mantém (aos olhos deste grupo), ao mesmo tempo, seu mundo em movimento, afastando em particular os perigos ameaçadores. Quanto maior a exposição e a insegurança de um grupo, mais estrito é o escrúpulo de um ritual.[87]

O perigo agnóstico, porém, não está na face do demônio, mas em sua ausência, na indeterminação da ordem inquestionável produzida pelo próprio sistema. O escrúpulo ritualístico se desdobra, desse modo, como proteção contra essa mesma "máquina de precisão". O movimento e o afastamento do perigo tornam-se uma mesma função imanente. Por isso, a "'precisão' tem, hoje em dia, um significado de dois gumes: designa tanto o tipo de função do mundo perigoso como a salvação diante dele. Ela é, até certo ponto, homeopática: espera-se a cura exatamente do veneno contra o qual é tomado"[88]. Quanto mais obscuros os critérios, maior o medo, maior o zelo – e, assim, funcionamos enquanto mantemos nosso mundo em funcionamento... ansiosamente.

---

[86] "Onde, em rituais mágicos ou religiosos, se exigiu e se realizou a precisão, estava, com isso, *eo ipso*, pressuposto que as pessoas sabiam, irrevogavelmente, o que se objetava através desse passo; o que, através daquele, se evitava; o que, através dessa omissão, se estimulava; o que, através daquela, se punha em risco", ibidem, p. 104.

[87] Ibidem, p. 106.

[88] Ibidem, p. 107.

4.
DAS PROVAS

Fui empregado para espancar, por isso espanco.

Franz Kafka[1]

Nós os abraçamos, corrompemos, arrastamos para o fundo conosco. Vocês são como nós, vocês com seu orgulho: sujos de seu sangue, como nós. Também vocês, como nós e como Caim, mataram o irmão. Venham, podemos jogar juntos.

Primo Levi[2]

Dos infernos

Hell's Kitchen [Cozinha do inferno] é um *reality show* de culinária comandado pelo *chef* celebridade Gordon Ramsay. O prêmio é um emprego como *chef* executivo em um restaurante diferente a cada edição. O tema do programa é menos a gastronomia e mais a atuação do candidato em meio ao funcionamento regular do restaurante-cenário no qual se desenrolam as provas. Os participantes são, na primeira metade da competição, divididos em dois times. A cada rodada, o time perdedor indica, de sua própria equipe, aqueles que serão enviados ao "paredão". A decisão sobre qual o time perdedor, bem como sobre o eliminado final cabe ao *chef* executivo de todos os serviços/provas do restaurante, o próprio Ramsay. Quando metade dos participantes foi descartada, as equipes se tornam uma só, mas o procedimento de elimi-

---

[1] Do livro *O processo* (trad. Modesto Carone, São Paulo, Companhia das Letras, 2005), p. 89.
[2] Do livro *Os afogados e os sobreviventes*, cit., p. 47.

nação permanece até o último competidor. Trata-se, portanto, de um *reality* misto, no qual o trabalho realizado conta tanto quanto o relacionamento entre os participantes. Além da preparação de alimentos, o trabalho é de gestão cooperativo-competitiva. Sendo assim, mais do que cozinhar bem e rápido, o concorrente deve suportar a pressão dos garçons e dos outros trabalhadores do salão, bem como dos clientes – que sabem bem onde estão e fazem questão de prestar sua homenagem ao nome do restaurante, que é o mesmo do programa; deve fazê-lo também sob a pressão da concorrência entre as equipes e entre os membros da própria equipe; mas deve fazê-lo principalmente sob a pressão devastadora do *chef* executivo. O diretor da rinha, nesse caso, faz parte dela; ele não organiza as equipes, mas permanece na cozinha distribuindo, a seu bel-prazer, ordens e punições. E elas são muitas. Gordon Ramsay tornou-se uma celebridade televisiva graças a seu método particular de lidar com os participantes do programa: a violência pura – o nome do programa deve-se a essa postura, sua vinheta é a imagem de Ramsey à frente de labaredas e de um tridente; quando um participante é eliminado, seu retrato surge entre chamas. Não se passa um minuto sequer sem que Ramsay não esteja gritando a plenos pulmões e lançando olhares ameaçadores, geralmente com os lábios colados ao ouvido de quem trabalha. E não grita outra coisa senão insultos: "Seu jegue", "Venha cá, sua puta imbecil", "Pedaços de merda inúteis", "Mexa essa bunda gorda", "Idiota do caralho", "Filho da puta", "Cara de bosta", "Porco", "Neste momento, eu preferiria pôr merda de poodle na boca a comer isto"[3]. Como se não bastasse, entre uma grosseria e outra, ele esmaga pedaços de carne com a palma da mão, quebra pratos e outros utensílios, cospe comida, cospe *na* comida, atira pela cozinha, nas paredes ou diretamente no lixo, alimentos que considera malfeitos. Também acontece de atirar panos de prato e comandas de pedido picadas no rosto dos participantes. Certa vez, jogou um grande pedaço de carne crua no peito de um concorrente, seguido de um "Palhaço do caralho". Em outra ocasião, atirou carne no ombro de um rapaz; ao perceber seu semblante de dor, disse: "Machucou? Foda-se". Também já esmagou ovos cozidos

---

[3] "You, donkey", "Come here, you stupid bitch", "Useless fucking pieces of shit", "Move your fat ass", "Fucking idiot", "Little bastard", "Dickface", "Pig", "Right now, I'd rather put poodle shit in my mouth than eat that." Às vezes as ofensas se voltam aos garçons e até a alguns clientes queixosos: "I'll get more pumpkin and I'll ram it right up your fucking ass"; "Don't whistle at me I'm not your fucking dog. You look more like a dog than I do." ("Eu vou pegar mais abóbora e enfiar no seu cu"; "Não assobie para mim, não sou a porra do seu cachorro. Você parece mais um cachorro que eu".)

no peito de um terceiro, limpando as mãos no avental dele. Pode acontecer de os participantes serem expulsos da cozinha, ou até mesmo do programa, no meio do serviço, aos gritos de "Vá se foder". Os rostos apresentam uma expressão constante de pânico, os olhos estão ora arregalados, ora no chão, e as pernas retrocedem enquanto aquela máquina de ofensas avança. Exceto a correria e as mãos eletrizadas, esses são os únicos gestos aceitos. Por causa de uma risada nervosa, uma moça foi expulsa; a um gesto de ódio, Ramsay retrucou: "Nem pense em ficar puto comigo"; uma moça simplesmente saiu do ar, pifou em pé, e ouviu: "Ela está sonhando... Acorda, sua vaca idiota"; outro começou a chorar incontrolavelmente antes de o restaurante ser aberto, e não houve serviço naquela noite: "Eu não vou começar o serviço com esse nível de incompetência"[4]. Mas há também punições, digamos assim, estatutárias. Não é suficiente que o grupo perdedor escolha dois colegas para o sacrifício; seus membros ainda devem realizar algum trabalho exaustivo, como a limpeza da cozinha e do salão após o expediente, ou degradante, como comer carne crua.

A final do *reality show* é uma inversão de papéis. Os dois finalistas jantam, bebem e conversam amistosamente com Ramsay, que apresenta um tom de voz e um sorriso até então inéditos. Não, ele não é um monstro, segundo um jornalista que o entrevistou: "Ramsay era a própria imagem de contenção e decoro, seduzindo sua audiência aborrecida e quase mal-humorada com momentos de sagacidade, franqueza, charme e fala suave". Não é um monstro, apenas sabe em que mundo vive e é isso que busca ensinar. Para Ramsay,

> Temos de botar pressão, pois não podemos correr o risco de chegar aos quatro finalistas e de repente percebermos que escolhemos o sujeito errado. *Pressão é saudável.* [...] Podemos ver que eles têm ambição, mas é uma ambição frágil. E a cada semana, eu posso garantir, ela se desenvolve.[5]

---

[4] "Fucking bozo", "Did it fucking hurt? Fuck it", "Fuck off", "Don't fucking dare start gettig fucking pissed at me", "She is dreaming... come on, you silly cow", "I'm not going to do service with this level of incompetence." Disponível em: <http://www.youtube.com/watch?v=ddCLMq0Wt3E&feature=related>; <http://www.youtube.com/watch?v=-j1E8e7zDWk&feature=related>; <http://www.youtube.com/watch?v=r1Kp4mDRcSs&feature=related>. Acesso em 9 ago. 2011. Na internet, muitas dessas cenas são compiladas como "melhores momentos" ou "cenas mais engraçadas".

[5] "Ramsay was the very picture of restraint and decorum, winning his jaded, verging-on-cranky audience over with equal parts wit, candour, charm and plainspokenness", "We have to put the pressure on, because we can't afford to get to the final four and then suddenly realize we've chosen the wrong individual. *Pressure is healthy.* [...] We can see they have the ambition, but it's a naked ambition. And each and every

De fato, a coisa se desenvolve a olhos vistos, até que, na prova final, as vítimas devem parecer cópias de seu carrasco. Nela, o desafio é assumir o trabalho sujo antes realizado por Ramsey; são-lhes, então, oferecidos os *sous-chefs* eliminados para que possam pôr em prática o conhecimento adquirido: a opressão. Na quinta temporada, os antigos colegas-concorrentes retornaram ao programa em uma cena que só é engraçada para quem, como Ramsay, consegue desativar seu juízo – por sinal, assistir a qualquer coisa na TV ultimamente demanda essa capacidade. Os finalistas retiraram cúpulas de prata dispostas sobre uma mesa e lá estavam as cabeças dos eliminados, como se tivessem sido decepadas. Então a prova começou e, dessa vez, eram os participantes que passavam a distribuir gritos aos "perdedores": "Aos negócios. Só para ficar claro: eu sou o cara agora"[6]. Lição aprendida.

Não se trata, contudo, de uma transformação súbita. Já quando entram na cozinha dos infernos – também na casa, na passarela, no ateliê, na fazenda, na outra cozinha, em qualquer estúdio da realidade – todos afirmam estar dispostos a absolutamente tudo para vencer. E, em meio ao processo de seleção, tudo é cobrado, em especial, a impiedade diante da concorrência, diante daqueles que estão ao lado, que dormem na mesma casa, que realizam o mesmo trabalho e são cotidianamente humilhados pela mesma pessoa. Os participantes têm a intricada tarefa de fazer o trabalho em grupo funcionar e não deixar que ninguém mais, senão eles mesmos, sobressaia. Então, em meio à disputa, os participantes se violentam entre si, geralmente no mesmo tom usado por Ramsay.

No geral, os participantes se agridem de acordo com as circunstâncias, são todos contra todos; na oitava edição, porém, essa agressão generalizada encontrou um foco. Um participante passou a ser sistematicamente assediado pelos outros, todos bem mais jovens que ele. Um dos concorrentes de sua equipe disse: "O fato de Raj ter 49 anos e ainda estar vivo e não na cadeia ou em um asilo é um puta milagre". Um colega o humilhou ao dizer ao *chef* executivo, e diante dos demais, que não acreditava na capacidade

---

 week, I can guarantee, it evolves", "MasterChef: A Kinder gentler side of Gordon Ramsay?" Disponível em: <http://communities.canada.com/shareit/blogs/tvguy/archive/2010/08/15/masterchef-a-kinder-gentler-side-of-gordon-ramsay-seriously-now.aspx>. Acesso em 10 ago. 2011. Grifo meu.

[6] "Down to business. Just to be understood: I'm the fucking man now." Disponível em: <http://www.youtube.com/watch?v=28bbFeLpfnk&feature=related>. Acesso em 17 jun. 2012.

dele para preparar a entrada que lhe cabia. Na casa em que conviviam, ele foi atacado em massa. Alguém o xingou com um "idiota do caralho"; quando tentou retrucar, outro se levantou e mandou-o calar a boca; um terceiro atirou massa de pizza contra ele e disse: "Você é um desperdício de vida"; os demais simplesmente silenciaram. Na cozinha, Raj cometeu um erro, e Ramsay fez o que sempre faz quando isso ocorre, e sempre ocorre: empurrou-o e mandou todos os membros pararem de trabalhar e provarem a comida – a concordância é unânime, sempre. Raj apenas disse: "O quê?" Seu colega, na hora, gritou: "Você está fazendo isso de novo. Não discuta com o *chef*!"; depois, em depoimento, completou de modo didático, com o dedo indicador em riste: "Não enfrente o *chef.* Ele diz algo, você diz 'sim *chef*' e segue em frente, e é isso". Em outra ocasião, quando Raj nomeou o que ocorria – "Isso é assédio, sabia?" –, todos riram. Quando um membro da equipe, que em outras ocasiões buscara ajudá-lo, voltou-se contra ele e, assim como os outros, atacou-o, Raj tentou argumentar: "Vocês estão me atacando de forma cruel. Vocês têm algo contra mim porque sou mais velho?". A resposta foi feroz: "Vai para casa, Raj, vai para casa e se entope de chocolate até ter um ataque cardíaco na sua poltrona". Em seu depoimento, declarou: "Estou sendo atacado, estou sendo assediado, e estou num ponto que eu não sei mais o que fazer". Para alegria de seus colegas, ele foi eliminado nessa mesma ocasião, não obstante estarem na berlinda duas participantes da outra equipe. Após a aplicação da exceção, Ramsay perguntou aos colegas se estavam aliviados. Todos responderam com sorrisos: "Foi um prêmio, obrigado"[7]

O opressor presenteia os oprimidos com a expulsão de um dos seus, dádiva devidamente reconhecida e agradecida. O trabalhador se incumbe da bronca do patrão ao colega: "Não discuta, obedeça!". O carcereiro não está presente? O prisioneiro se encarrega da delação daquele com quem divide

---

[7] "The fact that Raj is forty-nine and still alive and not in jail or in an asylum is a fucking miracle", "Fucking idiot", "You're a waste of life", "You're doing it again, don't argue with chef", "Don't pop at the chef. He says something, you say 'yes chef' and move on, that's it", "This is harrassment, you know?", "You guys seem to be targeting me in a vicious fashion. You got something against me because I'm older?", "Go home, Raj, just go home and stuff yourself with twinkies, so you have a fucking heart attack on your recliner", "I'm being target, I'm being harassed, and I'm in the point that I don't know what to do", "That was an award, thank you." Disponível em: <http://www.youtube.com/watch?v=rBJVk4q7RUE>. Acesso em 12 ago. 2011.

a cela. E cada um dos silêncios amplia a sonoridade dos gritos que caem do céu ou emergem do pântano. Se há uma exceção na situação de Raj está apenas no fato de sua presença ter propiciado, por tempo limitado, a união dos demais – não a favor uns dos outros, mas contra ele. Foi um caso raro em que a posição de vítima apresentou contornos nítidos. Pois em todos os *reality shows* todos os participantes são, simultaneamente, perpetradores e sofredores de violências das mais variadas[8].

---

[8] Christophe Dejours cita alguns expedientes do mal no trabalho fora da tela, lista que qualquer um é capaz de exemplificar: "Trata-se, sobretudo, de infrações cada vez mais frequentes e cínicas das leis trabalhistas". Um conhecido meu contou a história de uma empresa que não apenas se abstinha do registro de seus funcionários, como dava as diretrizes para a obtenção de notas falsas. "O mal diz respeito igualmente a todas as injustiças deliberadamente cometidas e publicamente manifestadas, concernentes a designações discriminatórias." Conheço uma moça cuja justificativa para a demissão do cargo de secretária foi seu "cabelo ruim". "Diz respeito ao desprezo, às grosserias e às obscenidades para com as mulheres." Num outro caso, aquela que me narrou o ocorrido foi a perpetradora do sofrimento: como advogada de uma fundação cultural, incumbiu-se de explicar à funcionária não registrada que a empresa não tinha nada a ver com sua gravidez e que, portanto, ela teria que se virar com sua "condição" fora dali. Quem me narrou o ocorrido trabalha *around the clock* para garantir uma gravidez tranquila em 2012. Outra conhecida foi trabalhar na mesma empresa em que trabalhava seu marido, ofereceram-lhe um terço do salário dele, sendo que realizaria a mesma função. Quando questionou a ausência de isonomia, o gerente lhe disse que sua colocação era absurda, ela não poderia se comparar ao marido. E em uma empresa de contabilidade, ofereceram a todos os trabalhadores de uma mesma equipe um aumento de salário; as duas mulheres do grupo foram as únicas que não viram a promessa cumprida em seus holerites. "O mal é ainda a manipulação deliberada da ameaça, da chantagem e de insinuações contra os trabalhadores, no intuito de desestabilizá-los psicologicamente." Ver exemplo do papel em branco no segundo capítulo. "E levá-los a cometer erros, para depois usar as consequências desses atos como pretexto para a demissão por incompetência profissional." Há quatro anos uma amiga entrou em depressão por ter sido demitida de uma ONG. Ela já estava esgotada por ter que trabalhar todos os fins de semana em uma "comunidade carente". Quando, em um domingo, avisou que não compareceria para descansar, foi demitida com a justificativa de que o "trabalho social" exige engajamento; ela havia demonstrado sua falta de compromisso com a "causa". "O mal também é a participação nos planos sociais, isso é, nas demissões cumuladas de falsas promessas de assistência ou de ajuda para tornar a obter emprego, ou então ligadas a justificações caluniosas para a incompetência, a inadaptabilidade, a lerdeza, a falta de iniciativa etc. da vítima." Ministrei uma aula a respeito desse livro de Dejours. No debate, uma aluna contou que seu pai, gerente de recursos humanos de uma grande empresa, certa vez voltou para casa abalado; disse ela que nunca o havia visto chorar. Ele recebera a incumbência

A essa colaboração com o mal, passiva e ativa, na qual as posições de opressor e oprimido são indistintas e reversíveis, Primo Levi chamou "zona cinzenta":

> O ingresso no Lager constituía um choque em razão da surpresa que implicava. O mundo no qual se precipitava era decerto terrível, mas também indecifrável: não era conforme a nenhum modelo, o inimigo estava ao redor, mas também dentro, o "nós" perdia seus limites, os contendores não eram dois, não se distinguia uma fronteira, mas muitas e confusas, talvez inúmeras, separando cada um do outro. Entrava-se esperando pelo menos a solidariedade dos companheiros de desventura, mas os aliados esperados não existiam; existiam, ao contrário, mil mônadas impermeáveis e, entre elas, uma luta desesperada, oculta e contínua. Essa revelação brusca, que se manifestava desde as primeiras horas de cativeiro, muitas vezes sob a forma imediata de uma agressão concêntrica por parte daqueles em que se esperava encontrar os futuros aliados, era tão dura que derrubava a capacidade de resistir. Para muitos foi mortal, indireta ou até diretamente: é difícil defender-se de um golpe para o qual não se está preparado.[9]

Excetuando-se o choque da entrada, pois os participantes de *reality shows* sabem o que esperar (não exatamente como), e por isso ingressam em seus confinamentos já vestidos de cinza, esse mundo de "contornos maldefinidos, que ao mesmo tempo separa e une o campo dos senhores e dos escravos"[10] é o que acompanhamos na TV.

O espetáculo da realidade está recheado da ambiguidade característica dos *kapos*, daqueles que, mediante sua colaboração, e graças apenas a ela, põem uma máquina de extermínio para funcionar. Também aqui, esse espaço acinzentado apresenta diversas camadas, mas os postos não são fixos, o que torna essa arena ainda mais movediça, e suas mônadas mais impermeáveis.

---

de demitir muitas pessoas, entre elas amigos; mais que isso, teria que "inventar motivos que colassem" para a dispensa de cada um deles. "O mal é ainda manipular a ameaça da precarização para submeter o outro, para infligir-lhe sevícias – sexuais, por exemplo – ou para obrigá-lo a fazer coisas que ele reprova moralmente e, de modo geral, para amedrontá-lo." Na primeira edição do *reality show A Fazenda*, uma das participantes contou que certa vez se irritou e bateu em sua empregada. Conversa normal, papo de jantar, nada de mais. Muita atenção para esse último exemplo: para alguns brasileiros, o mal sofrido não é tão novo quanto para outros. Talvez daí derive certa nostalgia classe média de um Estado de bem-estar social que por aqui nunca chegou a existir, ou nunca chegou a existir para todos. Christophe Dejours, *A banalização da injustiça social*, cit., p. 76-7.

[9] Primo Levi, *Os afogados e os sobreviventes*, cit., p. 32-3.
[10] Ibidem, p. 36.

Daí a importância de papéis como o do "líder" ou "monstro" ou "anjo", no *Big Brother*, papéis que têm seus equivalentes em outros programas, como o "fazendeiro", no similar da Record, ou o "líder de prova", no *Aprendiz*. Trata-se da definição de privilegiados temporários, aos quais é outorgado um pequeno poder, bem como vantagens competitivas sobre os demais. A distribuição de papéis ocorre mediante provas, indicação do grupo, indicação do público, pura sorte ou todas as anteriores. O pequeno poder pode ir da escolha da partilha de privilégios – como as modelos que, por terem vencido determinada prova, ganham o direito de tirar maior número de fotos e indicar uma colega para receber uma cota um pouco menor – à indicação direta de alguém para o paredão. Do ponto de vista dos soberanos, esses poderes são migalhas; do ponto de vista da sobrevivência, parecem imensos; do ponto de vista da manutenção da opressão, são os mais funcionais. Pois nos interstícios dessas injustiças institucionalizadas se desenvolvem as rixas, inimizades, traições e desconfianças as quais dissolvem as fronteiras iniciais que porventura existissem entre algum "nós" contra "eles". Vemos os laços entre os participantes serem corrompidos no exato instante em que um aponta para a cara do outro e diz: "Eis meu escolhido"; no mesmo gesto, aperta a corda da seleção em seu pescoço. E nunca é menos dolorido para o que foi indicado a algum "paredão", ou que não foi indicado para compartilhar algum "quarto do líder", quando aquele que apontou afirma não ser "pessoal".

O prêmio é sempre também um mal, fantasiado de dádiva, pois é ganho à custa dos outros. É essa mesma lógica que organiza as diversas batalhas da guerra. As provas não testam a capacidade de uns, mas suas capacidades com relação às dos outros. Fazer um bom trabalho nunca é suficiente porque é necessário que o concorrente o faça pior; ficar em pé com a mão para cima ao longo de uma madrugada não tem valor nenhum se o concorrente conseguir ficar um segundo a mais na mesma posição. E os resultados dos desafios, às vezes obscuros, servem à distribuição simultânea de privilégios aos vencedores e castigos aos perdedores: se um ganhou mais comida, o outro necessariamente deverá receber menos, ou de pior qualidade; se um recebe imunidade, o outro receberá humilhação; se um ganha um jantar com o *chef* executivo ou com uma modelo famosa, o outro terá que servi-los e lavar a louça. Nessas condições, ficar feliz pela vitória do outro é, no mínimo, difícil: aquele que ganha o faz sobre o pescoço alheio, ainda que à sua revelia. Desse modo, a guerra proclamada é necessariamente guerra total: não acaba com a conquista de um território ou a rendição do inimigo, apenas com seu desaparecimento.

É por essas e muitas outras que os golpes sistematicamente desferidos contra Raj por membros de seu próprio grupo não foram excepcionais. Nas batalhas diárias de todos contra todos, os outros são imediatamente barreiras, tornam-se inimigos objetivos, não obstante os sentimentos, ou ausência de sentimentos, com relação a eles. Aquele que tentara auxiliar Raj, já cansado dos erros que, para sua cega surpresa, não diminuíam com os permanentes esculachos – pelo contrário, apenas aumentavam –, afirmou: "Meu colega estava tentando nos sabotar"[11]. E a esmagadora maioria dos participantes de qualquer *reality show* não se cansa de afirmar coisas como: "Nos damos bem, mas ele é meu oponente". Nas raras ocasiões em que os concorrentes se esquecem dessa máxima e buscam, de algum modo, prestar auxílio a alguém que se encontra em dificuldade, o risco de sempre se desdobra. Foi o que ocorreu na segunda temporada do *America's Next Top Model*, quando uma das concorrentes entrou em pânico ao saber que seria suspensa sobre um vão de aproximadamente oito andares em uma construção – "Estou com muito medo, eu não quero morrer". Após chorar muito, ela conseguiu se deixar fotografar naquela situação enquanto era confortada por uma colega: "Eu tomo conta de você, você toma conta de mim". Encerrada a sessão, o fotógrafo afirmou, orgulhoso: "A Catie aguentou firme. Foi um pouco traumático para ela, mas ela conseguiu". Aquela que a auxiliara não fez, por isso mesmo, um bom trabalho e foi para a berlinda, onde ouviu: "Aposto que a fotografia da Catie vai ser melhor que a sua. Pois a Catie estava pensando nela mesma e você estava pensando na Catie". E depois: "Uma coisa que os juízes não entendem é como você deixou que as atenções para outra garota arruinassem as suas chances de vencer essa competição"[12]. A dificuldade dos outros é um perigo do qual é necessário se afastar.

Além das provações, injustiças e privilégios, pequenos macetes de gestão ampliam a distância entre os que apanham e os aproximam dos que batem. Interromper aqueles que estão concentrados em suas tarefas para que apreciem os erros do colega é um truque simples e eficaz. Tão eficaz

---

[11] "My partner was trying to sabotage us."

[12] "I'm really scared, I don't want to die", "I take care of you, you take care of me", "Catie hang in there. It was a little traumatic for her, but she did it", "I bet Catie's picture's are going to be better than yours. Because Catie was thinking about herself and you were thinking about Catie", "One thing that the judges don't understand is how could you let the attentions to another girl ruin your chances at winning this competition." *America's Next Top Model,* ciclo 2, episódio 3, exibido no Brasil em 2011.

quanto as remunerações e contratos individuais; tão eficaz quanto o controle de qualidade que, na empresa flexível, passa a ser de responsabilidade dos trabalhadores; tão eficaz quanto as avaliações individuais, uma espécie de sistematização da delação. Um participante do *Aprendiz* compreendeu que não era apenas aos outros, mas também a si mesmo, que prejudicava quando comentava as provas ou falava dos concorrentes diante das câmeras. Disse, então, aos membros de sua equipe para tomarem cuidado com o que falavam, pois cada palavra poderia e deveria ser usada contra eles no processo seletivo. Sua colega queria contar a respeito de algo que um membro da outra equipe havia lhe dito: "Ele me disse, uma vez, uma frase muito séria...". O rapaz não a deixou terminar: "Então fica com essa frase na cabeça e não fala... Entenda, Marina, que isso aqui que estamos falando agora não vão pôr no ar, só vão usar contra a gente. Isso que eu tô falando agora põe em xeque o programa inteiro. Isso é só pra eles verem e se protegerem". Questionado pela produção a respeito dessa estranha birra, disse em depoimento:

> Realmente, o que a gente fala ali, que cês tão filmando, é passado pra todo mundo. Ou não é passado? É passado. [...] Então justamente o que a gente fala ali... vocês se preparam. Se vocês têm tempo de se preparar, por que a gente não pode ter tempo de se preparar? Cês tão temendo alguma coisa que a gente faça? Por que vocês querem saber tudo o que a gente pensa?

O rapaz pôs o preto no branco, restabeleceu o "eles" e o "nós" com tamanha nitidez e precisão que todos os colegas concordaram, e a moça desistiu da fofoca/delação. O equívoco do participante foi não acreditar em sua própria descoberta, exibiu-se a cena em sala de reunião, diante da outra equipe. Dito e feito: usaram suas palavras contra ele. Uma verdade tamanha não poderia passar batido no mundo edificado sobre uma mentira. Justus se encarregou de embaralhar imediatamente as cores:

> Sabe por que a gente quer saber tudo que vocês pensam? Por que isso aqui é uma avaliação de pessoas para um projeto importante na vida dessas pessoas, pessoas que vão estar comigo... uma delas, pelo menos... talvez pelo resto da vida. E o que vocês pensam é importantíssimo, porque eu vou poder qualificar, com honestidade, com integridade, com justiça, aquilo que vocês estão fazendo nesse programa. Esse programa é sério e o que foi dito ali é grave: você está estimulando a equipe a não falar.

Voltando-se para os outros membros da equipe, continuou:

> Façam um favor para mim, não falem, e vocês vão os seis sair muito antes, graças à grande opinião do João, e eu vou deixar aqueles que falam, e que eu vou

conhecer melhor, ganharem esse programa. [...] *O único inimigo que vocês têm aqui dentro são vocês entre si. O seu oponente está sentado ao seu lado.* Se proteger da gente??? Isso não tem cabimento![13]

Quando uma verdade aparece, o cínico-em-chefe é capaz de desfilar todo o rol dos valores burgueses para, logo em seguida, brandir seu porrete. E quem não entende essa linguagem, evidentemente, perde a cabeça – eliminação sumária, sem "paredão", diga-se de passagem. Os outros, aí sim, entenderam contra quem silenciar, e a favor de quem falar, e o fizeram.

Confessionário

I

De todos os "desafios" impostos pelo *Big Brother*, o central é a "votação" para o "paredão". Os participantes são chamados semanalmente, um a um, a um quarto escuro, no centro do qual há uma poltrona, diante da qual há uma tela. Nela, é transmitida a imagem do apresentador, que atira contra cada um a pergunta: "Em quem você quer votar e por quê?". Nesse ambiente, chamado "confessionário", os concorrentes avaliam-se uns aos outros e indicam aquele que acreditam merecer a eliminação[14]. A triagem é o trabalho sujo que realizam, trabalho compartilhado com as pessoas que, de casa, também participam. Os telespectadores o fazem não apenas ao responder à mesma questão por telefone: "quem você quer eliminar? Se fulano, ligue XXX; se beltrano, o número é YYY". Fazem-no também ao produzirem incansavelmente suas opiniões discriminatórias.

O trabalho é sujo, em primeiro lugar, em um sentido pouco ou nada transparente. Visto que, independentemente dos caminhos e descaminhos trilhados pelos voluntários, a seleção é a única narrativa possível, aquilo que produzem ao entrar no quartinho escuro é a trama da assim chamada "novela

---

[13] Disponível em: <http://www.youtube.com/watch?v=pFkUH-Xpk-o&feature=fvwrel>; <http://www.youtube.com/watch?v=DRIKh9mebdY&feature=related>. Acesso em 18 ago. 2011.

[14] Em outros programas, o expediente se repete com algumas variações: em *Hell's Kitchen*, o grupo perdedor deve chegar a um consenso para enviar dois de seus membros ao "paredão". Em *A Fazenda*, a votação é aberta, os participantes devem apontar seus desafetos cara a cara. Na "sala de reunião" de *O Aprendiz*, é o "líder" da rodada quem indica aqueles que considera mais incompetentes, podendo tal escolha ser alterada pelo apresentador a seu bel-prazer.

da vida real". Trata-se de uma tarefa realizada à custa da degradação laboral de uma categoria até então indispensável para a indústria do entretenimento, a dos roteiristas. Foi apenas em 2007, quando esse novo formato e a forma de trabalho que lhe é própria já estavam consolidados, que essa relação tortuosa veio à tona. Os sindicatos que representam os roteiristas de cinema, rádio e televisão nos Estados Unidos[15] entraram em greve reivindicando o direito de receber uma parcela dos *royalties* de programas e filmes transmitidos pela internet, bem como participação maior nos lucros obtidos com a venda de DVDs. O que estava em jogo era um novo contrato que levasse em consideração as mudanças tecnológicas na reprodução das mercadorias culturais. Além disso, exigiam a incorporação dos empregados de *reality shows* e animações no contrato coletivo trienal realizado entre sindicatos e produtores. Quanto aos *realities*, os grevistas argumentavam que o trabalho de criação de cenários, seleção de material bruto e modelagem de conflitos constituía roteirização e, portanto, deveria ser regulamentado. Já os produtores afirmaram tratar-se de programas não roteirizados que, como tal, estão excluídos do campo de atuação dos sindicatos. O vácuo preenchido pelo trabalho gratuito dos participantes permitiu às gigantes de Hollywood burlar a greve[16]. Foram esses programas que preencheram as grades de programação das emissoras em crise. O fim da queda de braço se deu com um pequeno aumento da participação dos escritores em produtos distribuídos pela TV e novas mídias, e com o abandono, por parte dos sindicatos, da questão dos *reality shows*. Nesses, os contratos permaneceram sendo negociados informalmente. A mensagem das grandes produtoras hollywoodianas, contudo, já havia sido dada um ano antes da greve, quando um dos sindicatos de roteiristas procurou organizar os trabalhadores do *America's Next Top Model*: "Os empregados votaram pela adesão ao WGA, mas então

---

[15] Entraram em greve o Writers Guild of America, East (WGAE) e o Writers Guild of America, West (WGAW) contra a Alliance of Motion Picture and Television Producers (AMPTP), associação que representa os produtores de cinema e televisão norte-americanos. Mais de 12 mil roteiristas afiliados a esses sindicatos aderiram à greve, que durou de 5 de novembro de 2007 a 12 de fevereiro de 2008.

[16] Burlar até certo ponto, pois programas populares foram tirados do ar, a cerimônia de premiação do Globo de Ouro foi cancelada, o Oscar esteve sob ameaça de boicote e o prejuízo resultante foi estimado em 2 bilhões de dólares. Disponível em: <http://en.wikipedia.org/wiki/2007%E2%80%932008_Writers_Guild_of_America_strike#cite_note-wgaproposal-doc-41>. Acesso em 15 mar. 2011.

eles foram demitidos e a produção continuou sem eles"[17]. Sabendo disso ou não, os colaboradores de *reality shows* prestam um imenso favor à indústria cultural, contra a classe profissional que substituem.

Contudo, se o barateamento dos roteiristas é opaco, o descarte da "celebridade" é escancarado. O *Big Brother* impõe aos participantes a autogestão em sua aniquilação mútua, trabalho sujo – realizado abertamente e com esmero. Trata-se de uma injustiça patente, já que nada, se não a própria seleção, justifica os cortes. Daí a observação de Maria Rita Kehl a respeito do "fundamento moral" de um programa de formato semelhante[18]: "Trata-se de demonstrar, com todos os recursos 'realistas' de um espetáculo ao vivo, que a natureza humana é irremediavelmente vil"[19]. A resposta de Kehl a essa "verdade mais profunda" que os *realities* trazem à tona é sim e não. "O inconsciente é, sim, um imenso depósito de representações mesquinhas – maldades, perversões e fantasias criminosas recalcadas." No entanto,

> há momentos, na história de um país, em que a sociedade não deseja se identificar com a abjeção. São momentos em que grande parte da população está mobilizada por outros projetos políticos, tentando afirmar outros parâmetros éticos para a vida em comum. [...] Se a dimensão pública da existência, que justifica a renúncia ao gozo, se amesquinha, ficamos condenados a nos interessar por nossas próprias fantasias.[20]

Dessa perspectiva, as injustiças cometidas por participantes, de ambos os lados da tela, podem ser vistas como perversões liberadas pelo imperativo do gozo, ainda que eles não sejam naturalmente cruéis. Kehl também interpreta as lágrimas e rodeios aflitos dos participantes em seus diversos "confessionários" como hipocrisia ou cálculo, como "lágrimas de crocodilo"[21]. Não são poucos os críticos do fenômeno que não levam a sério as inúmeras declarações de sacrifício e sofrimento, tais como: "Aquele ambiente é muito

---

[17] Idem. Tradução minha.
[18] Em *No Limite*, a estrutura da eliminação se mantém, porém o cenário é a "natureza selvagem", diante da qual o imperativo da sobrevivência é o mesmo que em seu similar urbano.
[19] Maria Rita Kehl, "Três observações sobre os *reality shows*", em Eugênio Bucci e Maria Rita Kehl, *Videologias* (São Paulo, Boitempo, 2004), p. 166.
[20] Ibidem, p. 168-9.
[21] Idem. Do mesmo modo, Roberto Justus e Pedro Bial costumam, impacientes, chamar os cuidados ao pé do "confessionário" de "diplomacia" ou "política", em um sentido pejorativo, como se fossem parte da estratégia do "jogo".

hostil, muito pesado. Você sofre muito, muito, muito"[22]. A atenção à sujeira é tamanha que se esquece que trata-se de trabalho, ou pelo menos é assim que a mobilização em torno do show é encarada por quem dele toma parte. Nas palavras do jogador profissional Alexandre Frota: "Tem uma cláusula no contrato que diz que é um jogo de convivência. Se é um jogo de convivência, então você assinou um contrato para jogar. Então, como a pessoa vai lá para dentro para não jogar? Num programa em que você tem que se aliar a algumas pessoas, fazer alguns conchavos, ser filho da puta...". Daí sua crítica à segunda temporada do *reality show A Fazenda:*

> Foi o spa da Record. Porque ninguém fez porra nenhuma lá dentro: ficou todo mundo se amando. Eu não consigo compactuar. Como é que uma pessoa, com duas semanas de convivência... eu posso olhar pra você e falar: "Olha eu não vou votar no Maurício porque é um cara que aprendi a amar". Como é que a pessoa começa a amar em duas semanas? "Olha, você é meu herói" [referindo-se a um participante de *A Fazenda* que não indicou o campeão olímpico de natação, Fernando Scherer, para o "paredão", alegando admiração por seu feito]. Eu não compactuo com esse tipo de situação.[23]

É digno de nota o tom com o qual Frota inicia seu discurso torpe: ele age de acordo com um contrato de trabalho, ser filho da puta nada mais é que seu ofício naquele programa. O que ele está dizendo é: "Fui contratado para espancar, por isso espanco"[24]. Aqueles que acusa não estão cumprindo seus contratos; são eles, portanto, os desonestos. Sua crítica aos participantes de *A Fazenda* é a mesma que se faz a um trabalho desleixado.

Do sofrimento declarado de um à indiferença do outro não está a distância entre a afirmação de parâmetros éticos e o sadismo, mas o mecanismo de defesa próprio de pessoas comuns levadas a realizar tarefas abjetas. Em Auschwitz, Primo Levi se deu conta de um "fenômeno curioso: a ambição do 'trabalho benfeito' está tão enraizada que impele a 'fazer bem' mesmo trabalhos adversos, nocivos aos seus e à sua parte"[25]. Ele cita o caso de um pedreiro de Fossano, cujo imenso ódio aos alemães não o impediu de

---

[22] Disponível em: <http://tvuol.uol.com.br/#view/id=bbb-na-berlinda-com-michel-turtchin-e-marcelo-arantes-04021C346CD8A10327/mediaId=9046648/date=2011-01-26&&list/type=tags/tags=346630/edFilter=all/>. Acesso em 30 mar. 2011.

[23] Disponível em: <http://televisao.uol.com.br/ultimas-noticias/multi/2011/02/23/04021B3466C8C13327.jhtm>. Acesso em 25 abr. 2011.

[24] Franz Kafka, *O processo,* cit., p. 89.

[25] Primo Levi, *Os afogados e os sobreviventes,* cit., p. 105.

construir muros sólidos e bem assentados, que protegeriam seus inimigos das bombas inimigas. "Como se vê, o amor pelo trabalho benfeito é uma virtude fortemente ambígua"[26]. Em nome do trabalho benfeito é possível a realização de uma tarefa que, de outro modo, seria reprovada pelo próprio sujeito que a faz. Porém, mais que isso, é possível que sejam efetuadas as atividades mais moralmente repugnantes quando assumem a forma de trabalho em vez de crimes. Ao se debruçar sobre o mais terrível espaço da zona cinzenta, aquele ocupado pelos Esquadrões Especiais, Primo Levi citou um de seus sobreviventes: "Ao fazer esse trabalho, ou se enlouquece no primeiro dia, ou se acostuma"[27]. Encaminhar pessoas à sala de banho na qual serão asfixiadas, retirar-lhes as roupas e pertences, esperar que morram, recolher os corpos, jogá-los em fornos industriais e depois lavar o chão – tudo isso era atividade tida por trabalho; Levi o chama, a certa altura, "ofício". Já Dejours cita Christopher Browning em sua descrição do "trabalho de extermínio" realizado pelos soldados enviados ao Leste para "proceder à limpeza étnica":

> Dentro em pouco, no decorrer de seu aprendizado, sua preocupação se concentra exclusivamente na execução do trabalho: matar, o mais depressa possível, o maior número possível de judeus. Assim, eles vão desenvolvendo certas técnicas: técnicas de sucessivas camadas de judeus estendidos de bruços sobre os corpos ainda quentes dos da leva anteriormente exterminada, técnica da pontaria à queima-roupa na nuca, guiada pela aplicação da baioneta no pescoço, pois sendo muito embaixo o tiro nem sempre mata, e muito em cima, na cabeça, a bala faz explodir o crânio, espirrando sangue e pedaços de cérebro e ossos nas botas, nas calças e nas abas do casaco do soldado-assassino.[28]

Como se sabe, o comando nazista em pouco tempo se livrou daqueles que gozavam sobre o sangue alheio no ofício corriqueiro da morte. Aqueles que, pelo contrário, sentiam a repulsa instintiva diante da carnificina eram mais eficientes. Pois "o móvel dessa atividade não é manifestamente a perversão, mas a administração mais racional da relação entre tarefa e atividade, entre organização prescrita e organização real do trabalho"[29].

O que Levi descreveu e Dejours teorizou – preocupado com o crime generalizado em que se converteu o mundo do trabalho hoje – é o zelo como

---

[26] Ibidem, p. 106.
[27] Ibidem, p. 45.
[28] Christophe Dejours, *A banalização da injustiça social*, cit., p. 99.
[29] Idem.

uma faca de dois gumes. A atividade primordial de constituição dos sujeitos no mundo pode ser também uma eficiente ferramenta de afastamento do mundo. O trabalho, ainda que mortificante e inútil, pode "tornar-se uma defesa"[30]. O esforço mortal nos Campos não era realizado apenas por medo de represálias a sabotagens, e sim também "como exercício da mente, como evasão do pensamento da morte, como modo de viver dia a dia; de resto, é experiência comum que os afazeres cotidianos, ainda que penosos ou cansativos, ajudam a desviar a mente das ameaças mais graves, das mais distantes"[31]. Se essa salvaguarda fez com que o pedreiro de Fossano "recuperasse, ao mesmo tempo, numa certa medida, sua dignidade humana"[32], para os membros dos *Sonderkommandos*[33] foi tudo que restou. Eis a forma mais eficaz de sublimação da repugnância instintiva gerada pelo sofrimento alheio: "Estava apenas fazendo o meu trabalho". Considerar o crime como trabalho é assimilar o mal-estar da violência ao esforço próprio de quem depara com a dureza do real quando o transforma. O zelo é, ao mesmo tempo, um mecanismo de defesa contra o sofrimento e alimento do sistema que o gera. É a cura que se espera do veneno contra o qual é tomado.

Temos, então, um círculo vicioso em cujo núcleo está o sofrimento. O mundo hostil obriga que se cometam iniquidades; o sofrimento gerado por tais atos só pode ser subjetivamente administrado se forem apreendidos como trabalho, essa defesa contra o sofrimento gera, simultaneamente, o engajamento no crime e a indiferença a ele. E quanto maior o sofrimento, maior a necessidade de estratégias defensivas, maior a indiferença e a colaboração com o mal, maior o sofrimento.

II

No *Big Brother*, o ritual da "confissão" é o mecanismo que constrói a indiferença. Nele, aos poucos foram desenvolvidas, pelos próprios participantes, técnicas de indicação que buscam burlar a falta de critérios objetivos, mas

---

[30] Primo Levi, *Os afogados e os sobreviventes*, cit., p. 105.
[31] Idem.
[32] Idem.
[33] Prisioneiros dos campos de extermínio que eram recrutados pelos nazistas a fim de executar o "trabalho sujo": limpar as câmaras de gás, cuidar dos cadáveres de outros prisioneiros etc.

que não aparentam constituir simples capricho subjetivo – ou o desejo da aniquilação pela aniquilação. Como reparou Kehl, a respeito de *No Limite*:

> No início, as equipes perdedoras tendiam a votar pela eliminação dos mais fracos, que atrapalhavam o desempenho coletivo. O critério do jogador mais fraco, bem menos objetivo do que pode parecer, aos poucos foi se deslocando para atingir o mais chato, que poderia ser o que menos se adequasse à média. [...] Depois de algum tempo, outra lógica se impôs aos participantes: diante da promessa de um prêmio elevado para um finalista individual, os remanescentes começaram a eliminar não os mais fracos, mas os mais fortes, tentando aumentar suas próprias chances.[34]

Mais uma vez, Kehl enxerga nessa tendência a frieza de espírito dos participantes, mas desconsidera que seja uma indiferença forjada pela própria obrigatoriedade da avaliação exterminista. Os programas dizem aos participantes que devem votar; não dizem como fazê-lo. Por isso, a distinção permanente e fluida que separa fortes e fracos, bons e maus, traidores e leais, sinceros e falsos, não é sinal de consciências obtusas, mas do esmero em fazer cumprir o que lhes fora prescrito. Outro artifício desenvolvido foi fixado pelo termo "afinidade". Apesar de ser um critério em princípio subjetivo, reveste-se do profissionalismo de quem, em um "jogo de relacionamento", não se relaciona com outro alguém. É uma justificativa que, de tão utilizada, já é motivo de chacota, da piada que descrê de toda a honestidade. É o avesso da eliminação por estereotipia, mas responde igualmente à necessidade de defesa do sujeito com relação àquilo que faz. Outro macete de salvaguarda psíquica é o voto "em nome do prêmio"; o dinheiro passou a funcionar como justificação racional do injustificável. Assim como os gerentes estudados por Dejours adotam a "ideologia defensiva do realismo econômico"[35], reproduzindo a torto e a direito o fatalismo da LTI neoliberal, os participantes repetem incansavelmente a necessidade da instrumentalização dos outros, ora por "questão de sobrevivência", ora "pelo milhão". Em todos os casos, "o trabalho sujo torna-se limpo e legítimo [...] todas as técnicas e todas as fórmulas pseudocientíficas podem ser aqui utilizadas para elaborar as listas de demissões". Em todos os casos,

> há por vezes quem torne a sentir-se culpado. Mas isso não faz senão ativar as estratégias de defesa que convertem o mal no bem [...] levando assim a uma

---

[34] Maria Rita Kehl, "Três observações sobre os *reality shows*", cit., p. 166.
[35] Christophe Dejours, *A banalização da injustiça social*, cit., p. 90.

participação frenética nesse trabalho, uma espécie de arrancada, de hiperatividade e de autoaceleração de cunho defensivo.[36]

Da formulação cotidiana de critérios de avaliação deriva a atividade insana e incansável dos participantes. Respondem a essa necessidade suas idas e vindas, de um cômodo a outro, trazendo e levando informações a respeito das idas e vindas de uns e outros. É praticamente impossível assistirmos a uma conversa que não se relacione, direta ou indiretamente, ao que ocorrerá na próxima ida ao "confessionário". A mobilização total dos participantes não demora muito a tomar a forma de uma paranoia compulsiva e generalizada. A imaginação persecutória ganha asas no mesmo passo em que a *Realpolitik* se impõe. Sua funcionalidade para o trabalho que devem realizar, bem como para a autodefesa que precisam desenvolver, é correlativa à irracionalidade que passa a envolver as relações interpessoais. Trata-se de um paradoxo, exposto com precisão por Alexandre Frota, quando afirma: "Eu fui muito filho da puta muitas vezes na *Casa dos Artistas*. Na *Fazenda*, eu tirei o meu melhor amigo. Porque, mermão, eu queria chegar na final. Tirei meu melhor amigo, não quero nem saber"[37]. Engraçado que ele tenha chamado seu colega de confinamento de "melhor amigo", se é impossível que as pessoas se apeguem umas às outras. Impossível mesmo é as pessoas não se apegarem, e a maior ilusão do cínico está nessa inversão. Porém, é uma ilusão que se objetiva na medida em que o jogo avança. A traição é estrutural, e isso não apenas porque há a obrigatoriedade da eliminação, mas também porque os próprios sujeitos, ciosos nas tarefas específicas que envolvem a triagem – como avaliar? com quem fazer alianças? quando rompê-las? o que, como e quando dizer? qual o próximo passo? –, desprendem-se do sentido original desse trabalho. Aquele mundo torto de *O castelo* é o mundo onde se encontram os participantes de *reality shows*[38]. Como K., visitam a dona do albergue, a casa de Amália, o pátio da Hospedaria dos Senhores, o quarto da dona do albergue, o quarto/escritório de Bürguel, na tentativa de compreender os papéis e status de cada aldeão; na tentativa de fazer aliados que de fato importem; de influenciar quem quer que seja; de fugir dos perigos; de entender desafetos; de criar laços. Ponderam cada um dos pequenos detalhes que os rodeiam: cada um

---

[36] Ibidem, p. 91.

[37] Disponível em: <http://televisao.uol.com.br/ultimas-noticias/multi/2011/02/23/04021B3466C8C13327.jhtm>. Acesso em 25 abr. 2011.

[38] Franz Kafka, *O castelo*, cit.

deles é um sinal, têm um propósito, implica consequências, talvez funestas. Criam estratégias, perambulam no vazio.

III

A incorporação da mobilização criativa do trabalhador, antes desdenhada pela organização fordista do trabalho, deve-se ao medo, e não à propaganda do empreendedorismo. Contudo, não se trata de uma resposta linear: "Trabalho mais para não ser demitido". Pois isso não explicaria a autoviolação irracional do corpo e da alma em que se converteu o mundo do trabalho – e as pesquisas da sociologia do trabalho, que acumulam descrições de doenças e suicídios, não me deixam mentir; assim como não me deixam mentir os colapsos físicos e mentais exibidos a quem quer que se dê o trabalho de ligar o aparelho de TV. O engajamento é conquistado mediante o uso do zelo como mecanismo de defesa: uma via tortuosa. O mesmo ardil que afasta os perigos aprimora o processo produtivo, como na descrição precisa de Browning. A crescente astúcia dos participantes do *Big Brother*, contra a qual se ampliam os martírios impostos pelo programa, assim como a frieza em suas atuações apaixonadas, resultam da anestesia necessária a seu ofício: eles passaram a eliminar melhor, com maior dedicação, perícia e imaginação; tornaram-se empreendedores da eliminação.

A propalada e elogiada autonomia do capital humano ganha nova perspectiva quando observada pelo prisma da bifurcação do zelo. Ela evidentemente não é uma verdade, pois, como todos sabem, nem toda iniciativa é benquista por quem dá e tira empregos. Porém tampouco é pura mentira, já que a qualidade e o aprimoramento do processo produtivo não são mais função de uma burocracia intermediária; cabem de fato à inteligência do trabalhador[39]. Trata-se de uma mentira, mas de uma mentira objetiva.

---

[39] O mesmo pode ser dito com relação àquela estranha burocracia nazista, cuja estrutura dissolvente Hannah Arendt se esmerou em descrever. Talvez hoje essa organização não parecesse tão estranha quanto para aqueles que buscaram julgar Eichmann. Parte das dificuldades que encontraram para definir sua responsabilidade no crime que cometera deriva da organização fluida da qual fazia parte. Segundo Raul Hilberg, em depoimento para o filme *Shoah*, de Claude Lanzmann, o "processo burocrático de destruição" só foi possível graças à criatividade de seus funcionários: "Surpreendentemente, muito pouco de novo foi inventado até, é claro, que veio o momento em que tiveram que ir além do que já havia sido estabelecido por precedente e precisaram asfixiar essas pessoas ou, em algum sentido, eliminá-las em larga escala. Então esses

O empreendedorismo do trabalhador não é uma obediência automática às prescrições da direção, e sim uma resposta à necessidade de resguardo psíquico do próprio sujeito contra a ausência de tais prescrições.[40] *Reality shows* só existem, mais que isso, só se tornam assistíveis, ou ainda mais, só contam com a colaboração do público, porque o mal foi instituído como "sistema de gestão", como "princípio organizacional"[41].

Hipertensão

I

Também dirigido por Boninho, *Hipertensão* é um *reality show* da TV Globo que já teve três edições, de 2002 a 2011. É um programa que, como o *Big Brother*, confina seus participantes e os põe para se digladiarem. O foco, entretanto, está menos no relacionamento que nas provas. São três por episódio: a primeira dá imunidade a uma dupla; a segunda, chamada "prova de fogo", define a dupla perdedora, que vai para um "conselho", onde um terceiro participante será votado pelos demais para, com os outros dois, participar da "prova de eliminação", na qual um participante é eliminado. É um *reality show* difícil de descrever: além de ser um imbróglio de regras e exceções, é um banquete de sofrimento e degradação servido cru ao olhar. Deixemos, então, a tarefa para o site da emissora, que traduz com competência tal crueza. Parte das provas é "de aventura", o que significa que os participantes devem realizar proezas estupidamente arriscadas. Exemplos:

> Na prova "abaixo de zero", os jogadores *tiveram que,* dentro da piscina, percorrer três camadas de gelo enquanto pegavam o maior número de sinalizadores luminosos em menos tempo; [em outra prova] os participantes *tiveram que* dirigir

---

burocratas se tornaram inventores!". Entre o desejo sem conteúdo do *Füher* e a tarefa cumprida estava o zelo dos membros do partido.

[40] Talvez o empreendedorismo atávico do pobre brasileiro, mais conhecido como malandragem, seja devido a esse mesmo mecanismo de defesa. Afinal, este é o "país exceção" por excelência. Eis uma hipótese que merece reflexão.

[41] O mal pode ser considerado estrutural, para Dejours, quando as condutas que geram sofrimentos e injustiças a outrem são, em primeiro lugar, "instituídas como sistema de direção, de comando, de organização ou de gestão, quando elas pressupõem que a todos se aplicam os títulos de vítimas, de carrascos, ou de vítimas e carrascos alternativa ou simultaneamente". Em segundo lugar, quando são "públicas, banalizadas, conscientes, deliberadas, admitidas ou reivindicadas, em vez de clandestinas, ocasionais ou excepcionais". Christophe Dejours, *A banalização da injustiça social*, cit., p. 77.

um carro entre 60 e 70 km por hora, subir por uma rampa, capotar e parar com os pneus para cima. A estrutura foi planejada estrategicamente para que o carro girasse e explodisse! [...] Na prova de fogo, os participantes entravam em um carro que era afundado lentamente na piscina. O que estava como motorista devia sair do veículo e salvar o parceiro preso na mala.

A marca registrada do programa, entretanto, está em outro tipo de "prova":

A prova "lojinha de horrores" desafiou o estômago dos três participantes na berlinda, dessa vez *obrigados* a comer ratinhos, baratas e gafanhotos – estes últimos, vivos! [...] Na prova "túnel das tarântulas" as mulheres *tinham que* ficar em um caixão e enfrentar os estranhos animais passeando por cima delas, enquanto os rapazes entravam em um recipiente de gelo em busca de chaves; "capacete dos infernos": no desafio, Andressa, Nanda e Lucas ficaram algemados e sentados em uma cadeira giratória com uma caixa transparente na cabeça. A cada rodada, eram colocados ratos, cobras, sapos ou larvas dentro do recipiente. [Os participantes] *tinham que suportar essa agonia* até entrar o último bicho, quando *deviam* se livrar daquilo tudo rapidamente; "leite sem parar": os três jogadores *deviam* colocar a cabeça dentro de um tubo de vidro que ia se encher de leite com molho picante a uma velocidade constante. "A ideia é resistir o maior tempo possível. Como? Fácil! Prender a respiração ou beber a maior quantidade de leite para evitar que ele suba. *A decisão é de vocês!*", explicou Glenda [Kozlowski, a apresentadora].[42]

"Live or die, make your choice." A semelhança dessas cenas com as do filme de terror *Jogos mortais* não é fortuita. Assim como Jigsaw, o programa busca eliminar fracos e forjar fortes.

A dor perpetrada e exposta por esse programa – que nisso em nada difere dos demais – mostra outra relação de nossa sociedade com o sofrimento que não a de sua ocultação ou de seu controle pela via da medicalização e da psiquiatria. É um sofrimento que chega a ser exaltado, um sofrimento digno. Os participantes mostram com orgulho suas feridas; e mesmo nas provas mais degradantes, quando choram em desespero, desmaiam ou vomitam, inexistem

---

[42] Não obstante todas as precauções técnicas e médicas, os participantes se machucam – como não poderia deixar de ser. Um deles deslocou o braço em uma prova na qual foi arrastado por uma charrete. Outro foi eliminado do programa após ter queimado ambas as mãos em um tanque de gelo – isso mesmo, eliminado! Afinal, segundo a apresentadora, foi ele que "passou dos limites". Disponível em: <http://hipertensao.globo.com/platb/hipertensao-2010/tag/provas/>; <http://hipertensao.globo.com/platb/hipertensao-2010/category/provas/>; <http://hipertensao.globo.com/platb/hipertensao-2010/2010/10/22/%E2%80%98capacete-dos-infernos%E2%80%99-e-eleita-a-prova-mais-radical-do-programa/>. Acessos em 19 ago. 2011. Grifos meus.

a vergonha ou o arrependimento. Esse mesmo orgulho é exibido fora das telas: ser um batalhador é o mesmo que ser um sofredor. Certa vez encontrei no supermercado uma jovem senhora que não via no bairro havia alguns meses; eu mal a reconheci, pois estava vinte quilos mais magra. Sem que eu perguntasse, ela contou que estivera no hospital por vinte dias devido a uma grave pneumonia. Seu padecimento foi tamanho que os médicos perderam as esperanças, chegaram a anunciar a seu irmão a iminência do óbito. Quando o inesperado aconteceu, os médicos a aconselharam a descansar, pois sua doença fora causada por estresse. Ela me confirmou o diagnóstico: disse que seu emprego em uma imobiliária a estava matando. Contou-me seu calvário: por ser a única mulher do escritório, é constantemente designada para serviços subalternos, não obstante ser uma corretora como os demais; seus colegas roubam-lhe os clientes com a condescendência da gerência e tripudiam sobre o feito; não é registrada e teve seu salário reduzido dias antes de seu colapso; em decorrência disso, e também da dívida com o hospital, passou a morar em uma república de moças após receber alta; anda passando fome, por isso permanece magra; não obstante o conselho dos médicos, voltou ao trabalho dois dias após receber alta; e, por fim, os dias de sua ausência foram descontados de seu salário. Nada disso foi dito em tom de lamento, pelo contrário. Ao perceber que eu ficara abalada por sua aparência cadavérica e seu relato, disse: "Não se preocupe, sou uma leoa, batalhei para sobreviver e é o que continuo fazendo". A dignidade desse sofrimento não está na transcendência, mas na persistência. Essa característica foi traduzida com precisão pelo marketing político do governo anterior – que deveu sua popularidade, em grande parte, à própria mística da persistência sofredora de Lula – "Sou brasileiro e não desisto nunca".

Essa espécie de *gloria passionis*[43] tem caráter semelhante à da mística cristã no sentido de se contrapor à passividade – o sofrimento passivo é, para nós, doentio; nossa atividade, porém, tem finalidade oposta: não a negação do mundo, mas a adaptação a ele. A conquista desses crentes sem fé não é o arrebatamento pelo amor, mas seu inverso simétrico, o "endurecimento do coração". O sofrimento por nós valorizado é paradoxal, e apenas nesse paradoxo pode ser reconhecido: trata-se de uma agitação fervorosa no mundo, que conserva, ao mesmo tempo, os sujeitos imperturbados, *impassibilis*.

---

[43] O argumento aqui desenvolvido tem por base a análise das transformações do termo "*passio*" empreendida por Erich Auerbach, em "Gloria passionis", em *Ensaios de literatura ocidental* (São Paulo, Duas Cidades/Editora 34, 2007).

Nossa relação com a *passio* se diferencia daquela do estoicismo, pois a violência e a compulsão que lhe são características não são algo de que se deve resguardar. Pelo contrário, aqueles que fogem às intempéries mundanas não são sábios, mas covardes. E tolos, aqueles que, de acordo com a concepção cristã, entregam-se ao sofrimento como forma de oposição às injustiças; os sábios e corajosos as abraçam. Temos, então, um sofrimento no mundo e para o mundo. Nossos mártires não caem, porque sua salvação é a própria provação. Seu sacrifício é a negação do sacrifício.

II

A ausência de transcendência não resulta de alguma forma de conciliação: "O mundo é bom porque é assim, e é assim porque é bom"; os holofotes estão todos voltados para o mal-estar: "O mundo é cruel e é tudo o que pode ser". As análises que levam em conta o cenário do *Big Brother* não nos deixam esquecer os corredores ocultos através dos quais se deslocam as câmeras[44]. Porém o mais surreal não é o que está escondido, mas o que é alardeado: são aqueles sofás confortabilíssimos dispostos parede a parede com um imenso forno – cenográfico, mas igualmente quente – no qual os participantes, fantasiados de galinhas e enfiados em sacos plásticos, serão atirados por horas a fio[45]. Já os clientes do restaurante dos infernos não contam sequer com uma parede; entre eles e o que ocorre na cozinha, há apenas um balcão[46]. A transparência de nossa ideologia tem foco, e não está no

---

[44] Suzana Kilpp, Marcelo Bergamin Conter e Álvaro Constantino Borges, "Câmeras e espelhos em *Big Brother Brasil*: enunciações e pragmática", em *Revista da Associação Nacional de Programas de Pós-Graduação em Comunicação*, v. 8, 2007.

[45] Mais surreal ainda: essa prova do *Big Brother* foi *merchandising* de uma marca de caldo de carne, para a qual os torturados trabalharam como garotos-propaganda. Não foi a primeira e provavelmente não será a última peça mais que ambígua de *merchandising*. De fato, todas as torturas do *Big Brother* e de *A Fazenda* são "patrocinadas" e se convertem em trabalho não pago dos participantes. Entretanto, foi a primeira vez que alguma voz chocada veio a público. Graças a essa prova, a CNBB divulgou uma nota na qual afirma que os *reality shows* "atentam contra a dignidade humana". Em resposta, a TV Globo afirmou: "Essa é uma emissora laica, com uma visão de cultura e mesmo de comportamento social e moral que não segue preceitos religiosos". Disponível em: <http://www.estadao.com.br/estadaodehoje/20110218/not_imp681141,0.php>. Acesso em 20 fev. 2011.

[46] "Esse produto misto de *horror* e *conforto* perdeu, hoje, certamente, a estranheza que, a seus primeiros leitores [de Kafka], dera a impressão de loucura. Todos nós estamos

conforto do sofá ou no deleite da refeição preparada por um *chef* renomado. Por isso o cinismo contemporâneo não assume preferencialmente a forma da "ironização das condutas e valores"[47]. Quando um presidente afirma que não haverá trabalho para todos, quando Boninho diz que seu programa é cruel ou quando, na casa onde convivem as modelos, a produção pendura o seguinte aviso: "Isto não é uma fraternidade, isto é uma competição"[48], eles estão falando muito sério – e é melhor que sejam levados a sério, senão... O cinismo contemporâneo não é índice da dissolução de valores pautada pela "plasticidade infinita" do consumo[49], mas uma inversão de valores determinada pela completa ausência de escolha. É o que Christopher Dejours chama "cinismo viril". É o bater no peito dos impotentes.

Para Dejours, a virilidade é o complemento necessário à coragem quando essa não é fruto de uma vontade individual e soberana. Sempre que deve superar seu medo ou aversão perante uma atividade que, de outro modo, não faria, o sujeito precisa lançar mão desse expediente que é, também ele, uma forma de defesa. Por isso a virilidade, ao contrário da coragem, precisa ser exibida, precisa do reconhecimento de uma plateia, precisa ser demonstrada mediante provas. Se há exibicionismo por parte dos participantes de *realities* é aí que ele reside. Porém não é fruto de um desejo, e sim dessa forma particular de sublimação: a tal "superação" da dor, do medo ou da violência que se comete contra os outros e que é, ao mesmo tempo, uma agressão contra a piedade instintiva daquele que o faz.

Essa característica, tipicamente masculina, pode também ser adotada pelas mulheres em situações nas quais precisam se defender de suas próprias atividades. Não é à toa que o depoimento típico das moças que participam do *Hipertensão* é: "Quero provar que as mulheres também são fortes"[50]. Entretanto, são elas as primeiras a votar nos homens para

---

a par dos 'aposentos sociais' que os chefes de campos de extermínio mobiliaram com estofados, vitrolas e quebra-luzes, parede-meia com as câmaras de gás", Günther Anders, *Kafka: pró e contra*, cit., p. 22.

[47] Vladimir Safatle, *Cinismo e falência da crítica*, cit.

[48] "This is not a fraternity, this is a competition." O quadro foi pendurado na casa das modelos, na quarta edição do programa.

[49] Vladimir Safatle, *Cinismo e falência da crítica*, cit.

[50] Disponível em: <http://eptv.globo.com/lazerecultura/NOT,0,0,312522,Hipertensao+Conheca+participantes+de+novo+reality+show+da+Globo.aspx>. Acesso em 20 ago. 2011.

o "paredão" que é a prova final: "Vou votar no Marcão porque eu acho melhor eliminar homem, que é mais forte do que as mulheres"[51]. Como vemos pelas provas do programa, a força em questão não é necessariamente física: engolir um coquetel de baratas, larvas e olhos de cabra não exige músculos, tampouco agilidade. Os participantes de *reality shows* precisam contar, isso sim, com a astúcia psíquica que produz indiferença. É por isso que outro paradoxo do *Big Brother* não pode ser descartado prontamente como asneira. A cada semana um eliminado é recebido, do lado de fora da casa, por seus familiares e pelo apresentador. Ele será infalivelmente saudado por todos com a frase "Você já é um vencedor por ter chegado até aqui". Ora, a despeito de toda retórica sobre o jogo implacável, sobre a luta de vida ou morte, sobre a guerra, todos são vencedores? O que à primeira vista parece condescendência é um elogio sincero à "força" demonstrada por aquele sujeito ao se deixar aprisionar, se deixar torturar e, principalmente, ao votar nos outros para que sejam excluídos. Trata-se do elogio à desenvoltura diante do sofrimento alheio. Por isso, também a afirmação típica do término dos suplícios – "aprendi muito aqui" – tem seu lado de verdade. É a mesma lição oferecida no estágio de uma empresa francesa, em que "cada um dos quinze participantes recebeu um gatinho. O estágio durou uma semana e, durante essa semana, cada participante tinha de tomar conta do seu gatinho. Como é óbvio, as pessoas afeiçoaram-se ao seu gato, cada um falava do seu gato durante as reuniões etc. E, no fim do estágio, o diretor deu a todos a ordem de... matar o seu gato"[52]. A aula pode ser sintetizada pelas palavras de um participante de *A Colônia:* "Em situações de sobrevivência, há muitas coisas das quais você tem que se livrar. No que concerne aos objetivos morais, às vezes é cada um por si. A parte da compaixão, você tem que matar"[53].

---

[51] Disponível em: <http://www.youtube.com/watch?v=q7rZyXF7x4w&feature=related>. Acesso em 20 ago. 2011.

[52] "Um suicídio no trabalho é uma mensagem brutal – entrevista a Christophe Dejours." Disponível em: <http://www.publico.pt/Sociedade/um-suicidio-no-trabalho-e-uma-mensagem-brutal_1420732>. Acesso em 17 jun. 2012.

[53] "In survival mode, there's a lot of things that you have to let go of. As far as moral goals, sometimes it has to be every man for itself. The compassion part of it, you have to kill it." Disponível em: <http://www.discoverybrasil.com/web/colonia/episodios/>. Acesso em 16 ago. 2011.

Assim como nos desafios de Jigsaw, a chave está próxima; difícil é tocá-la. E essa dificuldade deve ser alardeada. Não apenas os sofrimentos são sublinhados, como devem ser postos como um dever, precisam ser vistos como um sacrifício que está além da vontade do sujeito. "A violência, a injustiça, o sofrimento infligido a outrem só podem se colocar ao lado do bem se forem infligidos no contexto de uma *imposição de trabalho ou de uma 'missão' que lhes sublime a significação*."[54] O trabalho sujo é e deve ser reconhecido como algo avesso ao prazer, só assim passa a ser valorizado como coragem. Por isso o pecado primeiro não é a demonstração de sofrimento, mas a desistência. Aquele que desiste trai os que "não tiveram escolha". Já os que topam, os "corajosos", estão amparados pela justificação da necessidade. É por essa perspectiva que deve ser compreendido o mistério Eichmann: "Em vez de dizer: 'Que coisas horríveis eu fiz com as pessoas!', os assassinos puderam dizer: 'Que coisas terríveis eu tive de ver na execução dos meus deveres, como essa tarefa pesa sobre meus ombros'"[55]. Quando a Lei obriga à aniquilação, é o bem que se converte em tentação:

> Eles [os nazistas] conseguiam inverter a lógica de resistir à tentação: a tentação a se resistir era a própria tentação de sucumbir à piedade e simpatia elementares em presença do sofrimento humano, e seu "esforço" ético era dirigido para a tarefa de resistir a essa tentação de não matar, torturar e humilhar. Minha própria violação dos instintos éticos espontâneos de piedade e compaixão é assim transformada na prova de minha grandeza ética: para cumprir meu dever, estou disposto a assumir o grande peso de infligir dor a outras pessoas.[56]

Não se trata de uma anulação da consciência moral, mas de uma inversão de valores[57]. É necessário esforço para ser mau, ir contra a própria consciência. Agir contra si mesmo é um fardo, daí a coragem de nossos fortes.

---

[54] Christophe Dejours, *A banalização da injustiça social*, cit., p. 100.
[55] Hannah Arendt, *Eichmann em Jerusalém*, cit., p. 122.
[56] Slavoj Žižek, "Um dia de cão", em *Folha de S.Paulo*, 29 jan. 2006.
[57] Ao conceder uma entrevista, um participante do *Big Brother* lembrou-se de uma prova na qual teve que passar horas acocorado em uma pequena casa disposta no jardim. Disse ele: "Você se coloca numa situação que você se pergunta: por que eu tô aqui nessa casinha agachado? [...] Mas daí você pensa: 'vou perder para um homem?'". O distanciamento da consciência com relação às ações é precisamente o que chamamos cinismo. E a autodefesa contra os rituais de sofrimento aos quais estamos submetidos cotidianamente amplia essa distância. Disponível em: <http://tvuol.uol.com.br/#view/id=bbb-na-berlinda-com-michel-turtchin-e-marcelo-arantes-

Eis nossos heróis: não são idiotas, tampouco perversos; são "machos"[58]. Nossos heróis são aqueles que encaram o sofrimento e fogem aos verdadeiros riscos. A coragem em e para esse mundo cruel deveria ser reconhecida como o que é: covardia. E as loas tecidas ao sobrevivente deveriam gerar aquilo que Primo Levi chama "vergonha do mundo"[59].

> Ao retornar do campo, veio visitar-me um amigo [...] Disse-me que o fato de ter sobrevivido não podia ser obra do acaso, de um acúmulo de circunstâncias afortunadas (como sustentava e como ainda sustento), mas sim da Providência. Eu era um escolhido, um eleito. [...] Por que justamente eu? [...] Essa opinião me pareceu monstruosa. Doeu-me como quando se toca um nervo exposto, reavivando a dúvida que expus acima: poderia estar vivo no lugar de outro; poderia ter fraudado, ou seja, matado efetivamente. Os "salvos do Lager" não eram os melhores, os predestinados ao bem, os portadores de uma mensagem: tudo o que eu tinha visto e vivido demonstrava o exato contrário. Sobreviveram de preferência os piores, os egoístas, os violentos, os insensíveis, os colaboradores da "zona cinzenta", os delatores. [...] Sobreviviam os piores, isto é, os mais adaptados; os melhores, todos, morreram.[60]

Solitários

Outro *reality show* veiculado pelo SBT, *Solitários*, arremessa pessoas em minúsculas celas individuais, nas quais não têm contato algum com o mundo externo. Os participantes comunicam-se apenas com uma voz robótica que explica as provações, dá ordens e indica punições. Em seus cárceres privados, eles perdem a dimensão de tempo (não há rotina) e espaço (a cela é um octógono pintado com cores berrantes); passam inúmeras vezes por situações de privação de sentidos e outras formas criativas de tortura. Exemplo: "De pés descalços em cima de uma plataforma de pregos, os participantes tiveram que suportar a dor o maior tempo possível. O primeiro a desistir foi eliminado"[61]. Por fim, os concorrentes são privados de necessidades

---

04021C346CD8A10327/mediaId=9046648/date=2011-01-26&&list/type=tags/tags=346630/edFilter=all/>. Acesso em 30 mar. 2011.

[58] Um dos famosos jargões de Pedro Bial no *Big Brother* é o cumprimento aos confinados: "Meus heróis!". Cumprimento acompanhado de braços abertos, prontos ao abraço.
[59] Primo Levi, *Os afogados e os sobreviventes*, cit., p. 74.
[60] Ibidem, p. 71.
[61] Outro exemplo: "Os convidados tinham que permanecer sentados na desconfortável cadeira com uma bola da mordaça [sic] na boca, por tempo indeterminado. Seria

elementares: podem ser impedidos de dormir por ruídos e luzes irritantes, ou podem passar fome para, logo a seguir, terem que adivinhar as calorias de um prato de hambúrguer disposto à sua frente. A proximidade da cifra correta rendeu o prêmio da alimentação completa ao vencedor, quantidade que ia diminuindo até o perdedor, que foi obrigado a devolver à produção a comida, intacta. Os perdedores das provas ou aqueles que delas desistem ao apertarem um botão estão imediatamente eliminados; ganha 50 mil reais (em barras de ouro) aquele que não sucumbir. Não é preciso ir adiante nessa descrição para termos uma noção do estado dos participantes ao longo da competição: assistimos às pessoas enlouquecendo. Essa loucura pode não ser vista como tal, já que a roda-viva de sofrimento, dor e embrutecimento é a regra, mas é precisamente a isso que assistimos[62]. Os participantes choram, passam mal, falam sozinhos, temem ou odeiam sua própria sombra, gritam, anestesiam-se, são exauridos[63].

As cobaias do experimento cruel do SBT não estão solitárias porque se encontram privadas da companhia de outras pessoas. Há inúmeras vezes em que estamos sós mas não solitários. Na formulação de Hannah Arendt, mesmo quando nos abandonamos aos nossos próprios pensamentos, estamos na companhia do outro que se desdobra em nós. A única experiência diante da qual nos encontramos completamente abandonados é a que o antropólogo Eduardo Viveiros de Castro chama "quase morte"[64]. Não se trata da própria morte, pois essa é o não evento por excelência, é algo

---

eliminado o primeiro a pressionar o botão vermelho. A bola na boca forçava as articulações do rosto, causando dor e desconforto extremos". Disponível em: <http://www.sbt.com.br/noticias/default.asp?c=7266&t=Relembre+a+elimina%E7%E3o+de+alguns+participantes+da+primeira+temporada+de+Solit%E1rios>. Acesso em 22 jan. 2011.

[62] "No Campo, não há criminosos nem loucos", Primo Levi, *É isto um homem?*, cit.

[63] Eis a descrição do programa, no próprio site da emissora, que não me deixa mentir: "*Solitários* é um experimento social único, no qual nove participantes disputam um prêmio de 50 mil reais em barras de ouro. Fechados em pequenas cabines individuais, totalmente isolados do mundo, *sem controle sobre a própria vida* e enfrentando desafios impostos por um computador, os participantes têm seus limites físicos e emocionais testados à exaustão". Disponível em: <http://www.sbt.com.br/noticias/?c=4244. Acesso em 17 jun. 2012. Grifo meu.

[64] "A morte como quase acontecimento", conferência realizada na CPFL, Campinas. Disponível em: <http://www.cpflcultura.com.br/site/2009/10/16/integra-a-morte-como-quase-acontecimento-eduardo-viveiros-de-castro/>. Acesso em 16 ago. 2011.

que sempre ocorre aos outros, jamais a nós mesmos[65]. Já a quase morte é o Evento, é aquele momento em que algo poderia ter acontecido, mas não aconteceu. Contudo, esse não acontecer é o que dá sentido a todos os demais aconteceres:

> A morte só pode ser experimentada por nós, na qualidade de primeira pessoa, em sua "quasidade". [...] O quase não é um não acontecer, nós sabemos que alguém que quase morreu não é mais a mesma pessoa que aquela que não passou por essa experiência. [...] E é desse quase acontecer que é feito o discurso, que é feita a narrativa. A narrativa é sempre um quase: "quase aconteceu".[66]

Segundo Castro, a quase morte é experimentada pelos índios na forma do "mau encontro" na selva, quando o caçador depara com um animal que fala ou quando enxerga o espírito de um parente morto. Em ambos os casos, ele encontra um ex-humano. O caçador se defronta, então, com uma "alteridade completa, infinita", pois o morto, nas culturas indígenas, é o não humano, um inimigo que quer seduzir os homens para o seu não mundo. Trata-se de uma concepção completamente diversa da nossa, na qual os mortos não são o oposto do humano, seu devir é sobre-humano. Na cultura ocidental há continuidade entre o mundo dos mortos e o dos vivos, especialmente na forma da herança (seja ela material ou simbólica). Entre nós, o parentesco resiste à morte; os mortos não apenas permanecem entre os vivos como os dominam: é o sobrenome que repõe as diferenças sociais. Para os índios, "o parentesco é antídoto contra a morte, e a morte é inimiga do parentesco"; ela não é apenas o fim de uma vida, é também a eliminação do laço social. Sendo assim, o "mau encontro" é uma experiência de "absoluta alienação". O choque experimentado pelo sujeito é o da solidão completa, de uma "dessubjetivação", da entrega ao não humano que se arroga o status de humano. Por isso, Castro não compara o "mau encontro" indígena com a situação do ocidental ante seu fantasma, o qual ainda compartilha a humanidade. Há, entretanto, uma analogia possível:

---

[65] Segundo Castro: "Nós temos um saber puramente teórico de que morremos, pois nosso saber visceral é de que a morte só acontece com os outros. Quando nós começamos a perceber que ela acontece conosco é porque já estamos morrendo. Portanto, em certo sentido, não é um acontecimento, pois ela só acontece a outrem e também porque, quando você morre, você não existe mais para testemunhá-la. A morte é uma espécie de acontecimento paradoxal", idem.

[66] Idem.

Que experiência eu já tive que parece com essa? É quando você é parado pela polícia em uma barreira e eles pedem seus documentos. [...] Ninguém deixa de sentir um frio na barriga quando é parado pela polícia. Até porque, se você está limpo, ninguém garante que a polícia esteja. Todo mundo sabe que com a polícia tudo é possível. E todo mundo sabe que o Estado, que está por trás da polícia, é a antítese do parentesco. [...] O Estado, por definição, é uma instituição que se constitui contra o parentesco, diante do Estado somos todos não pessoas; diante do Estado, a única pessoa é ele; diante do Estado, ele é o sujeito, não você. [...] É a sensação de que você está diante de um poder absoluto. [...] E se eu for pobre, aí a situação é realmente grave. [...] Na relação com o Estado, estamos todos mortos. Não é por acaso que o fisco é o leão... é justamente o encontro com o leão na mata. O Estado é o leão: essa exterioridade absoluta, essa humanidade inteiramente alheia a nós, essa ausência absoluta de parentesco. [...] O Estado é aquele que, precisamente, te ignora. Você está ali, diante dos guardas do castelo, e você nem faz a pergunta que devia ter feito, como dizia o outro.[67]

É a essa solidão que estão submetidos os solitários da TV e do sofá. Os pequenos soberanos e suas vozes descarnadas estão por todos os lados. A vida passa a ser composta por uma sucessão de quase mortes. Como núcleo de uma vivência de choque, a quasidade perde o poder de gerar experiência, e a ela se contrapõe[68]. Já não é capaz de gerar narrativa, transformação ou diferença; perde a força de estabelecer sentido. Apesar de ser apresentado como o oposto dos demais *reality shows* de confinamento, por não haver convivência, *Solitários* apresenta uma fantasia central aos demais programas e às relações sociais em geral: estamos sós. Pois "cada um por si e a roda da fortuna contra todos" é tudo que parece ter restado nesse mundo pós--apocalíptico. Estamos sós, mesmo que estejamos acompanhados. O alvo das práticas ideológicas aqui descritas – do descarte à seleção, do capital humano à via-crúcis, da ausência de regras à ausência de critérios; das provas de resistência, das indicações para a eliminação, das votações, das torturas... – não é a conquista da consciência dos dominados, mas a produção de sua solidão. E da solidão tais práticas derivam sua eficácia.

---

[67] Idem.

[68] Walter Benjamin, "O narrador", em *Obras escolhidas, v. I: magia e técnica, arte e política: ensaios sobre literatura e história da cultura* (São Paulo, Brasiliense, 2012).

5
PEDE PRA SAIR

Às vezes digo a mim mesmo, Clov, você precisa aprender a sofrer melhor, se quiser que parem de te punir, algum dia. Às vezes digo, Clov, você precisa melhorar, se quiser que te deixem partir, algum dia. Mas me sinto velho demais e longe demais para criar novos hábitos. Bom, isso nunca acabará, nunca vou partir. (Pausa) E então, um dia, de repente, acaba, muda, não entendo nada, morre, ou morro eu, também não entendo. Pergunto às palavras que sobraram: sono, despertar, noite, manhã. Elas não têm nada a dizer. (Pausa) Abro a porta da cela e vou. Estou tão curvado que vejo meus pés, se abro os olhos, e entre minhas pernas um punhado de poeira escura. Me digo que a terra está apagada, ainda que nunca a tenha visto acesa. (Pausa) É assim mesmo. (Pausa) Quando eu cair, chorarei de felicidade.

Samuel Beckett[1]

I

Nem sempre um jargão fabricado e produzido em massa adere à vivência, como bem o sabem aqueles que sonham a completa manipulação, os publicitários. Contudo, quando o sucesso é estrondoso não pode ser desdenhado, não por ser uma manipulação bem-sucedida, e sim porque certamente toca em algum aspecto nuclear do edifício simbólico. O jargão é uma tolice aparentemente inofensiva, através da qual ouvimos a voz de

---

[1] Do livro *Fim de partida* (tradução de Fábio de Souza Andrade, São Paulo, Cosac Naify, 2002), p. 145-6.

comando do Outro. Por isso não é à toa que a "música" que repetia de modo incansável as palavras "Tô nem aí" tornou-se uma epidemia em 2003[2]; ela era indiferença ministrada a conta-gotas em doses cavalares. Já em 2007, o vírus foi a frase "Pede pra sair", oriunda do sucesso de bilheteria *Tropa de elite*, filme de José Padilha. O bordão é repetido pelo capitão do Batalhão de Operações Policiais Especiais, o Bope, ao longo de uma seleção de admissão, enquanto esbofeteia os aspirantes e os obriga a realizar provas dolorosas. Como não poderia deixar de ser, o filme se tornou mote de um dos espaços privilegiados de mobilização disciplinadora da força de trabalho, as palestras motivacionais. O ex-capitão do Bope, Paulo Storani, late para a plateia composta de executivos de uma grande seguradora: "Você é um operação especial ou é um convencional na sua atividade? O convencional é o invertebrado, é quem desmonta no primeiro tiro ou na primeira meta". Seu ponto final, "E quem não está satisfeito...", é completado pela plateia: "... pede pra sair". O encerramento é marcado pela autodesignação dos membros da "tropa de elite" – do Bope e daquela, recém-forjada: "Eu sou caveira!". Uma das pessoas mobilizadas afirmou: "Nas palestras, fazemos uma autorreflexão, buscando as características do 'caveira' dentro da gente". Mas há também os que se descobrem "invertebrados", segundo o diretor comercial da maior fabricante de lycra do Brasil: "Na empresa, a gente agora só se chama por número"; segundo ele, dois funcionários "pediram pra sair" após a aplicação dos princípios aprendidos: "Um, três dias depois da palestra, e outro, quinze dias depois, porque viram que o bicho ia pegar"[3]. A cena ficcional apresenta os mesmos elementos que constituem nossa fantasia, e o jargão os sintetiza com precisão. Ele é intimidação na forma de conselho; pressupõe uma escolha livre ao mesmo tempo que a recusa ao impor seus próprios termos. Pedir para sair é cruzar a linha de aniquilação demarcada pelo próprio chicote que roga. Ele é um apelo ao desejo real de

---

[2] A música foi composta por Latino e gravada por Luka. Além de ter virado trilha sonora da novela adolescente *Malhação*, da TV Globo, e de um comercial da Chevrolet, tornou-se sucesso internacional, sendo uma das mais ouvidas na Alemanha, na Itália e nos Estados Unidos.

[3] Maeli Prado, "Caveira motivacional", em *Revista da Folha*, 23 mar. 2008. "O bicho vai pegar" é outro desses jargões virais, e é usado na música-tema do filme. Lembra a citação de Theodor Adorno, no terceiro capítulo deste livro, a respeito daqueles que correm.

desistência e o massacre desse desejo pela ameaça maior, muito maior que a sombra da mão na face.

O tapa na nuca acompanhado do sarcástico "Pede pra sair" é a imagem da nossa dominação, uma dominação que não funciona pela coerção pura, mas que transforma força bruta em ideologia. Ela está em todos os lugares, está na multiplicação do assédio moral nas empresas, bem como na máxima brincalhona: "Tá com medo? Por que veio?". Ela está nas palavras do médico que recusa um atestado de dispensa, pois "tem paciente que implora para retornar ao trabalho, mesmo sentindo a dor do cálculo renal". Está em cada uma das palavras aqui escritas apressadamente, pois o prazo inabalável é um tapa que empurra adiante, para que não se cruze a linha da aniquilação acadêmica[4]. Essa é a imagem que sintetiza o controle do trabalho no capitalismo atual em geral e nos *reality shows* em particular. Quando se assiste ao participante do *Big Brother* sendo levado a um "quarto branco" ou a um "quarto do terror"[5], é possível escutar o programa sussurrando em seu ouvido: "Pede pra sair, vai, pede pra sair...". E às vezes acontece que se desista, e não apenas sob tortura explícita, como no caso do rapaz do "quarto branco". Alguns afirmam já terem sofrido o suficiente e, em programas do tipo "processo seletivo", pedem aos jurados para sair, geralmente por problemas de saúde decorrentes do estresse; nas competições de confinamento, pedem votos ao público a fim de serem mandados para casa no ritual de eliminação seguinte. Entre esses, a maioria volta atrás e afirma ter sucumbido ao desespero do momento. Outros vão até o fim e são eliminados com a estranha legitimidade de quem agiu de acordo com a Lei[6].

---

[4] Um querido amigo, que sentia o prazo final respirar em sua nuca, escreveu o seguinte e-mail: "Estou me sentindo num filme sobre ameaça de bomba. Sabe aquela coisa de contagem regressiva rolando, e o cara precisando saber qual fio cortar para desarmar a bomba?".

[5] Situação produzida na edição de 2011 do programa. Trata-se de um quarto totalmente escuro, dentro do qual não há mobília alguma, apenas 2 mil chaves, entre as quais estão duas que levam à libertação. Caso os dois participantes presos não as encontrem, serão diretamente levados a um "paredão" que eliminará duas pessoas, em vez de uma. Caso encontrem, deverão indicar outras duas pessoas ao altar de sacrifício. Disponível em: <http://bbb11.org/bbb11-diana-e-paula-se-libertam-do-quarto-escuro.html>. Acesso em 9 abr. 2011.

[6] Foi o caso de Fábio Arruda, participante da primeira edição de *A Fazenda*, em 2009. Disponível em: <http://www.youtube.com/watch?v=osqrS-T1sw4&NR=1>. Acesso em 9 abr. 2011.

Eu assisti a dois episódios nos quais se burlou a Lei. Em 2006, um dos "aprendizes" de Roberto Justus inverteu a lógica da "sala de reunião" e, com um nó na garganta que lhe sufocava as palavras, iniciou o seguinte diálogo:

> Collins: Eu só tive uma empresa até hoje, e ela se chama minha vida. Quando todos nós decidimos fazer parte do *Aprendiz,* cada um fez um compromisso com o programa, com você. Eu sinceramente não entendo muito bem o que é que o programa está buscando, me vem a dúvida de vez em quando... isso eu tô sendo sincero contigo. Até na tarefa da prefeitura... eu achei que era uma coisa para o exterior e tão me pedindo uma coisa que eu não sei nada. [...] Eu me considero presidente da minha vida. E eu te falo de coração, você, como CEO, está demitido da minha vida. Eu te agradeço a oportunidade, mas...
> Justus [sorriso irônico]: Você tá se demitindo?
> Collins: A vida é minha, né, Roberto?
> Justus: Todo o direito... deixa eu só... já que você pegou a palavra na hora que não devia, porque nós temos uma estrutura, você assinou um contrato que você ia obedecer a estrutura desse programa, você prova mais uma vez para todos nós que você não é capaz de observar pelo menos regras assinadas de um contrato de negócio [...]
> Collins: Mas Roberto...
> Justus: Dá licença, você já falou agora falo eu, porque quem é o presidente da minha vida e quem é o presidente desta sala sou eu. [...] Primeira coisa, quando você faz a avaliação de que provas ou não se deve fazer, de que vai trabalhar no exterior, do que eu tinha que fazer [...] eu ia ficar uma hora te contando pra você aprender um pouco, que eu acho que você precisa disso. Porque um executivo tem que ter uma abrangência de conhecimento e demonstrar isso pra nós [...] [Collins acena, concordando] Você não tem o direito de criticar essa prova, pelo contrário, você deveria enaltecer essa prova. [...] [Collins tenta falar, Justus impede]. Então é o seguinte: se você acha que isso tá errado, você tá errado em achar isso errado. Então não aceito essa colocação sua [de novo, não deixa Collins falar] e não aceito que você não respeite as regras do programa. Eu pela primeira vez, eu vou ser muito sincero, eu não sei se eu ia demitir você hoje, provavelmente sim e você se antecipou porque achou que isso seria digno da sua parte. Eu acho que você não foi digno porque você não seguiu uma regra que todo mundo... mesmo a Carol, fraquejando, coitada, porque tava mal fisicamente, tava com problema, e ela foi até o fim e veio até aqui na sala e ela ouviu o que tinha que ouvir, porque assim que é a regra do nosso jogo. [...] Eu acho lamentável você fazer isso [Collins abaixa o olhar], você estraga e atrapalha o programa seis. O primeiro de todos os aprendizes que eu tive que fez assim. [Collins tenta falar mais uma vez]. Bom, eu vou encerrar esse assunto para não piorar. Você se demitir me poupou de dizer que você está demitido, mas eu digo agora sinceramente, comigo você fecha uma porta gigantesca, e eu acho que com muita gente. [...] Pra mim você está duas vezes demitido.

Collins: Só tô sendo sincero...
Justus: Desejo muita felicidade a você, mas eu não quero mais falar.
Collins: Eu agradeço pela oportunidade Roberto, eu só tava sendo sincero contigo...
Justus: Cê foi sincero, ninguém disse que se você viesse para essa sala você não ia ser sincero.
Collins: Só não é o que eu esperava, é só isso...
Justus [agressivo]: Então o problema é seu, você não é o que eu esperava. Eu ouvi teu teste e achei que você era melhor, você é muito pior do que eu esperava. [Acena um adeus] Peter, seja muito feliz, querido.
Collins: Eu não tenho nada contra o que eu passei aqui...
Justus: Não tem problema... encerrasse com dignidade, vai até o fim. [...]
Collins: Eu só tô indo até onde eu posso ir... Eu te peço desculpas.
Justus: Tá entendido. [...]
[Os participantes deixam a sala, se despedem de Collins, ele deixa a antessala por último, com os ombros encolhidos, mãos entrecruzadas e o olhar voltado para o chão]
Justus [para seus "conselheiros"]: Bom... uma surpresa, uma decepção, uma contradição em pessoa, porque ele falou tanto de ética e foi absolutamente antiético comigo, conosco [...] e não deixou a coisa fluir, porque sentiu que ia ser demitido. Ah! Isso é uma covardia sem precedente. Se você sente que vai ser demitido, joga o jogo até o fim. O maior papelão que eu vi acontecer dentro do *Aprendiz* até hoje.
Conselheiro: [...] Quando uma pessoa se mata, ela na verdade não quer morrer, ela queria viver, mas não tem competência para isso, por isso se mata.
Justus: Concordo.
Conselheiro: Eu acho que a atitude do suicídio que ele cometeu aqui foi antes de tudo uma covardia, em vez de uma coragem.
Justus: É, acho que essa é a lei que é a mais importante lei do universo, o que separa os fortes dos fracos. Que é assim na cadeia da natureza, né. Eu acho que ele provou para mim que não tinha a menor condição de estar no meio dessas pessoas e, quer saber, eu tô aliviado com a saída do Peter, só que ele tinha que ter a dignidade de ter ido até o final. Capítulo encerrado, vamos pra frente.[7]

Aqui um mundo foi dito, sem ambiguidades, coalhado de paradoxos. Aqui está um capital humano que descobriu a mentira do que lhe fora prometido e se rendeu ao ritual, tarde demais; o ingênuo e um punhado de espertos que silenciaram e, temporariamente, sobreviveram; um trabalho de competência indeterminada, não explicado, sem sentido; a tarefa que exige engajamento,

---

[7] Disponível em: <http://www.youtube.com/watch?v=DEK-3CoA1jU>. Acesso em 9 abr. 2011.

mesmo que não haja o conhecimento para tal; o direito à vida, subsumido a um contrato; um contrato sem regras, as quais devem ser cumpridas; o dono da sala, chefe da palavra e da razão, sem *feedbacks*; uma "coitada" adoentada, fraca, que teve o que merecia; uma demissão descumprida que não perde seu caráter necessário, duplica; a covardia que é fugir aos tabefes, covardia de não "ir até o fim", covardia de negar o destino; a fraqueza dos suicidas metafóricos e reais; a Lei do mais forte e a força da Lei; e vamos pra frente.

II

Uma desistência real não é o mesmo que pedir para sair. Essa diferença é o suficiente para deter o campo simbólico semovente; eis a violência verdadeira, que simplesmente não pode ser admitida. A capacidade de arrancar as coisas do lugar, evidenciada pelo espanto de Justus ao reconhecer o ineditismo do ocorrido, é o que separa o gesto do rapaz da reação do empresário: a violência despudoradamente vã a que assistimos todo santo dia nesses novos programas de televisão. Trata-se de uma brutalidade que só está lá por estar, pois mesmo o objetivo, já em si estúpido, de construir vencedores é desproporcional às provações. Isso fica ainda mais claro em programas nos quais ela aparece em visível descompasso com os demais elementos. *Cake Boss* é um programa norte-americano que acompanha o dia a dia de uma confeitaria especializada em bolos monumentais[8]. Além do desfile de chocolate, açúcar e nozes, é exibido um trabalho artesanal realizado com cuidado, paciência e delicadeza. Entretanto, em nenhum episódio pode faltar ao menos uma cena de discussão e gritaria na cozinha. A imagem de abertura, com o dono da empresa, também ele confeiteiro, segurando um rolo de macarrão de forma quase ameaçadora, indica que o doce constitui o elemento secundário, apesar de os gritos serem o aspecto irritante, artificial e dispensável. Sem querer, o programa mostra a distância efetiva entre um trabalho benfeito e a histeria atuada do imperativo da produtividade. Isso também transparece em um *reality show* de seleção protagonizado pelo renomado designer francês Philippe Starck[9]. O primeiro episódio começa com a seguinte explicação:

---

[8] *Cake Boss* (TLC).

[9] *Philippe Starck: Design for Life*, produzido pela BBC e exibido no Brasil pelo canal a cabo Multishow. O formato é idêntico ao dos demais *reality shows*: confinamento, disputa, provas, julgamento, eliminação...

Por que eu estou aqui? Definitivamente não por diversão [...] Eu tento ajudar seu grupo, sua sociedade, sua civilização a ter uma vida melhor, esse é o ponto. E eu sei que parece um pouco pesado, um pouco ridículo, mas eu não ligo, eu odeio cinismo.

Em uma das tarefas do primeiro episódio, os estudantes foram ao supermercado para adquirir uma mercadoria que indicasse sustentabilidade, e outra que mostrasse o oposto. Um dos participantes levou uma bicicleta, que é um veículo não poluente etc. Starck mostrou como por trás de uma ideia ecologicamente correta e amplamente difundida pode estar um engano grave: "Como essa bicicleta pode ter um preço tão ridículo? É impossível fazer isso sem escravos". Os piores colocados na tarefa tiveram que pensar em novas soluções para permanecerem no programa. O rapaz da bicicleta, então, mostrou uma revista de fofoca e afirmou ser uma leitura que não ensina nada e uma mercadoria tão descartável quanto a fama. Starck gostou: "Estamos no caminho certo!. Isso significa que não estamos falando de um produto, estamos falando do que está por trás... toda a interação que é um produto". No instante seguinte, ele anunciou, com visível desconforto, a chegada da "parte ruim", o momento da eliminação. "Sabemos que não há espaço para todos, isso significa que *somos obrigados* a selecionar duas pessoas para irem para casa, o que não é divertido."[10] Starck sabe que a expulsão é violenta e o demonstrou com uma exagerada expressão de condolência. Não obstante seu constrangimento, bem como seu ódio ao cinismo, ele o fez. Na prática, a descartabilidade das pessoas é mais aceitável que a da mercadoria, ainda que se saiba e se condene o trabalho descartável que produziu a bicicleta. O ponto é: por que expulsar? O programa não poderia simplesmente mostrar essa crítica da mercadoria e a tentativa de criação de objetos mais racionais? Quando fiz essa pergunta a uma amiga que assistiu comigo ao episódio, ela respondeu: "Ah, Sil! É um *reality show*, se não fosse assim, nem teria o programa". Ela tem razão; a eliminação é obrigatória, pois sem ela não haveria... eliminação.

---

[10] "Why am I here? It's definitively not for fun [...] I try to help your tribe, your society, your civilization to have a better life, that's the subject. And I know it looks a little heavy, a little ridiculous, but I don't care, I hate cynicism", "How can this bike cost this price so ridiculous? It's impossible to do it without slaves", "We are on the way! That means we are not talking about a product, we are talking about what is behind... all the interaction that is a product", "bad part", "We know that there is not room for everybody, that means that we are *obligés* to select two *personnes* to go home, which is not fun." Disponível em: <http://vimeo.com/6604817>. Acesso em 10 abr. 2011. Grifo meu.

É esse excesso de violência estéril e despropositada a força motriz da permanência. Por isso não é possível que se retire essa mais-violência sem que todo o resto desmorone. A tentativa razoável de Starck, de educar contra o fetiche da mercadoria e suas implicações, escora-se na obrigatoriedade externa a seu objetivo, sem a qual não seria posta em prática e com a qual se torna inconsistente, para não dizer absurda. O espetáculo da realidade nos impõe uma questão tão óbvia que parece ingênua: se o descarte é destino, e seu critério é incerto, por que tamanho esforço? Por que as pessoas não passam seus dias à beira da piscina, à espera da decisão do público, em vez de agirem em seu pequeno mundo de abundância como se fosse o reino da escassez? Por que não dividem o prêmio e sossegam em vez de buscarem a destruição mútua? A pergunta é ingênua porque a resposta é óbvia: sem guerra, sem programa. Não fosse o fuzilamento iminente e os demais rituais de sofrimento, a audiência se veria confrontada, aí sim, com o "deserto do Real", o tédio insuportável, a completa ausência de sentido. Por isso o capitalismo contemporâneo gera um excesso sobre um excesso. No ponto cego entre a mais-valia e a mais-violência está a garantia da sobrevida duplamente irracional do sistema – pois não basta estarmos em meio ao círculo infernal da produção de necessidades, estamos também submetidos à violência banal que lhe confere movimento. Assim como sem o "jogo" não haveria *reality show*, sem a fantasia segundo a qual não há lugar para todos, sem o fantasma da inutilidade, sem o imperativo da eliminação, sem o estado de guerra, não poderíamos retomar uma "normalidade" produtiva, pois o sistema capitalista é a própria produção de escassez e risco. Ele já é, em si mesmo, o "deserto do Real"; apenas agimos como se não fosse.

Se do lado de cá da tela a resposta à pergunta óbvia é geralmente cética, na maioria das vezes jocosa, nos *realities* é invariavelmente furiosa, pois o desmoronamento da mercadoria se torna palpável pela simples menção do despropósito da violência. Na 11ª edição do *Big Brother,* um participante cogitou a possibilidade de indicar alguém ao "paredão" pelo jogo do palitinho; a bronca do soberano vazou no áudio do *pay-per-view*: "Atenção, seu Cristiano. Pode ser uma brincadeira a sua frase ou pode ser de verdade. Se você der a entender que usou a sorte para decidir o seu indicado, o senhor vai estar eliminado do jogo. Esse jogo é um jogo de comprometimento"[11]. A

---

[11] Disponível em: <http://portalps.virgula.uol.com.br/noticias/irritado/6589/vaza-audio-de-boninho-dando-bronca-em-cristiano-no-bbb11.html>. Acesso em 11 abr. 2011.

escolha pode até ser arbitrária, mas é vetado que se "dê a entender"; afinal, a atuação do embate alicerça o show. Na terceira edição houve uma prova em que os participantes deveriam passar quatro dias acorrentados para garantir sua alimentação completa. Um deles pensou em desistir logo no começo e ponderou: "O pior que pode acontecer é ficar sem comida". O programa admite que o competidor seja vencido pelo cansaço, mas não que recuse o sofrimento gratuito: "Pra que eu fui falar isso?", questionou, em entrevista, o sensato. "Nossa! O cara [Boninho, é claro] me esculachou bonito. Me deu uma bronca que até perdi o rumo."[12] Mais uma vez, a ordem é pedir para sair. Desistir sem tentar é pecado mortal, pois a violência vã não é apenas autorreferida, é autopropulsionada. Trata-se de uma violência impotente, pois põe em movimento o mundo para que não se mova.

III

Na segunda vez que vi a Lei ser burlada, a pergunta da renúncia se fez gesto. Uma participante de *A Fazenda* não pediu para sair nem foi eliminada; ela simplesmente saiu. Não fez discursos, não brigou, não exigiu nem acusou. Fez suas malas e saiu. Disse para a câmera o porquê de sua decisão: "Eu tô com saudades da minha vida, tô com saudades de mim". Sua violência foi discreta e real, fixou-se na completa incompreensão e perplexidade dos demais e na ira de uma entre eles, uma participante de mesmo nome – Bárbara. A Bárbara indignada segurou a outra pelos braços e pediu professoral e pausadamente, para que a desistente, louca ou burra, compreendesse sua aflição: "Não vai embora. Eu não te conheço e você não me conhece. Isso é um jogo, se você sair o que vai acontecer é que vão botar um suplente aqui, fresquinho". Como se essa justificativa fizesse algum sentido, ela continuou: "Eu preciso que você reflita sozinha, um segundo". A Bárbara serena simplesmente olhou fundo nos olhos da angustiada e com a cabeça fez não. Diante da insistência da outra, a Bárbara silenciosa disse: "Eu vou me sentir mal, eu não tô legal aqui". Então a nervosa imediatamente retrucou: "O que a gente pode fazer pra você se sentir melhor?". "Nada", respondeu, paciente. A Bárbara então ainda mais irritada estourou: "Então por que você entrou nesse raio desse jogo?". "Pra quê? Pra ver até onde eu conseguia chegar."

---

[12] Disponível em: <http://televisao.uol.com.br/ultimas-noticias/multi/2011/02/09/04021A376ED4991327.jhtm>. Acesso em 14 fev. 2011.

"E você não consegue chegar até domingo?" A Bárbara tranquila repetiu o gesto de recusa e inventou sua própria linha: "Não mais"[13].

Quando assisti a essa cena, lembrei-me de Bartleby, o escrivão, em sua recusa passiva, persistente e aterradora: "Acho melhor não"[14]. Essa recusa é diferente daquela do capital humano de Justus. Bárbara não quis ser presidente de sua vida; ela sentiu saudades de sua vida. Não quis assumir o controle da situação; ela abriu mão da situação. Não discutiu, não argumentou, pois, naquele momento, ela falava outra língua, a língua de um gesto deslocado. O aprendiz falava a língua do dominador; por isso seu gesto foi passível de explicação, uma explicação que pode ser falsa – talvez ele não tenha se "antecipado" para "parecer digno"; talvez, assim como a Bárbara, simplesmente não aguentasse mais –, mas que recoloca a fantasia brevemente rompida. O rapaz reagiu, também ele demitiu; por isso, mais que a língua, ele compartilhou a violência dos impotentes. A moça não agiu e então abriu uma brecha no imperativo da luta incessante. A reação dele abriu a comporta de uma reafirmação verborrágica e ainda mais brutal do que está dado; a não ação dela calou. Diante de Justus, o capital humano permaneceu um aprendiz, daí o pedido final de desculpas e o agradecimento; diante de Bárbara, Bárbara foi alteridade; aqui, desculpa e gratidão deixaram de ser possíveis. Ao contrário dele, ela não agiu como vítima de uma empulhação ideológica, ela sabia do que se tratava. Mas também ao contrário dos cínicos, ela não se distanciou de sua ação. Ela radicalizou a fantasia, carregando-a até seu momento de inversão: não queriam ver até onde eu ia? Aqui está meu limite, e ele é real, não espera até domingo. Minha linha, não a sua, é o ponto final. Não queriam me fazer desistir? Desisto inteiramente.

Mais do que qualquer outro de seus concorrentes eliminados – houve até um que ameaçou aleijar um "colega de confinamento" para que ficasse impossibilitado de trabalhar –, Bárbara foi execrada por todos[15]. Ela cometeu

---

[13] Disponível em: <http://www.youtube.com/watch?v=UyEYrzGSQxk>. Acesso em 14 fev. 2011.

[14] Herman Melville, *Bartleby, o escrivão: uma história de Wall Street* (São Paulo, Cosac Naify, 2005).

[15] No dia seguinte às eliminações de *A Fazenda*, o "excluído" deve participar de um programa vespertino chamado *Hoje em Dia*. Nele, além de ser proposta uma nova provação para que o "ex-peão" não saia de mãos abanando – a pessoa deve andar em uma passarela suspensa a 50 metros de altura – perguntam a respeito dos concorrentes de aprisionamento e pedem para que lhes sejam atribuídas notas. Nessa edição, todos

o crime maior: covardia. Ao contrário do outro desistente, ela permaneceu em silêncio, não queria provar nada a ninguém. Por isso, ao contrário do outro, cuja cena entrou para a história límbica dos grandes eventos de *reality shows* em meio aos surtos esperados e torturas memoráveis, seu esquecimento foi esquecido. A subsistência profética se cumpriu: ela se afogou. Mas só foi esquecida porque era só uma, ela era uma só.

---

foram categóricos e rígidos na condenação da desistente. Segundo uma entre eles: "Bárbara desistiu porque não sabe perder". Não aceitar as porradas da vida? Lesa--majestade, pecado, profanação.

POSFÁCIO
Breve história da realidade: sofrimento, cultura e dominação[1]

Pedro Rocha de Oliveira[2]

> *Me matan si no trabajo,*
> *y si trabajo me matan.*
> *Siempre me matan, me matan, ay,*
> *siempre me matan.*
>
> *Ayer vi a un niño jugando*
> *a que mataba a otro niño.*
> *Hay niños que se parecen*
> *a los hombres trabajando.*
>
> – Nicolás Guillén

O fim da finalidade

A sociedade burguesa inventou a acumulação de riqueza abstrata através da exploração do trabalho. O trabalho explorável é aquele que é trabalho nas piores condições possíveis, pelo maior tempo possível, e em troca de um salário que, segundo o conceito de mais-valia, não corresponde ao tempo total trabalhado. Por isso, a sociedade burguesa introduziu a ideia de sacrifício como algo fundamental para a autocompreensão da vida social. Uma expressão disso é a noção universalmente instintiva da "ação em

---

[1] O presente escrito foi suscitado pela provocação de Paulo Arantes, que me apresentou a tese de Silvia Viana, acompanhada da encomenda: "reaja a esse ensaio!". Agradeço as contribuições de Felipe Brito, com quem recentemente organizei o livro *Até o último homem: visões cariocas da administração armada da vida social*, a ser lançado pela Boitempo na coleção Estado de Sítio.

[2] Professor de filosofia contemporânea, Departamento de Filosofia, Universidade Federal de Juiz de Fora.

conformidade a fins", vedete filosófica que, no fim das contas, diz não mais que o seguinte: de modo a alcançar Z, o sujeito X deve realizar Y, sendo que Y, na prática, é quase sempre alguma coisa desprazerosa e infeliz, que X não realizaria se não estivesse desprovido de Z, do qual necessita. Parece coisa corriqueira, mas, se fosse, não seria necessário que martelassem em nossa cabeça, desde pequenininhos, que a vida é feita de escolhas difíceis, de um abrir-mão e, em última análise, de trocas mediante as quais o conforto físico e mental, abandonado, se converte irrecuperavelmente em alguma outra coisa. Essa lógica de formação subjetiva foi percebida por Freud não apenas como pedagogia para o trabalho especificamente, mas como pedagogia em geral. Trata-se da chave para a inserção social *tout court*, a adequação mais ou menos traumática dos instintos egoístas às necessidades da convivência social vantajosa – e, quiçá, até prazerosa. Para aquele entusiasta da civilização, o autocontrole e a disciplina possibilitariam uma colaboração entre seres humanos para realizar objetivos comuns. Esses objetivos, a princípio, diziam respeito às questões mais prosaicas – a busca em comunidade para a solução de problemas, a reprodução da vida, a construção de barragens, a divisão do trabalho doméstico, a cura de doenças, a luta contra inimigos comuns (e, portanto, também o trabalho no sentido especificamente capitalista). Mas, em última instância, a criação de um mundo especificamente humano a partir das relações sólidas entre os humanos criava também objetos e problemas mais elevados: a esfera da cultura, na qual os seres humanos, mediante esforço específico, produziam uns para os outros obras de grande beleza, de profunda verdade, de sublime devoção. Assim, o sujeito – o adulto socialmente funcional, potencialmente apto a realizar a tal ação conforme a fins – era uma função através da qual a vida se expressava socialmente: sacrificando sua selvageria bruta, o organismo individual se adaptava ao seu meio de modo a sobreviver, e essa sobrevivência adaptada ganhava, de brinde, a cultura, a fantasia, a faculdade estética. Era uma visão otimista, talvez, ainda que nela também houvesse espaço para o reconhecimento de que o processo de adaptação incidia sobre a vida biológica de forma fundamentalmente repressiva, de tal modo que o sujeito socialmente funcional era sempre, também, e na melhor das hipóteses, o sujeito funcional neurótico.

Mas o tempo passou, a cultura acumulou, o processo civilizatório trocou de sinal. Num mundo onde o conforto material poderia existir para todos, mas no qual são mobilizadas quantidades gigantescas de recursos para a construção de potentes aparatos repressivos, suficientes para a manutenção da privação miserável – num mundo, portanto, onde o sofrimento é um produto direto da atividade social, e não um efeito colateral de sua relativa incompletude –, a adaptação deixa de ser meio para a realização das necessidades do indivíduo orgânico e, diante da ameaça explícita, constante e onipresente, se transforma em finalidade última de toda a vida. Para a ação em conformidade a fins, isso equivale a um tiro no pé. Do ponto de vista da precária distribuição e adestramento das necessidades que o sujeito X precisa realizar, o sacrifício Y não é um efeito colateral da obtenção de Z, e sim a própria finalidade. Essa lógica aparece concretamente no que se costuma chamar experiência "profissional", e que hoje tange a vida daquela parcela da humanidade que, embora condenada ao trabalho supérfluo e desnecessário como os demais, transita numa faixa de padrão de consumo constante e, portanto, precisa relacionar-se com seu trabalho como se esse fosse uma realidade estável e constante. Transformada em cultura do trabalho, essa relação tem como conteúdo a demonstração permanente de um estado de engajamento, competitividade, disponibilidade, uma espécie de ousadia ativa temperada com doses importantes de submissão constitutiva, e envolvida com camadas espessas de trabalho não pago em suas diversas formas. Nesse universo de *yuppies*, o exclusivo clube dos empregados, cultua-se um tipo de desespero que é exportado para os demais círculos sociais – cada um determinado desde cima por um universo de produtos e um "perfil" de endividamento – sob a forma da ideologia do empreendedorismo de si próprio: "Você S.A.".

O que essa universalização da cultura do trabalho realiza é a ênfase psicológica no sacrifício. Porém, por baixo dessa ênfase psicológica, está a realidade da truculência socialmente administrada, a competição impossível contra a exclusão inevitável que, mesmo para aqueles que dão sorte, representa a imersão na relativização da vida pela sociedade capitalista. Essa sociedade, que através de numerosos índices estatísticos mapeia sadicamente a constante reprodução e ampliação da "desigualdade" e da "concentração de riqueza", por um lado proporciona abundância – segundo a ONU, desde a década de 1980 já há capacidades produtivas para alimentar toda a humanidade – e, por outro, administra a escassez – dos 6 bilhões de seres humanos hoje existentes, 1 bilhão são famintos, e mais 2 bilhões são "miseráveis". Quer dizer que a ênfase no sacrifício não é só psicológica, não é só algo que se passa na cabeça dos homens e mulheres com trabalho e com uma cultura *yuppie* do trabalho: é algo que também acontece com os corpos, carnes, estômagos, deles e dos demais. Essa cultura não é a colonização dos sonhos, a criação de uma adesão violenta que ocuparia o lugar do que outrora se chamava "consenso", mas a consequência prática de um medo real, e a cobrança consciente de uma demonstração de submissão. Aqueles cujo trabalho é administrar o trabalho alheio – e, no ambiente de competição total por migalhas, quase todos têm esse trabalho – são portadores de um olhar que procura o sofrimento e precisa encontrá-lo. Nessa sociedade, quem apresenta esse sofrimento carrega um sinal de vida: a prova de que não se trata de uma criança, de um animal, de um organismo incivilizado, mas de alguém, um sujeito socialmente funcional. Assim, essa representação – a exibição do sofrimento –, em tese, é o que carimba o sujeito com o selo de aprovação do capitalismo flexível. Mas essa aprovação não é garantia de nada, o sofrimento não é realmente útil: onde impera a flexibilidade arbitrária – onde a seleção, competição e exclusão são contínuas – nenhum sofrimento é suficiente. Assim, o trabalho e o sacrifício não compensam no final, nem no início, nem no meio, nem nunca. Com o pé furado de bala, a ação em conformidade a fins colapsa.

Quer dizer: mudou a relação entre aquilo que se designou outrora "luta pela sobrevivência" – um debater-se, a submissão do corpo às contorções exigidas pelo mundo das necessidades – e a sobrevivência mesma. A luta não resulta em sobrevivência; as contorções não são uma concessão à natureza, mas um traço do mundo especificamente humano. Reciprocamente, esse universo especificamente humano – a civilização, a cultura – alcança os profundos recônditos da vida biológica, à qual tinha, até então, se mantido propositalmente, cuidadosamente, orgulhosamente alheio. Do ponto de vista da cultura, a lida com a necessidade natural crua colocava para o corpo exigências de submissão que contrastavam com uma espécie de dignidade civilizada, a beleza, o conforto, coisas que, na sociedade burguesa clássica, eram produzidas pelo avanço civilizatório e pela participação privilegiada no consumo dos frutos do trabalho excedente. Nessa ótica, debater-se estava na esfera da necessidade, era útil para o corpo em perigo, porque podia salvar a presa do predador, embora fosse coisa de mal-gosto, deselegante. Hoje, o ato de debater-se tornou-se algo que se espera que a presa faça para mostrar civilidade, algo simultaneamente das esferas da necessidade e da elegância. A sobrevivência mesma é culturalizada. E a recíproca também é verdadeira: a cultura é a cultura da sobrevivência. Porém, apenas até certo ponto. Uma vez que, com o incremento da capacidade produtiva, a manutenção das contradições entre forças produtivas e relações de produção amplia a distância entre aquilo que se precisa para viver e o indivíduo vivo, a vida se reveste de uma capa de contingência. A vida culturalizada, ritualizada, alienada, expressa essa contingência, explodindo a velha autonomia da fruição cultural – segundo a qual a arte era algo inútil, afastado do reino da necessidade e da esfera prática – e cobrindo toda a realidade com seus estilhaços. Em face daquela contingência permanente, debater-se pela vida é necessário, mas não necessariamente tem alguma utilidade.

Diante disso, as metáforas brutais do darwinismo social – elementos que um discurso cínico de aceitação fácil emprega para dizer como as coisas andam – aparecem como um apego pedante e passadista à ideologia do capitalismo na fase do "livre-empreendimento". A total contingência na esfera da sobrevivência exige que se desencante até mesmo a noção do "mais forte" ou do "melhor adaptado". Chama-se de vencedor a quem vence, mas identificar qualidades no indivíduo das quais se pudesse depreender que venceria mais tarde é impossível, porque, hoje, tais qualidades estariam todas relacionadas à capacidade de oferecer-se em sacrifício, de transformar as necessidades conforme exigências heterônomas, de participar em arriscados rituais de autoflagelação, de engajar-se na indiferença à vida biológica, tanto no plano individual – vide ataques cardíacos, comida cancerígena, remédio para acordar e remédio para dormir – quanto no da espécie – na medida em que a manutenção do capitalismo em seu atual "estado de desenvolvimento" aponta para a catástrofe ambiental total. Tais capacidades, portanto, não são rigorosamente do indivíduo, não o compõem, mas decompõem-no, atirando-o na pilha das categorias burguesas brutalmente revogadas. Vencedor é aquele que já venceu, a despeito de tudo, inclusive de si mesmo. Para ficar vivo, o sujeito instrumentaliza a si mesmo: de função segundo a qual a vida se expressava socialmente, ele se tornou o resultado da funcionalização social da vida. O ideal burguês estoico clássico – não sofrer, ou não demonstrar –, cujo funcionamento realizava a repressão da vida pela cultura, foi substituído pela injunção a chorar, pensar, sofrer, sangrar, foder, raciocinar, conter, segurar, mostrar, tudo apenas por obediência, para se demonstrar friamente o quão desesperado se está. Na base da porrada e da ameaça, a cultura produz a vida.

O *reality show* é exemplo disso. Dentro dele, o indivíduo se sacrifica para mostrar que pode... estar no *reality show*, enquanto que, fora dele, o indivíduo se sacrifica para compor socialmente o grande e opulento ritual de manutenção arbitrária da privação material e reprodução *ad aeternum* do sacrifício. Para participar é necessário ser flexível; mas como a flexibilidade é total, tanto os flexíveis quanto os inflexíveis podem vir a perecer. Assim, não há regras e, portanto, não há jogo, e a adaptação não é adaptação a isso ou àquilo, é adaptação pura e contínua. O adaptado que proclama que, para "se manter no mercado", teve de abrir mão de ver seus filhos crescer, de conviver com sua mulher e de todo "tempo livre", atesta pela autocentralidade da adaptação tanto quanto aqueles indivíduos que, sobrevivendo nas cada vez mais espessas margens da produção e consumo de mercadorias, têm de vender o almoço para comprar a janta. De forma semelhante, o momento do consumo de mercadorias – desde os alimentos corretos, que proporcionam o melhor desempenho, até a submissão das dimensões corporais às roupas esperadas, e as viagens que permitem ostentar aos outros e fazer contatos – é função de outra coisa, é "investimento", sendo que, nesse mundo, investir não é necessariamente ganhar. Com a falência da "ação em conformidade a fins", todo sacrifício funciona segundo a categoria do azar: apesar de ser necessário sacrificar-se, não há ligação necessária entre o sacrifício e o sucesso; quando o sucesso ocorre, trata-se de um golpe de sorte. Essa imagem condensa o funcionamento dos processos econômicos hoje predominantes – as operações financeiras virtuais, já descritas como "capitalismo-cassino" – e também está expressa no Deus onipotente do Velho Testamento e dos pentecostais, o qual faz favores arbitrários e milagrosos para quem mostra que acredita – mas nem sempre.

A vida, ou coisa parecida

No seu período clássico, a ideologia burguesa construía a existência como "mera existência", coisa pouca, e que só valia a pena quando ornamentada com certos adjetivos – "vida verdadeira", "vida bela", "vida livre" –, os quais eram monopolizados pela elite culta tanto no que dizia respeito ao seu sofisticado significado quanto, quiçá, à sua realização nos salões de concerto e parlamentos com paredes de mogno. Era a forma de ver o mundo dos profissionais liberais e "livre-empreendedores", segundo a qual o mais importante não era a vida pequena do dia a dia, o cálculo prosaico e contínuo, as economias, as tarefas, as preocupações de pai de família, mas o sentido geral que a atividade subjetiva ia imprimindo sobre a realidade – em última análise, o desempenho econômico, depois chamado "projeto de vida" – bem como o fato mesmo de que havia um sentido superior sendo impresso sobre as meras e mesquinhas coisas. A importância da compensação espiritual desse sentido cultural para que a mesquinharia econômica valesse a pena foi o que tornou os "estratos médios" de antanho tão cultos.

Num segundo momento, entretanto, essa forma de ver o mundo foi se tornando difícil de manter em face do surgimento do capital monopolista. Os pequenos e médios investimentos começam a ser tragados pelos grandes; os interesses e discursos dos setores da elite começam a divergir; o esforço pessoal, a ação individual, o próprio indivíduo, vão se tornando cada vez mais insignificantes diante dos aparatos econômicos internacionais e das estruturas burocráticas que os acompanham no plano sócio-político. O contraste entre o sentido total da vida, de um lado, e a vida mesquinha do dia a dia burguês, de outro, aparece, assim, em seu negativo, que é o fato de que, se a vida mesquinha precisava tanto de uma cultura para lhe dar sentido, era porque a lógica econômica que a dominava tornava-a insossa, quando não destrutiva. Ademais, fica claro, então, que o sentido total dos abstratos adjetivos da alta cultura burguesa se impunha sobre a experiência de uma forma aniquiladora, cancelado a sua desgraceira tediosa, por um lado, mas, por outro, pisoteando a singularidade dos momentos da vida corrente com botinas douradas, e "ressoando ainda sobre sua aniquilação", para usar a expressão através da qual o cão kafkiano descreve sua experiência estética[3]. Mas isso quer dizer que, com a rigidez burocrática, a concentração até então impensável e a escala de poder assustadora, o capital monopolista torna tanto a lógica econômica como a cultural passíveis de serem experimentadas em sua verdade. A distância entre os píncaros humanistas e os pântanos capitalistas aparece como a aptidão crua da sociedade burguesa para o governo cego dos destinos dos homens e mulheres, a submissão descarada de suas vidas aos imperativos empresariais de reprodução social. De qualquer forma, para a humanidade sem humanismo (a maior parte dela), tinha sido assim desde o princípio: desde a chamada "acumulação primitiva".

O passo seguinte vem logo, logo. A desqualificação da vida pura empreendida pelo adjetivo culto – a qual tinha servido para várias tarefas transcendentes, tais como poesia, romance e música, e até para alguma política – se desprega desse adjetivo e se mostra como princípio social: é

---

[3] "Investigações de um cão", nas *Narrativas do espólio* (São Paulo, Companhia das Letras, 2002).

o fascismo. À medida que foi, entre outras coisas, uma resposta à ameaça da propagação do socialismo, o fascismo procurou conter a explosão das contradições entre as forças produtivas e as relações de produção. Ora, uma das expressões dessa contradição sempre foi a existência da alta cultura, coisa produzida com o emprego rigoroso da divisão do trabalho, e a partir do mais-produto social, o que a marcava como coisa fina e, por definição, deliciosamente supérflua. Era, por isso, reservada aos privilegiados, que, através dela, a um só golpe ganhavam o vocabulário para chamar sua própria vida de fina e para sentir pena daqueles que não podiam participar dela. Mas na época do fascismo, o capitalismo monopolista alcança um nível inédito de controle sobre o mais-produto social. Se antes os setores médios e bem-educados podiam dispor desse mais-produto para suas finezas, agora ele é mobilizado nas altas esferas econômicas. Os setores médios são empurrados para o vazio da existência esvaziada por eles mesmos e, sem humanismo que desse conta da sua incapacidade socioeconômica de criar sentido, esborracharam-se na crueza destrutiva da acumulação capitalista, levando os demais setores consigo. Na tarefa de queimar o mais-produto, a guerra em escala planetária substitui a alta cultura, e é por isso que Walter Benjamin, concordando com os futuristas italianos, diz que o lema do fascismo era "faça-se arte, e que pereça o mundo". O contrário disso, quiçá, teria sido o emprego racional das forças produtivas recém-desenvolvidas na tarefa de satisfazer necessidades universalmente, acabando com o privilégio, com a divisão do trabalho, com a guerra, com o capitalismo, com os setores médios, altos e baixos, e também com a alta cultura. "Viva o mundo, e que pereça a arte." Não rolou.

Mas também esse período ficou para trás. Hoje, a submissão da vida à socialização destrutiva é levada a cabo de forma tranquila pelo capitalismo tardio e "flexível", ainda que seu resultado seja uma espécie de relativização total da vida. Para começar, como o capitalismo contemporâneo produz a abundância com a mesma mão que produz a miséria, e promove então uma seleção artificial, a relativização da vida que ele empreende é arbitrária, e a vida dos sobreviventes é ela mesma sobrevida: assim como toda mercadoria é produto excedente, todo aquele que é incluído na produção e consumo sistemáticos de mercadorias – sobretudo quando essas mercadorias são o dinheiro em suas diversas formas – adquire, também, algo da qualidade do sobrante, do supérfluo. Com isso, no momento mesmo em que se torna útil, a vida ganha, ao mesmo tempo, o aspecto do descartável, por um lado, e do luxo e do privilégio, por outro. No fundo, a inclusão é precária, um estágio transitório no processo total de aniquilação. A vida, aí, é sujeição, algo muito semelhante a um prolongamento do instante da morte, esse momento final e instantâneo de submissão à alteridade aniquiladora. O incluído, portanto, tacitamente abandona a possibilidade de ser qualquer coisa além daquilo que se espera, a cada vez, que seja. A vida, transformada em algo efêmero, arbitrário e supérfluo, toma para si os adjetivos aos quais a cultura havia antes sido objetivamente entregue pelos que tinham a vida ganha. Nela, o predomínio do sentido geral das coisas sobre tudo e todos também é óbvio. Na prática, a vida como inclusão econômica tornou-se cultura, um ritual exigido e perpetuamente exibido, o que permite que se faça shows da realidade, e dá margem a toda uma parafernália de discursos sobre invenção e reinvenção, construção e desconstrução, de uma vida que está por um fio.

Porém, por baixo do ritual, por trás do penteado descuidado, da maquiagem blasé, da bem-mapeada sexualidade compatível com o encarceramento nas baias, dos trabalhos acadêmicos displicentemente contentes consigo mesmos e dos remédios para acordar e para dormir está o mesmo constante desespero inculto e calejado dos que não podem fazer da submissão hobby e do adestramento evento cultural, visto que estão próximos demais do perturbador fundamento biológico da existência e de sua precariedade socialmente intensificada. Nessa experiência miserável está representado um fracasso civilizatório que antes foi acidente, mas hoje é meticulosamente proposital; a resignação diante desse fracasso, que nos outros meios sociais vira sinal de sofisticação, está, aí, ligada àquela necessidade cega de seguir vivendo, tão importante para quem está vivo, tão indispensável para que exista opressão social, e que hoje é tema de sublimação estética nos "rituais de sofrimento" da cultura contemporânea, tais como os *reality shows*. Se a religião de outrora sugeria aos miseráveis que aceitassem o mundo e sonhassem com o amanhã – o que, às vezes, se transformou na exigência do amanhã agora, como no caso dos anabatistas ou de Camilo Torres –, a ideologia palpável e reafirmativa desses rituais de hoje, obra da classe média ocidental universalizada, quer dizer a ela mesma que o seu engajamento na passividade, por ser produzido e consumido voluntariamente como cultura, é ainda mais inescapável do que o viver-contra-a-parede dos miseráveis. Com isso, essa ideologia não quer só isentar as pessoas cultas da culpa por ter o que os outros não têm, desculpar também uma sociedade personalizada e aplacada como se fosse um antigo demônio e ao mesmo tempo revestir tudo com a intimidadora capa de estoicismo viril que os que se querem passar por dominadores pensam ter herdado dos protestantes de antiga cepa. Ela quer também, de forma ridícula, insistir culturalmente no antigo desprezo pela vida, representando a sobrevivência como um jogo de torturas no qual se entra só para mostrar a vida torturada, embora essa já seja suficientemente conhecida de todos. Como na consciência suicida, a vida é subjetivamente submetida pela vontade e relativizada ao arbítrio, como se já não estivesse objetivamente submetida e relativizada há muito. Assim, tal ideologia tenta reviver a velha submissão da vida à cultura, numa época em que a vida já foi, na prática, tornada obsoleta pelo funcionamento técnico, econômico e militar, e o autodomínio subjetivo foi substituído com sucesso pela administração social.

Esse é o momento da obsolescência da cultura, quando ficam impossíveis as formas de gozo social através da fantasia – o que inclui até a velha malandragem do masoquismo, de transformar a dor em prazer, a qual dependia de uma diferença clara entre ambos. Afora o aprofundamento da destruição real, e a internalização perversa da equidistância entre vida e morte, já não há perspectiva para a cultura. A única saída possível é a dos incultos: a desrepressão daquilo que sempre foi o outro da cultura, a "mera" vida. A forma dessa desrepressão – a satisfação universal das necessidades materiais – tem, para quem é culto, algo de obscenamente estúpido. E isso, também, é um sintoma de como são as coisas.

Luta de Kapos

Numa realidade social cuja manutenção depende da relativização da vida pelas várias modalidades palpáveis de ameaça de destruição – desde a desintegração expressa pela esfera do crime até o extermínio bélico conscientemente produzido, passando pelo definhamento lento da doença e da fome causadas por privação material e incluindo a degradação ecológica –, a vida é um contingente processo de inclusão sem fim nas atividades econômicas, uma instável integração oferecida para um exército industrial de reserva universal, uma competição constante pelas migalhas de uma escassez obsoleta. A experiência dessa vida banalmente hostil põe mulheres e homens para desempenhar uma hostilidade recíproca, constante e qualitativamente homogênea. Nas margens das atividades produtivas, mas também nos "locais de trabalho", essa hostilidade tem a forma de um controle mútuo com finalidade prática, o qual é falsamente representado como "jogo" nos *reality shows* de "convivência". Obviamente, aquele controle – exceto em caricaturas conceituais desenhadas com antigos bicos de pena ou xilógrafos – não é só exercido pelos ricos contra os pobres, ou pelos chefes contra os funcionários, mas pelos subalternos uns contra os outros, e também entre os chefes, ao longo de toda a estrutura. Por outro lado, é igualmente inegável que as instituições sociais e econômicas que realizam o funcionamento do capitalismo predispõem esquemas de exercício de violência que distribuem de forma desigual a capacidade de ameaçar e violentar. Com isso, aquele funcionamento está balizado, por um lado, por uma violência desorganizada e espontânea e, por outro, por uma violência violentamente organizada.

Nesse sentido específico, o cenário é de conflito social imanente, constitutivo: conflito do, pelo e para o capital. Ao mesmo tempo, é uma situação que não se renderia totalmente a uma formulação que apelasse a um engajamento ou cooperação pelo bom funcionamento do capitalismo, visto que estão em jogo a coação e a manutenção e perpetuação de um estado de crise, ou de mau funcionamento. Por outro lado, tampouco são suficientes os modelos que desejam enxergar aí um individualismo selvagem e/ou eminentemente desintegrador. Lado a lado com as imagens do "fazer a diferença" e do "empreendedorismo cidadão" ou "ecológico", tais modelos abundam nas leituras que a realidade social contemporânea faz de si mesma – através, por exemplo, dos *reality shows*. Neles, a realidade social é resumida em termos das imagens da natureza herdadas da mitologia burguesa clássica: o indivíduo, tal qual um suposto animal, é reduzido à necessidade imperiosa de lutar pela própria sobrevivência, e dane-se o resto. Mas para ser entendida corretamente, essa leitura deve ser tomada em seu caráter de fantasia. Ela não é uma descrição da realidade: é parte do tedioso e infrutífero exercício de saudosismo através do qual, tal qual um personagem de Poe[4], a sociedade burguesa em estado cadavérico tenta hipnotizar a si mesma para não apodrecer instantaneamente. A sociedade em desintegração crônica irremediavelmente lança mão das suas fundamentais porém anacrônicas categorias para produzir imagens desesperadas, e o resultado é a ideia do indivíduo que ainda é capaz de fazer algo por si mes-

---

[4] Edgar Allan Poe, "O caso do Valdemar", em *Histórias extraordinárias* (Rio de Janeiro, Ediouro, 2005).

mo, contanto que supere a moralidade e a sociabilidade – a preservação do antigo empreendedor e da mítica livre-iniciativa em meio à contemporânea destruição racionalmente produzida. Assim, embora inspirada no contexto dos primórdios, essa fantasia do ocaso tem conteúdo diferente daquele da fase heroica do liberalismo, na qual se pintava o indivíduo como o peixinho nadando livremente nas correntes invisíveis do oceano social. Em sua versão contemporânea, o individualismo é cínico, amargo, voluntariamente destrutivo, e o oceano está coberto de detritos. Ademais, o participante do *Big Brother* que, depois de expulso "da casa", confessa em cadeia nacional o quanto foi forçado pelo jogo de convivência a romper todos os laços de amizade, confiança e convivência está numa existência determinada pela escassez artificialmente construída, combinada com a convivência forçada, e na competição *a priori* que brota daí: uma existência social que é o resultado de níveis extremos, radicais de socialização, e na qual o isolamento é, na verdade, mais impossível do que nunca.

Em outros termos: o jargão e os rituais do individualismo contemporâneo querem distanciar a consciência da rígida e insolúvel dependência mútua entre os indivíduos, apelando para uma suposta luta egoísta pela sobrevivência; mas essa luta – a qual é evocada como álibi contra uma moralidade que, desde a "acumulação primitiva", jamais foi funcional – é na verdade ao mesmo tempo solicitada e atravancada pelos processos coletivos vigentes de controle, distribuição e produção. Esses últimos são os que chamam mais atenção: sob o capitalismo, ninguém está realmente isolado, mas desempenha um papel qualquer dentro da criativa trama da divisão do trabalho. Ademais, em 2007, a população urbana do planeta superou a rural, e a maior parte dos seres humanos passou a depender de outros seres humanos para a produção da coisa mais básica de que necessitam para viver: comida. Está em jogo um grau inédito e superintenso de socialização, que marca uma interdependência extrema do indivíduo para com a sociedade como um todo. Mas essa sociedade da extrema interdependência é a mesma que, através da administração total, manipula e controla a escassez. Assim, a interdependência, e o próprio conceito de sociedade, estão em contradição consigo mesmos, e não servem como polo oposto seguro no qual se resguardar das fantasias naturalistas do individualismo antiquado.

A síntese bizarra entre os falsos opostos – entre individualismo desesperado e socialização inescapável em meio à privação administrada – é a competição. Essa categoria – na qual está encerrada a única e pobre conexão da palavra "jogo" com os *reality shows* – é estruturante para uma consciência que quer fugir da integração social destrutiva e privativa e que se embrenha nas categorias antissociais do passado, em vez de apontar para a superação da destruição e da privação. Esse caminho ideológico é contraparte do comportamento urgente, assustado, irracional do quotidiano, um comportamento de adesão desesperada, intimidada, automática ao curso do mundo.

Evidentemente, a experiência do capitalismo sempre envolveu a exploração, a manutenção da escassez e o monopólio sobre os meios de produção – o qual evidentemente sempre se estendeu sobre os meios de produção de dominação, com base na qual se garante a desenvoltura de todo o resto. Assim, a categoria da competição sempre foi fundamental. Entretanto, na fase heroica da sociedade burguesa, essa categoria evocava ricaços de pincenê apostando em corridas de cães e depois praticando *dumping* uns contra os outros. O pega pra capar hoje vigente evoca imagens de outra ordem: não tanto a de hienas disputando carcaças com urubus, mas sim da crueldade calculada e do peleguismo arrepiante que Primo Levi associa ao processo que, nos campos de concentração, transformava prisioneiros comuns em *Kapos*. O crescimento brutal da diferença entre ricos e pobres, a simplificação das hierarquias pela terceirização e eliminação dos cargos médios, além da falência da sociedade civil como intermediadora do confronto entre a pessoa comum, o Estado e as empresas, marcam a época do capitalismo financeirizado e "flexível" como aquela em que a ameaça constante propagada em todas as direções transforma a todos em escravos-capatazes. Trata-se de uma realidade definida pela dominação, mas diante da qual o arsenal tradicionalmente mobilizado para a crítica da dominação perdeu a força. Fenômenos tais como o engodo, a obediência, a submissão, e até a malandragem, já não são traços tão marcantes da experiência social quanto a mera adesão a uma lógica, e sua repetição: a identificação defensiva do massacrado com o massacre. O massacrado não desliza para o massacre como quem faz uma escolha sagaz pela maldade; empurrado às bordoadas para dentro do massacre, ele sobrevive por acaso, e se adapta ao novo ambiente como pode. Qualquer caracterização que tente evitar tais imagens apelando para as categorias morais de outrora – a escolha, a culpa – fracassa em captar a especificidade de uma sociedade administrada regulada pela ameaça. Através da insistência no equipamento conceitual da burguesia clássica, essas apelações irremediavelmente deságuam próximas à formulação absurda de Sartre, segundo a qual mesmo num campo de concentração a categoria da escolha permanece fundamental para a existência, já que se pode optar por encerrar a própria existência através do suicídio. O corretivo desse exemplo extremo é importante para o exercício de compreensão do nosso quotidiano banalmente brutal: para a manutenção de uma sociedade em crise, definida pela destruição sistemática, o engajamento subjetivo é tão acidental quanto a sorte de nascer num lugar onde a sobrevivência é possível. E essa acidentalidade mesma, em meio à administração total, constitui uma das razões pelas quais é preciso dizer que se trata de uma sociedade em crise.

Levar isso tudo a sério é insistir na ideia de que todos participam do massacre mútuo independentemente do que pensam dele – e que, por isso, são introduzidos numa forma de comportamento e de pensamento. Mas quem quiser expressar publicamente o quanto tomou gosto pela coisa também pode – e certos setores sociais têm espaços especiais e predeterminados para tanto, tais como os "comentários de leitores" nos jornais da internet, ou os *reality shows*. Nesses espaços, o sujeito procura se apropriar, se oferecer como autor, de uma situação que é autora do sujeito: enquanto os jornais mais baratos alardeiam que "tiro está comendo solto em cima de vagabundo", a figura se dá o trabalho de fazer seu *login* no site do jornal para dar os "parabéns ao secretário de segurança", como se isso fosse necessário para que o tiro continue comendo solto. Naquela tentativa de apropriação, o sujeito, em sua fantasia, despe a situação de tudo que ela tem de radicalmente objetivo – ou seja, de seu conteúdo específico profundamente determinador da vida dos indivíduos e é radicalmente indiferente a essas vidas. Em vez dos processos econômicos garroteados, do desenvolvimento das forças repressivas, da manutenção violenta da escassez obsoleta e do tratamento do número de mortos como questão administrativa, aparece a vocação para a violência e a celebração da competição. Isso esclarece a respeito da realidade, fala de forma adequada da experiência social e ainda reafirma a existência de um poder cego e destrutivo, reconhecendo o caráter propriamente alienado e fetichista da sociedade capitalista. Porém, teoriza que esse poder está dissolvido na vontade dos indivíduos que vivem sob essa sociedade. O movimento total é o seguinte: partindo do ponto de vista de uma subjetividade isolada que, enquanto tal, é vítima e produto do processo social, o indivíduo se atribui a culpa pelo processo que vitima ele mesmo e os demais; a um só golpe, essa atribuição torna o processo social idôneo e, no que afunda toda a sociedade na culpa, retira da culpa toda utilidade prática. Todos somos culpados, portanto foda-se.

BIBLIOGRAFIA

ABILIO, Ludmila Costheck. *O make up do trabalho*: uma empresa e um milhão de revendedoras de cosméticos. Tese de Doutorado, Campinas, IFCH/Unicamp, 2011.

ADORNO, Theodor W. *Mínima moralia*. São Paulo, Ática, 1992.

_____. *Palavras e sinais*. Rio de Janeiro, Vozes, 1995.

_____. Anotações sobre Kafka. In: *Prismas*: crítica cultural e sociedade. São Paulo, Ática, 1998.

ADORNO, Theodor W.; HORKHEIMER, Max. *Temas básicos da sociologia*. São Paulo, Cultrix, 1973.

_____. *Dialética do esclarecimento*. Rio de Janeiro, Jorge Zahar, 1985.

ANDERS, Günther. *Kafka*: pró e contra. Trad. Modesto Carone. São Paulo, Cosac Naify, 2007.

ARANTES, Paulo Eduardo. *Zero à esquerda*. São Paulo, Conrad, 2004. (Coleção Baderna).

_____. O novo tempo do mundo: a experiência da história numa era de expectativas decrescentes. In: *Sinais do tempo*. São Paulo, Boitempo, no prelo.

ARENDT, Hanna. *Origens do totalitarismo*. São Paulo, Companhia das Letras, 1989.

_____. *Eishmann em Jerusalém*: um relato sobre a banalidade do mal. São Paulo, Companhia das Letras, 1999.

AUEUBACH, Erich. Gloria passionis. In: *Ensaios de literatura ocidental*. São Paulo, Duas Cidades/Editora 34, 2007.

BAUMAN, Zygmut. *Medo líquido*. Rio de Janeiro, Jorge Zahar, 2008.

BECKETT, Samuel. *Fim de partida*. Trad. Fábio de Souza Andrade. São Paulo, Cosac Naify, 2002.

BENJAMIN, Walter. O caráter destrutivo. In: *Documentos de cultura, documentos de barbárie*: escritos escolhidos. Trad. Celeste H. M. Ribeiro de Sousa. São Paulo, Cultrix/Edusp, 1986.

_____. Paris, capital do século XIX. In: *Walter Benjamin*. São Paulo, Ática, 1991. (Coleção Grandes Cientistas Sociais).

_____. *Charles Baudelaire*: um lírico no auge do capitalismo. São Paulo, Brasiliense, 1996.

_____. O narrador. In: *Obras escolhidas*, v. 1: magia e técnica, arte e política: ensaios sobre literatura e história da cultura. São Paulo, Brasiliense, 2012.

BERNARDO, João. Trabalhadores: classe ou fragmentos? In: *2007 Mayday O precariado rebela-se*. Disponível em: <http://2007mayday.wordpress.com/2007/04/02/trabalhadores-classe-ou-fragmentos-por-joao-bernardo>.

_____. *Democracia totalitária*: teoria e prática da empresa soberana. São Paulo, Cortez, 2004.

BOLTANSKI, Luc; CHIAPELLO, Eve. *O novo espírito do capitalismo*. São Paulo, Martins Fontes, 2009.

BONETTI, Michel et al. *O poder das organizações*. São Paulo, Atlas, 2008.

CAMPANELLA, Bruno. A comunidade de fãs do BBB: um estudo etnográfico. In: COLÓQUIO Internacional Televisão e Realidade. Universidade Federal da Bahia, 21 a 24 out. 2008. Disponível em: <http://www.tverealidade.facom.ufba.br/coloquio%20textos/Bruno%20Campanella.pdf>.

CASTRO, Douglas Caputo de; REZENDE, Guilherme Jorge de. Do voyeurismo à visibilidade: os *reality shows* na TV brasileira. In: XXIX CONGRESSO Brasileiro de Ciências da Comunicação. Universidade de Brasília, set. 2006. Disponível em: <http://www.intercom.org.br/papers/nacionais/2006/resumos/R1309-1.pdf>.

CHESNAIS, François. *A mundialização do capital*. São Paulo, Xamã, 1996.

_____. O capital portador de juros: acumulação, internacionalização, efeitos econômicos e políticos. In: *A finança mundializada*. São Paulo, Boitempo, 2005.

COELHO, Marcelo. A imaginação está no poder. *Folha de S.Paulo*, 7 maio 2008.

DAVIS, Mike. O capitalismo da catástrofe. *Le Monde Diplomatique Brasil*, out. 2005.

DEJOURS, Christophe. *A banalização da injustiça social*. Rio de Janeiro, Editora FGV, 2000.

FELDMAN, Ilana. A fabricação do BBB: entrevista com Fernanda Scalzo. *Revista Trópico*. Disponível em: <http://p.php.uol.com.br/tropico/html/textos/2557,1.shl>.

_____. O pavor da carne: entrevista com Paula Sibilia. *Revista Trópico*. Disponível em: <http://p.php.uol.com.br/tropico/html/textos/2853,1.shl>.

FONTENELLE, Isleide Arruda. O fetiche do eu autônomo: consumo responsável, excesso e redenção como mercadoria. *Psicologia & Sociedade*, v. 22, n. 2, 2010.

GARCIA, Deomara Cristina Damasceno; VIEIRA, Antoniella Santos; PIRES, Cristiane Carneiro. *A explosão do fenômeno*: reality show. Disponível em: <http://www.bocc.ubi.pt/pag/garcia-deomara-reality-show.pdf.>. Acesso em 18 dez. 2012.

GORZ, André. *O imaterial*: conhecimento, valor e capital. São Paulo, Annablume, 2005.

GUILLEN, Terry. *Avaliação de desempenho*. São Paulo, Nobel, 2000.

HAYEK, Friedrich. *O caminho da servidão*. Rio de Janeiro, Instituto Liberal, 1990.

HOBSBAWM, Eric. *Era dos extremos*: o breve século XX: 1914-1991. São Paulo, Companhia das Letras, 1995.

HOWE, Jejj. The Rise of Crowdsourcing. *Wired Magazine*, jun. 2006. Disponível em: <http://www.wired.com/wired/archive/14.06/crowds.html?pg=1&topic=crowds&topic_set>.

KAFKA, Franz. *Um médico rural*. Trad. Modesto Carone. São Paulo, Companhia da Letras, 1999.

_____. *O castelo*. Trad. Modesto Carone. São Paulo, Companhia das Letras, 2000.

_____. *O processo*. Trad. Modesto Carone. São Paulo, Companhia das Letras, 2005.

KEHL, Maria Rita. Três observações sobre os *reality shows*. In: BUCCI, Eugênio; KEHL, Maria Rita, *Videologias*. São Paulo, Boitempo, 2004.

KLEIN, Naomi. *A doutrina do choque*: a ascensão do capitalismo de desastre. Rio de Janeiro, Nova Fronteira, 2008.

KLEMPERER, Victor. *LTI*: a linguagem do Terceiro Reich. Rio de Janeiro, Contraponto, 2009.

KILPP, Suzana; CONTER, Marcelo Bergamin; BORGES, Álvaro Constantino. Câmeras e espelhos em *Big Brother Brasil*: enunciações e pragmática. *Revista da Associação Nacional de Programas de Pós-Graduação em Comunicação*, v. 8, 2007.

KURZ, Robert. Descartável e degradado. *Folha de S.Paulo*, 11 jul. 1999.

LEVI, Primo. *É isto um homem?*. Trad. Luigi Del Re. Rio de Janeiro, Rocco, 1988.

_____. *Os afogados e os sobreviventes*. Trad. Luiz Sérgio Henrique. São Paulo, Paz e Terra, 2004.

LÓPEZ-RUIZ, Oswaldo Javier. *O ethos dos executivos das transnacionais e o espírito do capitalismo*. Tese de Doutorado em Sociologia, Campinas, IFCH/Unicamp, 2004.

MANO, Cristiane. Chega de ser boazinha. *Revista Exame*. São Paulo, ano 44, n. 20, 3 nov. 2010.

MARCUSE, Hebert. *A ideologia da sociedade industrial*: o homem unidimensional. Rio de Janeiro, Jorge Zahar, 1982.

MARX, Karl. *O capital*. São Paulo, Boitempo, no prelo. v. I

MELVILLE, Herman. *Bartleby, o escrivão*: uma história de Wall Street. São Paulo, Cosac Naify, 2005.

MICHAEL, Andréa. "'Big Brother não é cultura, é um jogo cruel', diz Boninho". *Folha de S.Paulo*, 21 mar. 2010.

MINERBO, Marion. *Big Brother Brasil*, a gladiatura pós-moderna. *Psicologia USP*. São Paulo, v. XVIII, n. 1, mar. 2007.

OLIVEIRA, Francisco de. Passagem na neblina. *Classes sociais em mudança e a luta pelo socialismo*. São Paulo, Fundação Perseu Abramo, 2000. (Coleção Socialismo em Discussão).

ORWELL, George. *1984*. São Paulo, Companhia Editora Nacional, 1982.

PAULANI, Leda. *Modernidade e discurso econômico*. São Paulo, Boitempo, 2005.

_____. Capitalismo financeiro e estado de emergência econômico no Brasil. In: I COLÓQUIO da Sociedade Latino-Americana de Economia Política e Pensamento Crítico. Santiago, 2006. Disponível em: <http://www.ucm.es/info/ec/jec10/ponencias/713Paulani.pdf>.

PRADO, Maeli. Caveira motivacional. *Revista da Folha*, 23 mar. 2008.

RIEKEN, Claudia. Só os flexíveis sobrevivem. *Revista Você S/A*. São Paulo, n. 104, 10 fev. 2007.

ROCHA, Debora Cristine. BBB 8, a montagem do *Big Brother* na TV brasileira. In: COLÓQUIO Internacional Televisão e Realidade. Universidade Federal da Bahia, 21 a 24 out. 2008. Disponível em: <http://www.tverealidade.facom.ufba.br/coloquio%20textos/deborarocha.doc>. Acesso em 18 dez. 2012.

_____. Reality TV e reality show: ficção e realidade na televisão. *Revista Associação Nacional dos Programas de Pós-Graduação em Comunicação*. Brasília, v. XII, n. 3, set.- dez. 2009. p. 8.

RODRÍGUEZ, Vanessa Brasil Campos. A face oculta, sinistra e fascinante do espetáculo do real. In: COLÓQUIO Internacional Televisão e Realidade. Universidade Federal da Bahia, 21 a 24 out. 2008. Disponível em: <http://www.tverealidade.facom.ufba.br/coloquio%20textos/Vanessa%20Brasil.pdf>.

ROSSO, Sadi Dal. *Mais trabalho!* A intensificação do labor na sociedade contemporânea. São Paulo, Boitempo, 2008.

SAFATLE, Vladimir. *Cinismo e falência da crítica*. São Paulo, Boitempo, 2008.

SENNETT, Richard. *A cultura do novo capitalismo*. Rio de Janeiro, Record, 2006.

SILVA, Rafael Alves da. *A exaustão de Sísifo*: gestão produtiva, trabalhador contemporâneo e novas formas de controle. Dissertação de Mestrado, Campinas, IFCH/Unicamp, 2008.

VIANA, Silvia. *Dom de iludir*. Dissertação de Mestrado em Sociologia, São Paulo, FFLCH/USP, 2005.

WEBER, Max. *Economia e sociedade*. Brasília/São Paulo, Editora Universidade de Brasília/Imprensa Oficial do Estado de São Paulo, 1999.

ŽIŽEK, Slavoj. *Eles não sabem o que fazem*: o sublime objeto da ideologia. Rio de Janeiro, Jorge Zahar Editora, 1992.

_____ *Um mapa da ideologia*. Rio de Janeiro, Contraponto, 1996.

_____. A terceirização da tortura. *Folha de S.Paulo*, 16 dez. 2001.

_____. O hedonismo envergonhado. *Folha de S.Paulo*, 19 out. 2003.

_____. Um dia de cão. *Folha de S.Paulo*, 29 jan. 2006.

_____. O desejo, ou a traição da felicidade. Entrevista. Disponível em: <http://www.ihu.unisinos.br/index.php?option=com_content&task=view&id=321&Itemid=89>.

AGRADECIMENTOS

O presente trabalho foi apresentado como tese, para a obtenção do título de doutora, no Departamento de Sociologia da Faculdade de Filosofia, Letras e Ciências Humanas da Universidade de São Paulo. Devo sua realização a José Carlos Bruni, meu orientador e companheiro nos momentos difíceis. Agradeço também aos membros de minha banca de defesa pelas críticas e sugestões valiosas para a preparação deste livro: Paulo Eduardo Arantes, Gabriel Cohn, Anderson Gonçalves e Luciano Pereira. Pela revisão cuidadosa, realizada com delicadeza e carinho, agradeço a Ivone Dare Rabello. A todos que acompanharam essa jornada: muito obrigada.

Este livro foi composto em Adobe Garamond,
10,5/13,5, e reimpresso em papel Avena 80 g/m²
pela gráfica Forma Certa, para a Boitempo, em
fevereiro de 2025, com tiragem de 200 exemplares.